MEDIAÇÃO NO DIREITO DO TRABALHO

Aspectos principiológicos

CIP-BRASIL. CATALOGAÇÃO NA PUBLICAÇÃO
SINDICATO NACIONAL DOS EDITORES DE LIVROS, RJ

P49m

Pereira, Emmanoel Campelo de Souza
Mediação no direito do trabalho : aspectos principiológicos / Emmanoel Campelo de Souza Pereira. - 1. ed. - São Paulo : Noeses, 2022.

264; 23 cm.
Inclui bibliografia e índice
ISBN 978-65-89888-59-8

1. Direito do trabalho - Brasil. I. Título.

22-79517 CDU: 349.2(81)

Gabriela Faray Ferreira Lopes - Bibliotecária - CRB-7/6643

Emmanoel Campelo de Souza Pereira

Doutor em Direito pela Pontifícia Universidade Católica de São Paulo (2020), Mestre em Direito pela Universidade Católica de Brasília (2008) e Bacharel em Direito pela Universidade Federal do Rio Grande do Norte (2003). Advogado e Mediador. Membro do Conselho Diretor da Agência Nacional de Telecomunicações (ANATEL) de 2017 a 2022, tendo sido Vice-Presidente de 2018 a 2022. Membro do Conselho Nacional de Justiça (CNJ) nos biênios 2012-2014 e 2014-2016. Professor da Graduação e Pós-Graduação em Direito do IDP (Instituto Brasiliense de Direito Público), desde 2015. Professor da Graduação e Pós-Graduação em Direito pelo Centro Universitário IESB (Instituto de Educação Superior de Brasília) de 2009 a 2016.

MEDIAÇÃO NO DIREITO DO TRABALHO

Aspectos principiológicos

2022

editora e livraria
NOESES

Copyright © Editora Noeses 2022
Fundador e Editor-chefe: Paulo de Barros Carvalho
Gerente de Produção Editorial: Rosangela Santos
Arte e Diagramação: Renato Castro
Revisão: Georgia Evelyn Franco
Designer de Capa: Aliá3 - Marcos Duarte

2022

editora e livraria
NOESES

Editora Noeses Ltda.
Tel/fax: 55 11 3666 6055
www.editoranoeses.com.br

Aos meus pais, Emmanoel e Cristina,
pelo exemplo de vida e pela incessante dedicação
em fazer de mim uma pessoa melhor.

À minha esposa e filha, Keide e Helena,
fontes de alegria e inspiração,
que tornam a vida mais leve.

Aos meus irmãos, Erick e Elisa,
pelo companheirismo e constante apoio,
sem os quais não conseguiria prosseguir.

*Ao Prof. Dr. Pedro Paulo Teixeira Manus,
pela dedicação à cátedra e singularidade
na orientação deste trabalho.*

"Quem estará nas trincheiras ao teu lado?

- E isso importa?

- Mais do que a própria guerra."

Ernest Hemingway

PREFÁCIO

Nos idos de maio de 1993, ainda no milênio passado, assumi o cargo de Juiz do Trabalho no Tribunal Regional do Trabalho da 21ª Região, com sede no Rio Grande do Norte, aprovado que fui no primeiro concurso público para magistrados realizado por aquela Corte. Após quatro anos atuando como servidor na Justiça Federal e na Justiça Obreira, era o momento de abraçar a profissão que eu tanto almejava: a magistratura. Paralelamente a isso, continuei a prestar concurso para Juiz Federal, certame que já estava em fase avançada, tendo nele igualmente logrado êxito, tomando posse em tal cargo, em dezembro de 1993, no Tribunal Regional Federal da 5ª Região – que tem sede em Recife e jurisdição em seis estados nordestinos –, onde trilhei os mais diversos degraus da carreira, até ascender ao Superior Tribunal de Justiça, em 2014.

Prestes a completar o meu jubileu de pérola na judicatura, mas afastado das lides trabalhistas há quase trinta anos, recebo um convite, aceito como muita honra, para revisitar a seara (trabalhista) através da obra que ora estou a prefaciar, de autoria do talentoso jurista EMMANOEL CAMPELO DE SOUZA PEREIRA, advogado formado pela minha querida *alma mater*, a Universidade Federal do Rio Grande do Norte – UFRN, mas que percorreu um belo caminho na pós-graduação em outras igualmente respeitadas instituições: o mestrado na Universidade Católica de Brasília (UCB), enquanto o doutoramento se deu na Pontifícia Universidade Católica de São Paulo (PUC-SP).

Ainda muito jovem, EMMANOEL CAMPELO, atualmente membro do Conselho Diretor da Agência Nacional de Telecomunicações (ANATEL), integrou o Conselho Nacional de Justiça (CNJ) por dois mandatos, 2012-2014 e 2014-2016, ali coordenando comissões destinadas a temas relevantes para o Judiciário, como a do "Movimento pela Conciliação", tendo, ainda nessa época, lecionado a disciplina "Métodos Adequados de Tratamento de Conflitos" no Instituto Brasiliense de Direito Público (IDP). Certamente as duas referidas missões, relacionadas ao sistema de justiça multiportas, que aplica meios alternativos de resolução de conflitos, inspiraram o trabalho que estou a apresentar: MEDIAÇÃO NO DIREITO DO TRABALHO: ASPECTOS PRINCIPIOLÓGICOS.

O livro é muito bem estruturado e contém três capítulos: o primeiro é dedicado aos princípios do Direito do Trabalho; o segundo trata da mediação e dos seus respectivos princípios; o terceiro cuida da compatibilização entre os referidos preceitos. A ideia central da obra pode ser resumida nas seguintes indagações: os princípios do Direito do Trabalho são compatíveis com os da mediação? Em sendo afirmativa a resposta, é necessária a adoção de medidas excepcionais ou salvaguardas para utilização da mediação no âmbito dos Direitos Individual e Coletivo do Trabalho?

A primeira parte da pesquisa, referente aos princípios constitucionais em geral, é apresentada com arrimo em grandes e respeitadíssimos autores, internacionais e brasileiros, como Ronald Dworkin, Gomes Canotilho e Paulo Bonavides, receita que é seguida quando se passa a tratar dos preceitos específicos do Direito Laboral, expostos com base nas lições de, *verbi gratia*, Américo Plá Rodriguez, Alfredo Ruprecht e Maurício Godinho Delgado.

O segundo tópico é iniciado com a definição de mediação, na qual se expõe um conceito simples e direto: procedimento em que as partes voluntariamente negociam a solução de um conflito entre elas, com o auxílio de um terceiro imparcial, chamado de mediador. Além de lançar um olhar sobre a doutrina especializada, o autor dá atenção ao arcabouço normativo, especialmente à Lei n. 13.140, de 26 de junho de 2015, a festejada Lei da Mediação, à Lei n. 13.105, de 16 de março de 2015, e ao Código de Processo Civil, traçando a distinção entre conciliação e mediação, bem como abordando os princípios próprios desta última.

O terceiro e último capítulo tem por objetivo averiguar a possibilidade de aplicação da mediação, enquanto método de solução de conflito, às demandas trabalhistas individuais e coletivas, sem que haja risco de ferir direitos e garantias dos litigantes envolvidos. Aqui, alcançamos o âmago do trabalho, quando o autor faz uma análise detalhada do instituto da mediação no âmbito laboral e trata de questões como, entre outras, quem deve ser o mediador, a presença obrigatória (ou não) de advogado e a (des)necessidade de homologação judicial, expondo, ao final, as suas conclusões (que não irei revelar agora, para não dar *spoiler*) e posicionando-se em relação aos temas acima descritos, com base em sólidos fundamentos.

Como se pode constatar, são três robustos capítulos, dos quais muito poderia ser dito nestas linhas preambulares, mas eu fiz a promessa (e a cumpro) de que iria preparar um prefácio curto, objetivo, para que você, leitor, possa se dedicar de pronto ao que efetivamente interessa: à leitura do excelente "MEDIAÇÃO NO DIREITO DO TRABALHO: ASPECTOS PRINCIPIOLÓGICOS".

Mãos, quero dizer, olhos à obra!

Brasília, maio/2022.

Luiz Alberto Gurgel de Faria

Ministro do Superior Tribunal de Justiça – STJ.
Doutor e Mestre em Direito pela Universidade Federal de Pernambuco – UFPE.
Professor da Universidade Federal do Rio Grande do Norte – UFRN,
atualmente em colaboração com a Universidade de Brasília – UnB,
e do Instituto Brasileiro de Ensino, Desenvolvimento e Pesquisa – IDP.
Professor do Programa de Pós-Graduação em Direito (PPGD) da
Universidade Nove de Julho (UNINOVE).

APRESENTAÇÃO

Foi com grande satisfação que recebi o gentil convite para apresentar o livro **MEDIAÇÃO NO DIREITO DO TRABALHO: aspectos principiológicos**, elaborado pelo dileto amigo e notável advogado, hoje Conselheiro da ANATEL – Agência Nacional de Telecomunicações, *Emmanoel Campelo de Souza Pereira*, Mestre em Direito pela Universidade Católica de Brasília (UCB) e Doutor em Direito pela Pontifícia Universidade Católica de São Paulo (PUC-SP), não podendo deixar de registrar sua passagem como membro do Conselho Nacional de Justiça (CNJ) por dois mandatos (2012-2014 e 2014-2016), onde coordenou o "Movimento pela Conciliação" e presidiu a "Comissão de Acesso à Justiça", ocasião em que, juntos, firmamos parceria em diversas iniciativas e projetos voltados ao incremento dos métodos mais adequados de solução de conflitos.

Sobre a temática abordada nesta obra, inicialmente, cabe recordar que, num passado não muito distante, o uso dos meios consensuais de solução de conflitos em demandas de natureza trabalhista enfrentou resistências, sob os mais diversos fundamentos advindos de correntes mais conservadoras e dogmáticas do ramo juslaboral. Tal oposição se dera, sobretudo, embasada nos princípios que norteiam o Direito do Trabalho, destacadamente, o da proteção, nas suas duas vertentes: a) o princípio da imperatividade das normas trabalhistas, e, b) o princípio da indisponibilidade dos direitos trabalhistas.

Daí porque, desde já, é possível assegurar que a produção acadêmica, ora em evidência, representa um importante marco na concretização do acesso à justiça, pois ousa ao infirmar a outrora alegada absoluta incompatibilidade entre os princípios do Direito do Trabalho, acima mencionados, e aqueles que regem o procedimento de mediação, propondo solução ponderada, com a adoção de salvaguardas, a fim de equilibrar as relações entre trabalhador e empregador na hipótese de conflitos de interesses.

Na sua abertura, o primeiro capítulo do livro discorre acerca dos princípios consagrados no texto da Constituição Federal/1988, tanto aqueles de caráter geral, como os aplicáveis ao Direito do Trabalho, com ênfase em seus segmentos de natureza individual e coletiva.

No segundo, estuda o instituto da mediação e seus princípios, bem como sua diferenciação ante a conciliação, esta que historicamente predominou como método autocompositivo na Justiça do Trabalho.

Por fim, no terceiro e último capítulo, o autor realiza profícua análise acerca da compatibilidade entre os princípios do Direito do Trabalho e aqueles típicos da mediação, identificando e pontuando as hipóteses nas quais possa advir eventuais conflitos de interação, sugerindo soluções de mitigação, seguido das suas conclusões em que responde às indagações propostas ao início da tese.

Evidentemente, sem dar *spoiler* da rara e muito rica oportunidade conferida ao atento espectador de se inteirar, a partir da leitura desta obra, de modo deveras proveitoso e pouco comum, com a densa abordagem acerca das bases principiológicas já mencionadas, reafirmo que, como um entusiasta declarado dos Métodos Mais Adequados de Solução de Conflitos, ver a Política Institucional da Resolução n. 125/2010, do Conselho Nacional de Justiça, verdadeiramente se concretizar, e em especial com a adesão da Justiça do Trabalho, demonstra o amadurecimento, a tão almejada mudança de mentalidade na forma de solver contendas no contexto social do nosso país, e o próprio aperfeiçoamento da jurisdição trabalhista.

Desejo a todos um proveitoso estudo!

Brasília, outono de 2022.

Marco Aurélio Gastaldi Buzzi

Ministro do STJ

SUMÁRIO

PREFÁCIO .... **XI**

APRESENTAÇÃO .... **XV**

INTRODUÇÃO **1**

1. PRINCÍPIOS DO DIREITO DO TRABALHO **9**

1.1 PRINCÍPIOS CONSTITUCIONAIS DO TRABALHO 15

1.1.1 Princípio da dignidade da pessoa humana 16

1.1.2 Princípio da valoração do trabalho e do emprego 21

1.1.3 Princípio da Justiça Social 22

1.1.4 Princípio da submissão da propriedade à sua função socioambiental 23

1.1.5 Princípio da não discriminação 25

1.1.6 Princípio da igualdade 26

1.1.7 Princípio da segurança jurídica 30

1.1.8 Princípio da proporcionalidade e da razoabilidade 32

1.1.9 Princípio da vedação ao retrocesso social 33

1.2 DEMAIS PRINCÍPIOS CONSTITUCIONAIS APLICÁVEIS À ESFERA DO DIREITO DO TRABALHO 35

1.2.1 Princípio do devido processo legal........ 36

1.2.2 Princípio da inafastabilidade da jurisdição. 38

1.2.3 Princípio do juiz natural........ 43

1.2.4 Princípio do contraditório e da ampla defesa 45

1.2.5 Princípios da publicidade e da motivação das decisões judiciais........ 47

1.2.6 Princípio da assistência jurídica integral. 51

1.2.7 Princípio da duração razoável do processo 52

1.2.8 Princípio da isonomia........ 54

1.2.9 Princípio da sustentabilidade........ 55

1.3 PRINCÍPIOS JURÍDICOS GERAIS APLICÁVEIS AO DIREITO DO TRABALHO........ 55

1.3.1 Princípio da inalterabilidade dos contratos 58

1.3.2 Princípio da lealdade e da boa-fé e princípio do efeito lícito ao exercício regular do próprio direito........ 58

1.3.3 Princípio da não alegação da própria torpeza........ 61

1.4 OUTROS PRINCÍPIOS GERAIS APLICÁVEIS AO DIREITO DO TRABALHO........ 63

1.5 PRINCÍPIOS ESPECÍFICOS DO DIREITO DO TRABALHO........ 66

1.5.1 Princípios especiais do Direito Individual do Trabalho........ 67

1.5.1.1 Princípio da proteção 69

1.5.1.2 Princípio da norma mais favorável 72

1.5.1.3 Princípio da imperatividade das normas trabalhistas 76

1.5.1.4 Princípio da indisponibilidade dos direitos trabalhistas 77

1.5.1.5 Princípio da condição mais benéfica 78

1.5.1.6 Princípio da inalterabilidade contratual lesiva 82

1.5.1.7 Princípio da intangibilidade salarial 88

1.5.1.8 Princípio da primazia da realidade sobre a forma 91

1.5.1.9 Princípio da continuidade da relação de emprego 94

1.5.2 Princípios justrabalhistas especiais controvertidos 99

1.5.2.1 Princípio do in dubio pro operario 99

1.5.2.2 Princípio do maior rendimento 102

1.5.3 Princípios especiais do direito coletivo do trabalho 103

1.5.3.1 Princípios assecuratórios da existência do ser coletivo obreiro 105

1.5.3.1.1 Princípio da liberdade associativa e sindical 106

1.5.3.1.2 Princípio da autonomia sindical 113

1.5.3.2 Princípios regentes das relações entre os seres coletivos trabalhistas 117

1.5.3.2.1 Princípio da interveniência sindical na normatização coletiva 117

1.5.3.2.2 Princípio da equivalência entre os contratantes coletivos 120

1.5.3.2.3 Princípio da lealdade e transparência na negociação coletiva 125

1.5.3.3 Princípios regentes das relações entre normas coletivas negociadas e normas estatais 127

1.5.3.3.1 Princípio da criatividade jurídica da negociação coletiva 127

1.5.3.3.2 Princípio da adequação setorial negociada 129

2. A MEDIAÇÃO E OS PRINCÍPIOS DA MEDIAÇÃO OU PRINCÍPIOS NORTEADORES DA CONDUTA DO MEDIADOR **137**

2.1 O CONCEITO DE MEDIAÇÃO 137

2.1.1 A diferença entre medição e conciliação .. 142

2.2 OS PRINCÍPIOS DA MEDIAÇÃO 146

2.2.1 Princípio da neutralidade e imparcialidade de intervenção 149

2.2.2 Princípio da isonomia entre as partes 156

2.2.3 Princípio da oralidade 157

2.2.4 Princípio da informalidade ou simplicidade 161

2.2.5 Princípio da autonomia da vontade ou do consensualismo processual 164

2.2.6 Princípio da busca do consenso 168

2.2.7 Princípio da confidencialidade 169

2.2.8 Princípio da boa-fé 176

2.2.9 Princípio da consciência relativa ao processo 177

2.2.10 Princípio da decisão informada................ 179

2.2.11 Princípio do empoderamento 181

2.2.12 Princípio da validação 182

3. A COMPATIBILIDADE ENTRE OS PRINCÍPIOS DO DIREITO INDIVIDUAL E COLETIVO DO TRABALHO E OS PRINCÍPIOS DA MEDIAÇÃO 185

3.1 A COMPATIBILIDADE ENTRE OS PRINCÍPIOS DO DIREITO INDIVIDUAL DO TRABALHO E OS PRINCÍPIOS DA MEDIAÇÃO 186

3.1.1 A mediação realizada por magistrado...... 192

3.1.2 A mediação realizada de forma privada... 196

3.1.3 Salvaguardas necessárias à mediação privada 197

3.1.3.1 Presença obrigatória de advogado do trabalhador.. 198

3.1.3.2 Treinamento específico para mediadores trabalhistas....................................... 203

3.1.3.3 Cadastramento de mediadores habilitados a atuar na Justiça do Trabalho...... 210

3.1.3.4 Homologação do acordo por autoridade judicial.. 211

3.2 A COMPATIBILIDADE ENTRE OS PRINCÍPIOS DO DIREITO COLETIVO DO TRABALHO E OS PRINCÍPIOS DA MEDIAÇÃO............................ 214

3.2.1 O Dissídio Coletivo como solução de conflitos coletivos trabalhistas e a crítica doutrinária 215

3.2.2 Princípio da equivalência entre os contratantes coletivos.. 217

3.2.3 Princípio da lealdade e transparência na negociação coletiva 220

3.2.4 Algumas considerações acerca da mediação no Direito Coletivo do Trabalho 222

CONCLUSÃO **225**

REFERÊNCIAS **233**

INTRODUÇÃO

O presente livro tem por objetivo a análise dos princípios do Direito do Trabalho, em suas diversas dimensões, buscando identificar elementos de convergência e divergência com os princípios da mediação, para então se chegar à conclusão, respondendo se existe ou não óbice principiológico para a adoção do instituto da mediação no Direito do Trabalho de forma plena.

Inicialmente, podemos afirmar que, na linguagem corrente, a palavra princípio traduz a ideia de "começo", "início", aquilo que é "o primeiro momento da existência de algo ou de uma ação ou processo", mas também possui o sentido de "causa primeira, raiz, razão" e, nessa medida, a ideia de aquilo "que serve de base a alguma coisa".

Por sua vez, podemos dizer que significa, ainda, "proposição elementar e fundamental que serve de base a uma ordem de conhecimentos" e, nessa dimensão, "proposição lógica fundamental sobre a qual se apoia o raciocínio". É nessa acepção que ela foi incorporada por distintas formas de produção cultural dos seres humanos, inclusive o Direito.

Em concepção clássica, podemos identificar uma tríplice missão dos Princípios Jurídicos Justrabalhistas, assim sintetizada: a) a missão informadora, na medida em que servem de inspiração ao legislador, como fundamentos filosóficos para conformação do ordenamento jurídico; b) missão normativa integradora, na medida em que atuam como instrumento de integração das normas jurídicas, figurando como fonte supletiva de direito na ausência de lei; e c) a missão interpretadora, eis que operam como critérios orientadores do juiz ou intérprete na aplicação das leis, nos casos concretos.[1]

A concepção histórica ou clássica, todavia, dos princípios *justrabalhistas* não comportava a noção de que estavam inseridos na categoria de normas jurídicas *stricto sensu*, até então reservada apenas às regras legais de Direito do Trabalho.

A Doutrina Moderna vem, no entanto, cada vez mais, conferindo importância aos Princípios Jurídicos na solução do caso concreto, atribuindo-lhes inegável caráter de norma jurídica, porquanto capazes de não apenas suprir lacunas na legislação positivada, pela modulação e interpretação do ordenamento jurídico, como também de serem invocados, autonomamente, para a solução de conflitos. Por outras palavras, os princípios podem ser invocados como elemento autônomo na fundamentação jurídica, por partes ou magistrados no curso do processo judicial.

O doutrinador Ronald Dworkin evidencia o paralelismo entre Princípios e Regras, a reforçar a ideia, atualmente dominante, de que ambos integram, igualmente, o conceito de Norma Jurídica, não subsistindo, assim, a ideia de interdependência, já que a solução do litígio pode ser encontrada pela adoção apenas dos primeiros:

> A diferença entre princípios e regras é de natureza lógica. Os dois conjuntos de padrões apontam para decisões particulares acerca da obrigação jurídica em circunstâncias específicas, mas distinguem-se quanto à natureza da orientação que oferecem. As regras são aplicadas à maneira do tudo ou nada. Dados os fatos que uma regra estipula, então ou a regra é válida, e neste caso a resposta que ela fornece deve ser aceita, ou não é válida, e neste caso em nada contribui para a decisão [...]. Os princípios possuem uma dimensão que as regras não têm – a dimensão de peso ou importância. Quando os princípios se intercruzam (por exemplo,

1. AMORIM, Helder Santos. Os Princípios do Direito do Trabalho na Constituição de 1988. In: VIANA, Márcio Túlio; ROCHA, Cláudio Jannotti da. (Coords.). *Como aplicar a CLT à luz da Constituição*: alternativas para os que militam no foro trabalhista. São Paulo: LTr, 2016. p. 104-122. p. 107.

> a política de proteção aos compradores de automóveis se opõe aos princípios de liberdade de contrato), aquele que visa *(sic)* resolver o conflito tem de levar em conta a força relativa de cada um.[2]

De fato, extrai-se do movimento denominado de "constitucionalismo social", surgido a partir do término da Segunda Guerra Mundial, a ideia de se conferir maior destaque à matriz principiológica adotada como fundamento do Estado, de modo a atribuir aos Princípios Constitucionais força normativa capaz de não só modular a interpretação e a aplicação das regras jurídicas positivadas, como de fazer, por si só, o Direito.

Nessa esteira, buscaremos aprofundar o estudo dos princípios que emanam do texto da Constituição Federal de aplicabilidade ampla na ordem jurídica interna, a alcançar, inclusive, o Direito do Trabalho. Destacaremos dentre esses, aqueles que de especialmente direcionados à proteção dos trabalhadores, a formarem o primeiro grupo, no enquadramento de Princípios Constitucionais do Trabalho.

O segundo grupo será composto pelos princípios gerais do direito, que devem nortear todos os atos dos indivíduos e, por conseguinte, também abrangem as relações trabalhistas, denominados de princípios jurídicos gerais aplicáveis ao Direito do Trabalho.

Por último, o terceiro grupo será aquele próprio do ramo *justrabalhista*, em seus seguimentos, Individual e Coletivo, a que chamam de Princípios de Direito Individual e Coletivo do Trabalho.

Já no segundo capítulo, buscaremos estudar o instituto da mediação, iniciando pelo seu conceito e sua diferenciação da conciliação, que historicamente predominou como método autocompositivo utilizado pela Justiça do trabalho.

A mediação tem sua origem na palavra latina "medius", que significa meio. Na mediação, uma terceira parte pode influenciar o curso da negociação, mas o poder de decidir o resultado cabe inteiramente às partes, não ao mediador.

---

2. DWORKIN, Ronald. *Levando os direitos a sério*. Tradução de Nélson Boeira. São Paulo: Martins Fontes, 2010. p. 42.

A mediação pode ser conceituada como um processo em que as partes voluntariamente negociam a solução de um conflito entre elas, com o auxílio de um terceiro imparcial, chamado de mediador.

A Resolução 125/2010 do Conselho Nacional de Justiça inaugurou a Política Judiciária Nacional de tratamento adequado dos conflitos de interesses no âmbito do Poder Judiciário. Essa norma permitiu a padronização de estruturas e procedimentos para a realização da mediação e conciliação no Poder Judiciário e foi a base da Lei 13.140, de 26 de junho de 2015, chamada de Lei da Mediação.

O art. 1º, parágrafo único, da Lei de Mediação, traz um conceito que, apesar de incorporar outros elementos, também segue uma linha de simplicidade conceitual, buscando deixar claro quais são os elementos essenciais da mediação, ao estabelecer que "Considera-se mediação a atividade técnica exercida por terceiro imparcial sem poder decisório, que, escolhido ou aceito pelas partes, as auxilia e estimula a identificar ou desenvolver soluções consensuais para a controvérsia."[3]

Observando os elementos trazidos na definição legal, podemos identificar: a) atividade técnica; b) exercida por terceiro imparcial; c) ausência de poder decisório; d) escolha ou aceitação pelas partes; e) auxílio ou estímulo na identificação ou desenvolvimento de soluções consensuais para a controvérsia.

Quanto à diferença de mediação e conciliação, ambas são formas de autocomposição, ou seja, em ambas a solução para o conflito é proporcionada pelas partes, mediante acordo. Ao contrário, na heterocomposição, temos a solução do conflito sendo decidida por um terceiro, que pode ser, por exemplo, um árbitro (arbitragem) ou um juiz (jurisdição).

---

3. BRASIL. *Lei nº 13.140, de 26 de junho de 2015*. Dispõe sobre a mediação entre particulares como meio de solução de controvérsias e sobre a autocomposição de conflitos no âmbito da administração pública; altera a Lei nº 9.469, de 10 de julho de 1997, e o Decreto nº 70.235, de 6 de março de 1972; e revoga o § 2º do art. 6º da Lei nº 9.469, de 10 de julho de 1997. Disponível em: https://bit.ly/3PS0syr Acesso em: 31 maio 2022.

A conciliação sempre esteve presente na cultura judicial, especialmente na Justiça do Trabalho, que desde a redação original da CLT, em seu art. 764, previa não só a solução do conflito mediante conciliação, mas incentivava que as tentativas de solução pacífica da controvérsia continuassem, mesmo depois de encerrada a fase ou etapa conciliatória.

Portanto, percebe-se que o incentivo à autocomposição, pelo mecanismo da conciliação, sempre fez parte do processo trabalhista e sempre foi considerado compatível com o Direito do Trabalho, ou seja, firmar-se acordo para solucionar um litígio trabalhista nunca foi um problema, ao contrário, seria a solução mais desejável, já que a própria CLT incentiva essa forma de se solucionar um litígio.

Enquanto tínhamos apenas o mecanismo da conciliação expressamente previsto na lei, isso não foi um problema, apesar da histórica resistência da magistratura trabalhista em colocar conciliadores para auxiliá-los, como ocorre nos juizados especiais em todo o Brasil. Entendia-se que a atividade conciliatória, na Justiça do Trabalho, seria indelegável.

Após o advento da Lei de Mediação e do Código de Processo Civil de 2015, que vieram a consolidar o espaço da mediação no Poder Judiciário, parece-nos claro que esse instituto não mais pode ser ignorado pela Justiça do Trabalho.

No Código de Processo Civil de 2015, vemos um grande avanço, com maior detalhamento dos procedimentos, inclusive colocando a mediação sempre ao lado da conciliação, como forma de resolução do litígio. Ou seja, a mediação encontrou seu espaço no Direito Processual Civil, especialmente com a inclusão dos mediadores e conciliadores como auxiliares da justiça (arts. 165 a 175), a exemplo do perito e do tradutor.

No tocante à diferenciação entre mediação e conciliação, o Código de Processo Civil de 2015, no art. 165, §§ 2º e 3º, optou por um critério funcional, estabelecendo que, de forma mais simples, a conciliação é o método de solução de conflito que será empregado preferencialmente nas situações em que não houver vínculo anterior entre as partes, podendo nela se sugerir soluções para o litígio. Por outro lado, a mediação seria o método de solução de conflito que será empregado preferencialmente nas situações em que houver vínculo anterior entre as partes, não podendo nela se sugerir soluções para o litígio, mas apenas buscar o restabelecimento do diálogo e da comunicação entre as partes para que elas cheguem a uma solução.

Ainda que essa concepção mereça algumas críticas, foi bastante útil e temos de reconhecer a sua importância, pois revelou àqueles magistrados trabalhistas mais resistentes ao instituto da mediação e que apenas incentivavam o diálogo nas audiências de conciliação, que na prática, já estavam realizando mediações.

Mais adiante, trataremos dos princípios da mediação, constantes na Lei 13.140/2015, de forma exemplificativa, no nosso entender, no art. 2º, como sendo: 1) imparcialidade do mediador; 2) isonomia entre as partes; 3) oralidade; 4) informalidade ou simplicidade; 5) autonomia da vontade das partes ou consensualismo processual; 6) busca do consenso; 7) confidencialidade; e 8) boa-fé.

Acrescentaremos, ainda, aqueles princípios trazidos no Manual de Mediação Judicial, do Conselho Nacional de Justiça,[4] que não encontram correspondência com o rol trazido pela Lei de Mediação, quais sejam: 9) Princípio da consciência relativa ao processo; 10) Princípio da decisão informada; 11) Princípio do empoderamento; e 12) Princípio da validação.

O Código de Processo Civil de 2015, por sua vez, também trouxe um rol exemplificativo de princípios, estabelecendo o art. 166 que "[...] A conciliação e a mediação são informadas pelos princípios da independência, da imparcialidade, da autonomia da vontade, da confidencialidade, da oralidade, da informalidade e da decisão informada."[5]

---

4. Disponível em: https://bit.ly/3zcKvgn Acesso em: 31 maio 2022.

5. BRASIL. *Lei nº 13.105, de 16 de março de 2015*. Código de Processo Civil. Disponível em: https://bit.ly/3GAXdal Acesso em: 31 maio 2022.

Pela transcrição do referido artigo, vemos que todos os princípios nele elencados estão devidamente contemplados no espectro estabelecido anteriormente, não necessitando de maiores comentários.

Ademais, nosso objetivo não é exaurir todos os princípios existentes e aplicáveis ao procedimento de mediação, mas abordar aqueles considerados mais relevantes e indispensáveis pela legislação e pela doutrina, possuindo relativo consenso acerca da sua aplicação.

O terceiro e último capítulo deste trabalho tem por objetivo realizar uma análise da compatibilidade entre os princípios do Direito do Trabalho e os princípios da mediação. Tentaremos identificar aqueles que podem gerar conflito, ainda que aparente, e procurar soluções de mitigação.

Nesse sentido, parece-nos razoável que haja uma subdivisão do capítulo entre a análise da compatibilidade: a) dos princípios do Direito Individual do Trabalho com os princípios da mediação e b) dos princípios do Direito Coletivo do Trabalho com os princípios da mediação.

Essa divisão deve-se essencialmente ao aparente antagonismo principiológico existente entre os Princípios do Direito Individual e do Direito Coletivo do Trabalho, representado pelos princípios da proteção – no Direito Individual do Trabalho – e da equivalência entre os contratantes coletivos – no Direito Coletivo do Trabalho.

Na conclusão da presente obra, responderemos às seguintes perguntas: Os princípios do Direito do Trabalho são compatíveis com os princípios da mediação? Sendo compatíveis, é necessária a adoção de medidas excepcionais ou salvaguardas para utilização da mediação no Direito individual e coletivo do Trabalho?

1
PRINCÍPIOS DO DIREITO DO TRABALHO

No intuito de conceituar juridicamente o termo princípio, Maurício Godinho Delgado reporta-se às explicações do Dicionário Houaiss da Língua Portuguesa e registra que a palavra "traduz, na linguagem corrente, a ideia de 'começo, início', e, nessa linha, 'o primeiro momento da existência de algo ou de uma ação ou processo", mas "traz, também, consigo o sentido de 'causa primeira, raiz, razão' e, nessa medida, a ideia de aquilo 'que serve de base a alguma coisa'".[6] E prossegue:

> Por extensão, significa, ainda, "proposição elementar e fundamental que serve de base a uma ordem de conhecimentos" e, nesta dimensão, "proposição lógica fundamental sobre a qual se apoia o raciocínio".
>
> [...], desse modo, carrega consigo a força do significado de proposição fundamental. E é nessa acepção que ela foi incorporada por distintas formas de produção cultural dos seres humanos, inclusive o Direito.[7]

A par dessas premissas, o autor define Princípios Jurídicos como "[...] grandes fachos normativos, que cumprem o

---

6. DELGADO, Maurício Godinho. *Curso de direito do trabalho*. 17. ed. rev. atual. e ampl. São Paulo: LTr, 2018. p. 218.

7. Idem. p. 225.

essencial papel de iluminar a compreensão do Direito em sua regência das relações humanas."[8]

Celso Antônio Bandeira de Mello, por sua vez, define Princípios Jurídicos, nos seguintes termos:

> [...] mandamento nuclear de um sistema, verdadeiro alicerce dele, disposição fundamental que se irradia sobre diferentes normas, compondo-lhes o espírito e servindo de critério para sua exata compreensão e inteligência, exatamente por definir a lógica e a racionalidade do sistema normativo, no que lhe confere a tônica e lhe dá sentido harmônico.[9]

No campo do Direito do Trabalho, Américo Plá Rodriguez conceitua Princípios Jurídicos como:

> [...] linhas diretrizes que informam algumas normas e inspiram direta ou indiretamente uma série de soluções, pelo que, podem servir para promover e embasar a aprovação de novas normas, orientar a interpretação das existentes e resolver os casos não previstos.[10]

Em concepção clássica, o referido autor uruguaio ainda identifica uma tríplice missão dos **Princípios Jurídicos Justrabalhistas**, assim sintetizada por Helder Santos Amorim:

> a) a **missão informadora**, na medida em que servem de inspiração ao legislador, como fundamentos filosóficos para conformação do ordenamento jurídico;
>
> b) a **missão normativa integradora**, na medida em que atuam como instrumento de integração das normas jurídicas, figurando como **fonte supletiva** de direito na ausência de lei; e

8. DELGADO, Maurício Godinho. *Curso de direito do trabalho*. 17. ed. rev. atual. e ampl. São Paulo: LTr, 2018. p. 246.

9. MELLO, Celso Antônio Bandeira de. *Curso de direito administrativo*. 8. ed. São Paulo: Malheiros, 1997. p. 573.

10. PLÁ RODRIGUEZ, Américo. *Princípios de direito do trabalho*. Tradução de Wagner D. Giglio. São Paulo: LTr, 1978. p. 16.

> c) a missão interpretadora, eis que operam como critérios orientadores do juiz ou intérprete na aplicação das leis, nos casos concretos.[11]

Pertinente é a observação de Helder Santos Amorim, no sentido de que, à época em que firmada a concepção clássica dos princípios *justrabalhistas*, esses ainda não eram considerados inseridos na categoria de normas jurídicas *stricto sensu*, até então reservada apenas às regras legais de Direito do Trabalho.

De fato, como registra o referido autor, no panorama jurídico daquele tempo, não se atribuía força jurídica aos princípios jurídicos *justrabalhistas*, a inviabilizar sua integração no conceito de normas:

> [...] os princípios de Direito do Trabalho, diferentemente das normas, são tomados como elementos doutrinários logicamente inferidos do conjunto sistemático dos preceitos legais trabalhistas, pairando sobre estes como fonte de inspiração legislativa e de integração normativa, mas ao mesmo tempo deles dependendo profundamente, já que devem corresponder à fiel concepção do direito trabalhista ordinariamente positivado, submetendo-se, por isso, às flutuantes direções políticas do legislador ordinário.[12]

A Doutrina Moderna vem, no entanto, cada vez mais, conferindo importância aos Princípios Jurídicos na solução do caso concreto, atribuindo-lhes inegável caráter de Norma Jurídica, porquanto capazes de não apenas suprir lacunas na legislação positivada, pela modulação e interpretação do ordenamento jurídico, como também de serem invocados, autonomamente, para a solução de conflitos. Por outras palavras, os princípios podem ser invocados inclusive como elemento autônomo na fundamentação jurídica, por partes ou magistrados no curso do processo judicial.

---

11. AMORIM, Helder Santos. Os Princípios do Direito do Trabalho na Constituição de 1988. *In*: VIANA, Márcio Túlio; ROCHA, Cláudio Jannotti da (Coords.). *Como aplicar a CLT à luz da Constituição:* alternativas para os que militam no foro trabalhista. São Paulo: LTr, 2016. p. 104-122. p. 107.

12. Idem.

Nessa linha, conferem-se aos Princípios Jurídicos, hoje, inequívoca força normativa, conforme ensinamentos de Mauro Schiavi:

> [...] há, na Doutrina, tanto nacional como estrangeira, uma redefinição dos princípios, bem como suas funções no sistema jurídico. Modernamente, a doutrina tem atribuído caráter normativo dos princípios (força normativa dos princípios), vale dizer: os princípios são normas, atuando não só como fundamento das regras ou para suprimento da ausência legislativa, mas para ter eficácia no ordenamento jurídico como as regras positivadas.[13]

Também Ronald Dworkin evidencia o paralelismo entre Princípios e Regras, a reforçar a ideia, atualmente dominante, de que ambos integram, igualmente, o conceito de Norma Jurídica, não subsistindo, assim, a ideia de interdependência, já que a solução do litígio pode ser encontrada pela adoção apenas dos primeiros:

> A diferença entre princípios e regras é de natureza lógica. Os dois conjuntos de padrões apontam para decisões particulares acerca da obrigação jurídica em circunstâncias específicas, mas distinguem-se quanto à natureza da orientação que oferecem. As regras são aplicadas à maneira do tudo ou nada. Dados os fatos que uma regra estipula, então ou a regra é válida, e neste caso a resposta que ela fornece deve ser aceita, ou não é válida, e neste caso em nada contribui para a decisão [...]. Os princípios possuem uma dimensão que as regras não têm – a dimensão de peso ou importância. Quando os princípios se intercruzam (por exemplo, a política de proteção aos compradores de automóveis se opõe aos princípios de liberdade de contrato), aquele que via resolver o conflito tem de levar em conta a força relativa de cada um.[14]

De fato, extrai-se do movimento denominado de "constitucionalismo social", surgido a partir do término da Segunda

---

13. SCHIAVI, Mauro. *Manual de direito processual do trabalho*. 10. ed. de acordo com Novo CPC. São Paulo: LTr, 2016. p. 84.

14. DWORKIN, Ronald. *Levando os direitos a sério*. Tradução de Nélson Boeira. São Paulo: Martins Fontes, 2010. p. 42.

Guerra Mundial, a ideia de se conferir maior destaque à matriz principiológica adotada como fundamento do Estado, de modo a atribuir aos Princípios Constitucionais força normativa capaz de não só modular a interpretação e a aplicação das regras jurídicas positivadas, como de fazer, por si só, o Direito. Essa alteração doutrinária já havia sido percebida por José Joaquim Gomes Canotilho:

> [...] o Direito do **estado de direito** do século XIX e da primeira metade do século XX é o direito das regras dos códigos; o direito do **estado constitucional e de direito** leva a sério os princípios, é o direito dos princípios [...] o tomar a sério os princípios implica uma mudança profunda na metodologia de concretização do direito e, por conseguinte, na actividade jurisdicional dos juízes.[15]

Bonavides referiu-se a essa novidade no campo jurídico, verificada a partir do século XX, como a passagem de uma concepção de Estado de Direito doutrinariamente vinculada ao Princípio da Legalidade para a concepção de um Estado Constitucional de Princípios que, segundo ele, "[...] deslocou para o respeito dos direitos fundamentais o centro de gravidade da ordem jurídica".[16]

Helder Santos Amorim igualmente evidencia a alteração dogmática verificada em relação aos Princípios Constitucionais a partir do final da Segunda Grande Guerra, com destaque para a influência dessa dogmática na esfera do Direito do Trabalho no Brasil:

> [...] no plano da dogmática jurídica, os **princípios jurídicos constitucionais** adquiriram uma nova função normativa própria, ao lado das regras jurídicas, por força da revisão paradigmática pós-positivista pela qual passou a ciência do Direito depois do advento da Segunda Guerra Mundial, resultando numa nova hermenêutica constitucional que acentuou a força normativa

15. CANOTILHO, José Joaquim Gomes. *A "principialização" da jurisprudência através da Constituição*. São Paulo: Revista dos Tribunais, 1998. p. 84.

16. BONAVIDES, Paulo. *Curso de direito constitucional*. 20. ed. São Paulo: Malheiros, 2007. p. 398.

dos princípios como elemento balizador da ordem legislativa infraconstitucional. Esse tem sido um importante fator de contenção constitucional sobre o agressivo movimento político internacional que reivindica a flexibilização da legislação trabalhista brasileira, para desregulação das relações de trabalho.

O reconhecimento da normatividade dos princípios jurídicos constitucionais e da sua força normativa hierarquicamente equivalente à das regras da Constituição fincou base para a construção do caminho de expansão dos valores democráticos sobre todos os aspectos da vida social. [...][17]

Nessa esteira, Maurício Godinho Delgado, salientando a importância da matriz principiológica adotada no ordenamento jurídico pátrio, em especial, após a proclamação da Constituição da República de 1988, registra três grandes grupos de Princípios Jurídicos aplicáveis à esfera trabalhista, em seus segmentos, Individual e Coletivo, nos aspectos de direito material e processual.

Nessa perspectiva, o autor filia-se aos doutrinadores que enumeram princípios que emanam do texto da Constituição Federal de aplicabilidade ampla na ordem jurídica interna, a alcançar, inclusive, o Direito do Trabalho. E, em aprofundamento do tema, destaca dentre esses, aqueles que entende serem especialmente direcionados à proteção dos trabalhadores, a formarem o primeiro grupo, no enquadramento de Princípios Constitucionais do Trabalho.

Nessa classificação, o segundo grupo é composto pelos princípios gerais do direito, que devem nortear todos os atos dos indivíduos e, por conseguinte, também abrangem as relações trabalhistas, denominado pelo autor como Princípios Jurídicos Gerais Aplicáveis ao Direito do Trabalho.

Por último, o terceiro grupo integra os princípios próprios do ramo *justrabalhista*, em seus seguimentos, Individual

17. AMORIM, Helder Santos. Os Princípios do Direito do Trabalho na Constituição de 1988. *In*: VIANA, Márcio Túlio; ROCHA, Cláudio Jannotti da (Coords.). *Como aplicar a CLT à luz da Constituição:* alternativas para os que militam no foro trabalhista. São Paulo: LTr, 2016. p. 104-122. p. 111.

e Coletivo, a que chama de Princípios de Direito Individual e Coletivo do Trabalho.

Passamos, agora, a analisar, pontualmente, cada um dos princípios mencionados na referida classificação, considerando o enquadramento proposto pela Doutrina Moderna.

Esquema 1: Para melhor compreender a classificação dos princípios, conforme o autor Maurício Godinho Delgado

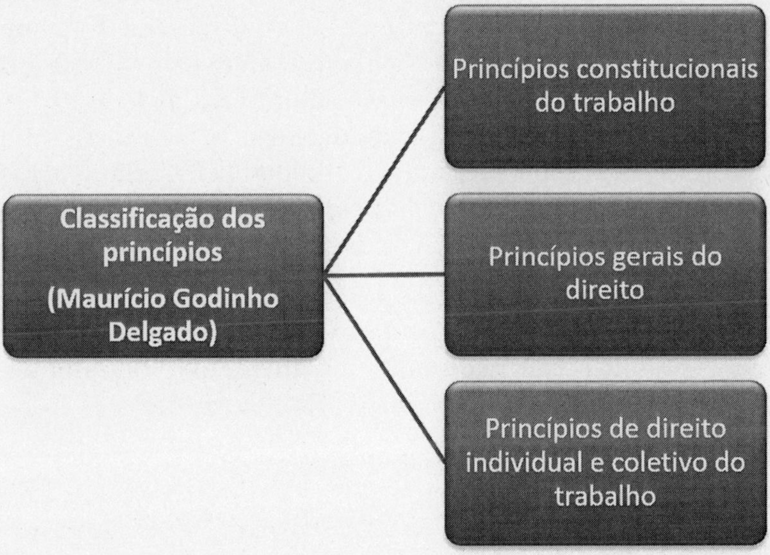

Fonte: o autor.

1.1 PRINCÍPIOS CONSTITUCIONAIS DO TRABALHO

Como já visto, dentre os Princípios Constitucionais aplicáveis à esfera *justrabalhista*, Maurício Godinho Delgado ressalta aqueles que, embora também emanem da matriz principiológica da Constituição Federal de 1988, atendem tão especialmente aos ditames do Direito do Trabalho que justificam estudo, em separado, e enquadramento específico.

A esse grupo de princípios, o autor denomina de Princípios Constitucionais do Trabalho e ressalta:

> Estudar e compreender o Direito do Trabalho, contemporaneamente, é estudar e compreender, antes de tudo, o sentido da matriz constitucional de 1988, em particular o rol de seus **princípios constitucionais do trabalho.**[18]

A título de Princípios Constitucionais do Trabalho, o autor relaciona as seguintes proposições fundamentais de direito: a) princípio da dignidade da pessoa humana; b) princípio da valoração do trabalho e do emprego; c) princípio da justiça social; d) princípio da submissão da propriedade à sua função socioambiental; e) princípio da não discriminação; f) princípio da igualdade, especialmente a igualdade em sentido material; g) princípio da segurança; h) princípio da proporcionalidade e da razoabilidade; i) princípio da vedação do retrocesso social.

Nessa classificação, Maurício Godinho Delgado ainda salienta, dentre os princípios enumerados, os quatro primeiros, que entende serem especialmente afirmativos do valor do trabalho na ordem jurídica constitucional brasileira.

Começaremos a explanação, assim, por esses quatro princípios: Princípio da Dignidade da Pessoa Humana, Princípio da Valoração do Trabalho e do Emprego, Princípio da Justiça Social, e Princípio da Submissão da Propriedade à sua Função Socioambiental e, em seguida, prosseguiremos na ordem da sequência acima enumerada.

1.1.1 Princípio da dignidade da pessoa humana

Por esse princípio traduz-se o ideal do Estado Democrático de Direito Social, consistente na dignidade do indivíduo como objetivo central da ordem jurídica nacional, a atender não só suas necessidades básicas, como o direito à vida, à

---

18. DELGADO, Maurício Godinho. *Curso de direito do trabalho*. 17. ed. rev. atual. e ampl. São Paulo: LTr, 2018. p. 218.

saúde, à segurança, ao trabalho, ao lazer etc., mas também as suas aspirações internas de progresso pessoal, no intuito de garantir o seu bem-estar no âmbito da família e da sociedade.

Nas palavras de Maurício Godinho Delgado, Princípio da Dignidade da Pessoa Humana caracteriza o reconhecimento de que "[...] a pessoa é o fim, e o Estado não mais do que um meio para a garantia a promoção dos seus direitos fundamentais." E prossegue, ressaltando que essa premissa representa a "[...] ideia de que o valor central das sociedades, do Direito e do Estado Democrático é a pessoa humana, em sua singeleza, independentemente de seu *status* econômico, social ou intelectual [...]".[19]

Daniel Sarmento, por sua vez, afirma que a proposição da Dignidade da Pessoa Humana norteia todo o ordenamento jurídico, na medida em que é a responsável pelo alinhamento do sistema pátrio de direitos fundamentais, ou seja, o epicentro axiológico da ordem constitucional. Nessa condição, afirma que desse princípio irradiam "[...] efeitos sobre todo o ordenamento jurídico e balizando não apenas os atos estatais, mas também toda a miríade de relações privadas que se desenvolvem no seio da sociedade e no mercado".[20]

A dignidade refere-se intrinsecamente ao ser humano, como indivíduo, não podendo o próprio sujeito abrir mão desse requisito, pois é um atributo personalíssimo, irrenunciável e inegociável.

Acerca do assunto, Augusto César Leite de Carvalho registra que *dignidade humana*, para o Direito, não é aquela que se abstrai da conduta do agente, ou do seu modo de proceder, mas atributo inerente à personalidade do indivíduo:

---

19. DELGADO, Maurício Godinho; DELGADO, Gabriela Neves. *Tratado jurisprudencial de direito constitucional do trabalho*. São Paulo: Editora Revista dos Tribunais, 2013. v. 1. p. 305.

20. SARMENTO, Daniel. *Direitos fundamentais e relações privadas*. 2. ed. Rio de Janeiro: Lumen Juris, 2006. p. 209.

> [...] a palavra dignidade possui *tríplice* sentido, pois qualifica, à primeira vista, um modo de proceder e também a pessoa que assim procede: o sujeito é *digno* porque se comporta *dignamente*. O seu terceiro sentido – o único que nos interessa de imediato – não deriva de uma conduta, nem mesmo de um padrão de conduta, senão de uma qualidade inerente ao ente, homem ou mulher, não importando seu modo de conduzir-se [...].[21]

Para Peter Häberle, a dignidade é "[...] concretizada jurídico-pragmaticamente de modo científico-experimental e com base nos exemplos recolhidos da casuística dos casos concretos".[22]

Logo, a concretização do respeito à dignidade humana deve ser constatada pela análise da situação de fato, posta à apreciação do Julgador.

Nesse contexto, no âmbito do Direito do Trabalho, seria a dignidade afrontada pelo desrespeito, por exemplo, de regras de proteção do trabalhador, especialmente no que tange ao extrapolamento de horários de trabalho. A esse respeito, pontua Augusto César Leite de Carvalho:

> A dignidade da pessoa humana estaria malferida sempre que o limite razoável de fadiga, abstratamente considerado, fosse excedido para o homem ou a mulher que estivessem a prestar trabalho. [...][23]

Note-se que a jurisprudência vem admitindo, inclusive, a caracterização de dano existencial, pela submissão de empregados à jornada exaustiva, em que se vê o trabalhador, inclusive, privado do convívio social e da sua família.

Sob essa perspectiva, Gabriela Neves Delgado destaca a decisiva influência contemporânea do reconhecimento

---

21. CARVALHO, Augusto César Leite de. *Princípios de direito do trabalho sob a perspectiva dos direitos humanos*. São Paulo: LTr, 2018. p. 15.

22. HÄBERLE, Peter. *El estado constitucional*. Tradução de Hector Fix-Fierro. México: Universidad Nacional Autónoma de México, 2003. p. 75.

23. CARVALHO, Augusto César Leite de. *Princípios de direito do trabalho sob a perspectiva dos direitos humanos*. São Paulo: LTr, 2018. p. 17.

constitucional do Princípio da Dignidade da Pessoa Humana também na dimensão social do trabalhador, pois "[...] a concepção contemporânea de dignidade humana envolve, sem dúvida, a dimensão social do indivíduo, vez que é inviável supor-se a presença do respeito à dignidade sem um ser humano radicalmente excluído de qualquer inserção socioeconômica na sociedade".[24]

A par de todas essas premissas, comenta Helder Santos Amorim:

> [...] a Constituição brasileira alçou o princípio da dignidade humana ao núcleo do sistema constitucional, concretizando-o em todas as normas voltadas à proteção da pessoa humana em suas diversas dimensões, mas, notadamente, em suas condições de fragilidade, seja como criança (art. 227), como idoso (art. 230) ou consumidor (art. 170, V), como pessoa economicamente desamparada (art. 203), portadora de deficiência (art. 203, IV) ou como trabalhador vulnerável à superexploração capitalista da sua mão de obra (art. 7º) com maltrato à sua saúde, segurança e, enfim, à sua dignidade.[25]

Corolários do Princípio Constitucional da Dignidade Humana são outros princípios também invocados por Maurício Godinho Delgado a título de Centralidade da Pessoa Humana na Vida Socioeconômica e na Ordem Jurídica e do Bem-Estar Individual e Social do Indivíduo.

O Supremo Tribunal Federal reconheceu a centralidade e a essencialidade do princípio da dignidade para o Ordenamento Jurídico Nacional quando do julgamento da ADI 3510, Rel. Min. Ayres de Brito, data de 29.5.2008, ao descrever essa premissa como "[...] verdadeiro valor-fonte que conforma e inspira todo o ordenamento constitucional vigente no país".

---

24. DELGADO, Gabriela Neves. *Direito fundamental ao trabalho digno*. São Paulo: LTr, 2006. p. 223.

25. AMORIM, Helder Santos. Os Princípios do Direito do Trabalho na Constituição de 1988. *In*: VIANA, Márcio Túlio; ROCHA, Cláudio Jannotti da (Coords.). *Como aplicar a CLT à luz da Constituição:* alternativas para os que militam no foro trabalhista. São Paulo: LTr, 2016. p. 104-122. p. 114.

Também a Declaração Universal dos Direitos Humanos da ONU, do ano de 1948, em seu preâmbulo, reconhece a dignidade relativa a todo o ser humano com fulcro na liberdade, na justiça e na paz mundial, descrevendo em seu art. 1º:

> Todas as pessoas nascem livres e iguais em dignidade e direitos. São dotadas de razão e consciência e devem agir em relação umas às outras com espírito de fraternidade.

Sabe-se que as Constituições não descrevem o conteúdo da dignidade nem informam seu campo de proteção jurídica. Cabe à doutrina e à jurisprudência definirem as bases do referido conceito jurídico, sem o interesse de fazê-lo em definitivo, dado tratar-se de um instituto de densidade aberta.

Como realçou Habermas, a dignidade da pessoa humana "[...] forma algo como o portal por meio do qual o conteúdo igualitário-universalista da moral é importado ao direito".[26]

Com isso, ao se interpretar o Princípio da Dignidade da Pessoa Humana, deve-se ter em conta também a moral, que servirá de norte para levar o intérprete a encontrar a solução mais justa entre as possibilidades textuais e presentes no sistema jurídico.

De fato, a dignidade reflete em si uma integralidade de valores físicos e morais que é resguardado a todo o indivíduo por estar no mundo, devendo ser tratado de igual forma com respeito e consideração, livre de qualquer tentativa de aliciamento ou de ser concebido como coisa no cenário social.

Vale dizer que se insere nessa premissa não apenas a obrigação de o Estado promover medidas de proteção e respeito ao indivíduo, mas também de adotar mecanismos que viabilizem o controle acerca dessa observância também por particulares, a exemplo de organizações privadas e a sociedade em geral.

---

26. HABERMAS, J. *Teoria do agir comunicativo*: racionalidade da ação e racionalização social. São Paulo: Martins Fontes, 2012. v. 1. p. 17.

O dever de cuidado imposto pelo ordenamento jurídico--positivo envolve inclusive a proteção da pessoa em face de si mesma, que atenta contra sua própria dignidade, por motivos diversos.

Assim, também se inserem no arcabouço jurídico da Dignidade Humana as medidas protetivas destinadas ao respeito à existência da pessoa, incluídos os trabalhadores, em atendimento ao Princípio da Inviolabilidade do Direito à Vida, que envolve também o direito a um ambiente de trabalho seguro.

Devem essas premissas, assim, nortearem todo o sistema jurídico nacional, a demonstrar, além do respeito ao Princípio da Dignidade Humana o atendimento de que a Ordem Jurídica interna efetivamente coloca a Pessoa na Centralidade do Direito.

1.1.2 Princípio da valoração do trabalho e do emprego

Pelo Princípio da Valoração do Trabalho e do Emprego, evidencia-se a essenciabilidade do labor para a promoção pessoal do indivíduo, tanto em sua esfera individual como no seio da família e da sociedade.

A Constituição Federal de 1988, atenta a essa situação, alçou o valor do trabalho a *status* de fundamento do Estado Democrático de Direito (art. 1º, IV), de princípio da Ordem Econômica (art. 170, IV) e da Ordem Social (art. 193). E, em vista da importância do trabalho, evidenciou-o como direito social (art. 6º), assegurando rol específico de direitos dele provenientes (art. 7º).

Esclarecedores os ensinamentos de Maurício Godinho Delgado sobre o tema:

> O enquadramento didático do trabalho como *direito social* está explicitado no art. 6º da Constituição, concretizando-se em inúmeros direitos que se listam no art. 7º. Perceba-se, a propósito, que esse enquadramento não reduz, normativamente, o patamar de firmação do trabalho (de princípio, valor e fundamento para o direito social); ele claramente deve ser compreendido com um

> acréscimo normativo e doutrinário feito pela Constituição, de modo a não deixar dúvida de que o trabalho ocupa, singularmente, todas as esferas de afirmação jurídica existentes no plano constitucional e do próprio universo jurídico contemporâneo.[27]

Prevalece, portanto, o posicionamento de que é o exercício do trabalho digno, em especial aquele protegido por lei, na atividade privada brasileira, caracterizado essencialmente pela relação de emprego, que traduz a melhor forma de autoafirmação pessoal do indivíduo, a satisfazer suas necessidades internas, mas também de autopromoção social, seja no âmbito da família, seja da coletividade.

1.1.3 Princípio da Justiça Social

Sob a perspectiva justrabalhista, a Justiça Social é o objetivo final do Direito do Trabalho, visto que, em última análise, somente uma sociedade que respeita seus trabalhadores e confere adequado valor ao trabalho poderá alcançar a segurança, a paz e a harmonia na coletividade.

Não por outro motivo, é o Princípio da Justiça Social premissa da Ordem Econômica, consoante o que se extrai do artigo 170, *caput*, da Constituição Federal.

> Art. 170. A ordem econômica, fundada na valorização do trabalho humano e na livre iniciativa, tem por fim assegurar a todos existência digna, conforme os **ditames da justiça social**, observados os seguintes princípios:
>
> [...]

Consoante os comentários formulados por Helder Santos Amorim, a noção de Justiça Social foi:

> [...] incorporada pela Constituição como verdadeira norma jurídica, princípio conformador do Direito, segundo o qual a realização material das pessoas não pode ficar sujeita apenas à sua

27. DELGADO, Maurício Godinho. *Princípios constitucionais do trabalho e princípios de direito individual e coletivo do trabalho*. 5. ed. São Paulo: LTr, 2017. p. 48.

> aptidão pessoal para bem se posicionar no mercado capitalista, mas deve ser impulsionada por normas interventivas no domínio econômico, capazes de assegurar a quem trabalha um mínimo existencial civilizatório".[28]

Nesse contexto, não se pode olvidar a importância do trabalho digno, objetivo central das normas justrabalhistas e razão de ser do próprio Direito do Trabalho, como pressuposto essencial de concretude da Justiça Social.

A esse respeito, ressalta Maurício Godinho Delgado que "À medida que o Direito do Trabalho é a própria afirmação de algumas dessas concepções [...] o princípio da justiça social age como um comando instigador ao desenvolvimento e avanço desse ramo jurídico especializado".[29]

A **Justiça Social** está, assim, diretamente ligada à relação do indivíduo, enquanto trabalhador, para com a comunidade e, em última análise, com os integrantes dessa, a alcançar a relação entre empregado e empregador.

Na aplicação dessa diretriz, portanto, devem ser consideradas as diferenças naturais entre os indivíduos, ao tempo da interpretação e aplicação da norma jurídica trabalhista. O princípio busca a realização de valores a que se propõe a sociedade, no intuito de conservação e aperfeiçoamento das relações nela existentes.

1.1.4 Princípio da submissão da propriedade à sua função socioambiental

A Função Social da Propriedade está proclamada no art. 5º, XXIII, da Constituição Federal. Trata-se de cláusula

---

28. AMORIM, Helder Santos. Os Princípios do Direito do Trabalho na Constituição de 1988. *In*: VIANA, Márcio Túlio Viana; ROCHA, Cláudio Jannotti da (Coords.). *Como aplicar a CLT à luz da Constituição:* alternativas para os que militam no foro trabalhista. São Paulo: LTr, 2016. p. 104-122. p. 113.

29. DELGADO, Maurício Godinho. *Princípios constitucionais do trabalho e princípios de direito individual e coletivo do trabalho*. 5. ed. São Paulo: LTr, 2017. p. 61.

fundamental que condiciona o exercício do direito da propriedade à responsabilidade social do seu detentor, seja pessoa física, seja jurídica, enquanto particular ou empresa, na condição de empregado ou empregador. Tudo isso envolve o cumprimento de obrigações específicas, dentre essas, o respeito à dignidade do trabalhador.

A respeito desse tema, pontua José Afonso da Silva:

> [...] a iniciativa econômica privada é amplamente condicionada no sistema da constituição econômica brasileira. Se ela se implementa na atuação empresarial, e esta se subordina ao "princípio da função social", para realizar ao mesmo tempo o desenvolvimento nacional, assegurada a existência digna de todos, conforme ditames da justiça social, bem se vê que a 'liberdade de iniciativa' só se legitima quando voltada à efetiva consecução desses fundamentos, fins e valores da ordem econômica.[30]

Ao se reportar sobre a questão, Helder Santos Amorim correlaciona a função da social da propriedade também ao valor do trabalho, como princípio da ordem econômica nacional:

> O art. 170, III, da Constituição, por sua vez, ao proclamar a função social da propriedade como um dos princípios da ordem econômica, estende essa função à propriedade dos bens de produção, ou seja, à empresa, atribuindo-lhe um papel social promotor da justiça social, especialmente por meio da geração de emprego de qualidade, como veículo de afirmação social do trabalho e da livre-iniciativa.[31]

Na sistemática do Direito do Trabalho, a concretude desse princípio se viabiliza pela conscientização do empregador, detentor da propriedade da empresa, quanto à sua responsabilidade social, não apenas em relação ao meio ambiente e ao consumidor,

---

30. SILVA, José Afonso da. *Curso de direito constitucional positivo.* 13. ed. São Paulo: Malheiros, 1997. p. 745.

31. AMORIM, Helder Santos. Os Princípios do Direito do Trabalho na Constituição de 1988. *In*: VIANA, Márcio Túlio Viana; ROCHA, Cláudio Jannotti da (Coords.). *Como aplicar a CLT à luz da Constituição:* alternativas para os que militam no foro trabalhista. São Paulo: LTr, 2016. p. 104-122. p. 113-114.

mas também em face da adoção de medidas que visem a resguardar a segurança e a saúde do trabalhador, a cumprir sua função social, também na manutenção de postos de trabalho.

1.1.5 Princípio da não discriminação

Pelo princípio da não discriminação, todos os trabalhadores merecem tratamento isonômico (art. 5º, I, CF), vedada a prática de qualquer medida discriminatória e limitativa para efeito de acesso à relação de emprego ou sua manutenção, por motivo de gênero (Lei 9.029/95), origem, raça, cor, estado civil, situação familiar e idade, ressalvadas as medidas protetivas ao menor. Aliás, o combate aos preconceitos é elencado como um dos fundamentos da República Brasileira (art. 3º, IV, CF).

Note-se que há proteção legal contra discriminação aos portadores de deficiência física (art. 7º, XXXI, CF). A lei vai, inclusive, além, criando uma ação afirmativa, ao estabelecer política de cotas de contratação de pessoas nessas condições, de modo que as empresas com mais de 100 empregados contratarão, conforme o número de empregados, obrigatoriamente, de 2% a 5% de portadores de deficiência física em seu quadro de pessoal (Lei nº 8.213/91, art. 93).

A Constituição também proíbe a discriminação entre brasileiros e estrangeiros (art. 3º, IV, CF), preceito aplicado no conhecido caso Air France, julgado pelo STF:

> CONSTITUCIONAL. TRABALHO. PRINCÍPIO DA IGUALDADE. TRABALHADOR BRASILEIRO EMPREGADO DE EMPRESA ESTRANGEIRA: ESTATUTOS DO PESSOAL DESTA: APLICABILIDADE AO TRABALHADOR ESTRANGEIRO E AO TRABALHADOR BRASILEIRO. C.F., 1967, art. 153, § 1º; C.F., 1988, art. 5º, *caput*. I. - Ao recorrente, por não ser francês, não obstante trabalhar para a empresa francesa, no Brasil, não foi aplicado o Estatuto do Pessoal da Empresa, que concede vantagens aos empregados, cuja aplicabilidade seria restrita ao empregado de nacionalidade francesa. Ofensa ao princípio da igualdade: C.F., 1967, art. 153, § 1º; C.F., 1988, art. 5º, *caput*). II. - A discriminação que se baseia em atributo, qualidade, nota intrínseca ou extrínseca do indivíduo, como o sexo, a raça, a

> nacionalidade, o credo religioso etc., é inconstitucional. Precedente do STF: Ag 110.846 (AgRg)-PR, Célio Borja, RTJ 119/465. III. - Fatores que autorizariam a desigualização não ocorrentes no caso. IV. - R.E. conhecido e provido.[32]

Para a Organização Internacional do Trabalho (Convenção 111), discriminar é qualquer tratamento com distinção, exclusão ou preferência embasada em motivo de raça, cor, sexo, opinião política, ascendência nacional ou origem social que tenha por fim anular ou alterar a igualdade de oportunidades no emprego.

Aliás, a aplicação desse princípio, no âmbito da Justiça do Trabalho, encontra-se consagrada na Súmula nº 443 do TST, que dispõe:

> Súmula 443. DISPENSA DISCRIMINATÓRIA. PRESUNÇÃO. EMPREGADO PORTADOR DE DOENÇA GRAVE. ESTIGMA OU PRECONCEITO. DIREITO À REINTEGRAÇÃO. (Res. 185/2012, DEJT divulgado em 25, 26 e 27.09.2012).
>
> Presume-se discriminatória a despedida de empregado portador do vírus HIV ou de outra doença grave que suscite estigma ou preconceito. Inválido o ato, o empregado tem direito à reintegração no emprego.

Portanto, a observância do princípio da não discriminação exige ponderação de valores, segundo os critérios de razoabilidade e proporcionalidade, observada a situação peculiar do caso concreto. A plenitude da incidência dos benefícios que emanam da aplicação dessa premissa deve ser avaliada segundo as condições reais em que se encontram os indivíduos.

1.1.6 Princípio da igualdade

O Princípio da Igualdade constitui vertente no âmbito do direito processual do chamado Princípio da Isonomia, de aplicabilidade ao direito material.

---

32. BRASIL. Supremo Tribunal Federal. Recurso Extraordinário 161243, Relator: Ministro Carlos Velloso, Segunda Turma, julgado em 29/10/1996, DJ 19/12/1997, p. 57. EMENT VOL-01896-04 PP-00756.

No âmbito processual, essa premissa é retratada no art. 139 do CPC, que atribui ao Juiz a incumbência de "[...] assegurar às partes igualdade de tratamento".

Acerca do tema, Nelson Nery Junior afirma que "Compete ao juiz, como diretor do processo, assegurar às partes tratamento isonômico (art. 5º, *caput*). A igualdade de que fala o texto constitucional é real, substancial, significando que o juiz deve tratar igualmente os iguais e desigualmente os desiguais na exata medida de suas desigualdades".[33]

Ainda no campo do direito processual, são relevantes os comentários de Mauro Schiavi sobre o assunto, ao afirmar que "Em razão desse princípio, no processo, as partes devem ter as mesmas oportunidades, ou seja, a **paridade de armas**, cumprindo ao juiz zelar para que isso seja observado. De outro lado, cumpre ao juiz, como diretor do processo, assegurar que o litigante mais forte não entorpeça o litigante mais fraco no processo."[34]

A proposição da igualdade, entretanto, não se resume à mera formalidade, porquanto abstraída de comando geral e abstrato estabelecido na parte inicial do *caput* do art. 5º da Constituição Federal, que dispõe que "Todos são iguais perante a lei, sem distinção de qualquer natureza [...]".

A esse respeito, merecem destaques os apontamentos de Augusto César Leite de Carvalho, acerca da diferenciação entre a igualdade meramente formal e a igualdade material (ou substancial):

> A conduta que desafia a igualdade formal, ou a incidência da regra jurídica constitucional da igualdade de tratamento, é a 'discriminação', ou seja, o tratamento desigual para pessoas iguais, naquilo em que se igualam. A ordem jurídica atua de modo a distinguir, contudo, as *desigualdades* que abomina e, por outro lado, as diferenças cuja existência e legitimidade reconhece [...].

---

33. NERY JUNIOR, Nelson. *Código de Processo Civil comentado*. 10. ed. São Paulo: RT, 2007. p. 384.

34. SCHIAVI, Mauro. *Manual de direito processual do trabalho*. 10. ed. de acordo com Novo CPC. São Paulo: LTr, 2016. p. 92.

> Tanto ao vedar a conduta discriminatória quanto ao consentir a diferença legítima, o Direito provê igualdade formal, ou seja, a igualdade perante a lei. Convém distingui-la, logo e portanto, da igualdade substancial, [...];
>
> Tratar igualmente os iguais, na medida em que se igualam, é a função da lei associada à **igualdade formal**. Noutra perspectiva, promover condições existenciais que provejam igualdade onde historicamente se sedimentou assimetria, disparidade ou desequilíbrio social – não justificado por diferenças legítimas – é a função da lei associada à promoção da **igualdade substancial**.
>
> Sob o prisma da igualdade formal, o Direito prescreve o trato isonômico entre aqueles que reputa iguais, proscrevendo e sancionando a conduta destoante, individual ou coletiva; sob o espectro da igualdade substancial, o Direito interfere na ordem social para torná-la mais justa e paritária, contrapondo-se e impondo-se ao determinismo cultural.[35]

No tocante à igualdade formal, que se impõe ao Estado democrático de direito, competirá a esse, o controle e a modulação da sua atividade legislativa e judicial, a fim de garantir tratamento isonômico para casos idênticos. Nesse sentido, os ensinamentos de Montilla Martos, ao retratar a realidade do direito espanhol:

> A igualdade, como direito público subjetivo exercitável ante os juízes e tribunais, implica a alegação de uma discriminação. A discriminação importa uma desigualdade que pode ter origem em um fato, na diferenciação de tratamento legal não justificado constitucionalmente, ou finalmente na aplicação de uma lei que produza um resultado inconstitucional. Pode-se dizer que estamos ante uma desigualdade frente à lei quando esta, ante dois fatos idênticos, trata de forma distinta, sem qualquer justificação, a diferentes sujeitos, por alguma das causas estabelecidas, de forma muito aberta ("qualquer condição pessoal ou social"), no artigo 14 da Constituição Espanhola. Por outro lado, a discriminação na aplicação da lei se configura, e assim é vista pelo Tribunal Constitucional da Espanha, como um redirecionamento à situação de desigualdade à falta de tutela judicial, quando o juiz não responde com as mesmas resoluções ante premissas de

35. CARVALHO, Augusto César Leite de. *Princípios de direito do trabalho sob a perspectiva dos direitos humanos*. São Paulo: LTr, 2018. p. 47-48.

> fato similares. O art. 24 da Constituição da Espanha e o direito à fundamentação das decisões judiciais exige que ante situações iguais se aplique a mesma norma legal.[36]

A igualdade material, ou substancial, a seu turno, aborda elementos mais concretos da vida do ser humano, como fatores socioeconômicos, étnicos, estéticos, etários, que envolvem gênero, origem ou mesmo questões culturais, cuja diferenciação de tratamento não se justificaria perante um Estado Democrático de Direito.

Não por outro motivo, a Constituição Federal de 1988 enumerou como objetivos da República a erradicação da pobreza e da marginalização, a redução das desigualdades sociais e regionais, além da promoção do bem comum, sem preconceitos de qualquer natureza (art. 3º da CF).

No que se refere à concretude da igualdade, em sua dimensão material, registra Augusto César Leite de Carvalho:

> Não se cuida, neste passo, de ter a igualdade como pressuposto, mas de tê-la como objetivo a ser atingido. Ricos e pobres, patrões e empregados, homens e mulheres, transgêneros e homossexuais, pessoas com e sem deficiência, crianças, adolescentes, adultos e idosos, letrados e analfabetos, brancos e negros são todos iguais em dignidade, mas a distribuição de bens e oportunidades não os tem nessa conta. Na ocasião em que contratam a provisão de necessidades ou utilidades, são distintos os pontos de partida.
>
> [...]
>
> A contribuição dos direitos sociais, porquanto se traduzam em expectativas prestacionais asseguradas aos mais débeis, é decisiva para o projeto civilizatório de construir uma sociedade igualitária. [...][37]

---

36. MONTILLA MARTOS, José Antonio. *Manual de derecho constitucional*. Madrid: Tecnos, 2007. v. 2. p. 86.

37. CARVALHO, Augusto César Leite de. *Princípios de direito do trabalho sob a perspectiva dos direitos humanos*. São Paulo: LTr, 2018. p. 59.

No âmbito do direito do trabalho, é evidente a desigualdade entre patrões e empregados, em vista da situação socioeconômica que prevalece no Brasil, a se justificar a caracterização de hipossuficiência do trabalhador.

Por essa perspectiva é que exsurge para o operador do direito trabalhista a importante tarefa de equilibrar forças na esfera do Direito Individual do Trabalho, a fim de se assegurar o respeito à igualdade de tratamento também na relação de emprego.

Por essa premissa, justificam-se, assim, institutos justrabalhistas como da equiparação salarial (art. 461 da CLT); salário equitativo (art. 12, alínea "a", da Lei 6.019/74 e Orientação Jurisprudencial nº 383 da SBDI-I do TST); cotas sociais para pessoas com deficiência (art. 93 da Lei 8.213/91); ou aprendizes (art. 429 da CLT); etc.

1.1.7 Princípio da segurança jurídica

Pelo princípio da segurança jurídica exige-se conduta do Estado, seja em sua atividade legislativa ou judiciária, em prol do respeito a direitos adquiridos, aos efeitos do ato jurídico perfeito e da coisa julgada.

É premissa que se extrai do comando constitucional do art. 5º, XXXVI, da Constituição Federal, mas que também se abstrai do *caput* desse preceito, ao se reportar à inviolabilidade do direito à segurança, entendida essa, também em sua dimensão jurídica:

> Art. 5º Todos são iguais perante a lei, sem distinção de qualquer natureza, garantindo-se aos brasileiros e aos estrangeiros residentes no País a inviolabilidade do direito à vida, à liberdade, à igualdade, à segurança e à propriedade, nos termos seguintes:
>
> [...]
>
> XXXVI - a lei não prejudicará o direito adquirido, o ato jurídico perfeito e a coisa julgada;

Nas palavras de Souto Maior, segundo comentários de Dirley da Cunha, segurança jurídica "[...] pode ser visualizada como um valor transcendente ao ordenamento jurídico, no sentido de que a sua investigação não se confina ao sistema jurídico positivo. Antes, inspira as normas que, no âmbito do direito Positivo, lhe atribuem efetividade".[38]

Constitui a Segurança Jurídica um direito fundamental, segundo o qual se salvaguardam vantagens já incorporadas ao patrimônio jurídico do indivíduo, em razão de direito adquirido, ato jurídico perfeito ou coisa julgada, de eventuais alterações legislativas posteriores, seja por lei em sentido formal, seja por lei em sentido material.

No âmbito do Direito do Trabalho, essa premissa constitucional fundamenta, ainda, outro Princípio Especial, o da Condição Mais Benéfica, pela adoção da chamada Teoria Subjetiva de Direito Adquirido, do italiano Carlo Francesco Gabba, cuja aplicabilidade no ordenamento interno encontra guarida no art. 6º, § 2º, da Lei de Introdução às Normas do Direito Brasileiro (LINDB):

> Art. 6º. A Lei em vigor terá efeito imediato e geral, respeitados o ato jurídico perfeito, o direito adquirido e a coisa julgada.
>
> § 1º. Reputa-se ato jurídico perfeito o já consumado segundo a lei vigente ao tempo em que se efetuou.
>
> § 2º. Consideram-se adquiridos assim os direitos que o seu titula, ou alguém por ele, possa exercer, como aqueles cujo começo do exercício tenha termo pré-fixo, ou condição preestabelecida inalterável, a arbítrio de outrem.
>
> § 3º. Chama-se coisa julgada ou caso julgado a decisão judicial de que já não caiba recurso.

Essa diretriz é perfeitamente compatível com o Direito do Trabalho, que privilegia as vantagens incorporadas ao patrimônio jurídico do trabalhador, não admitindo os efeitos da

---

38. DA CUNHA JÚNIOR, Dirley. *Curso de direito constitucional.* 6. ed. Salvador: Editora JusPodivm, 2012. p. 738.

alteração prejudicial posterior, ainda que por alteração do regulamento empresarial. Trata-se de premissa expressamente estabelecida no texto da CLT (art. 468, *caput*) e consagrada no âmbito da jurisprudência do TST (Sumula nº 51).

1.1.8 Princípio da proporcionalidade e da razoabilidade

Por essa diretriz, na interpretação dos atos jurídicos, prioriza-se o proceder racional, ou seja, a avaliação ponderada daquilo que lógica e constantemente, ocorreria em situação similar.

Acerca da aplicabilidade dessa diretriz no campo do Direito do Trabalho, Helder Santos Amorim destaca as lições de Plá Rodriguez quanto à importância do Princípio da Razoabilidade na interpretação das declarações de vontade dos contratantes na relação de emprego.

O autor também evidencia a incidência dessa premissa na adequação da conduta dos sujeitos da relação de emprego, em especial, a proporcionalidade a ser observada pelo empregador no exercício regular do seu poder diretivo e disciplinar:

> [...] o **princípio da razoabilidade**, com assento no Direito Constitucional, é invocado por Plá Rodriguez como importante instrumento de interpretação das declarações de vontade das partes contratantes nas chamadas zonas cinzentas ou limítrofes, seja para medir, à luz do bom-senso, a verossimilhança de determinadas explicações acerca da natureza da relação de trabalho, se empregatícia ou não, seja para identificar limites razoáveis aos poderes conferidos ao empregador: os limites do poder diretivo, diante da imensa possibilidade de conteúdos e de formas da prestação de trabalho que se podem abrigar num contrato de emprego; os limites ao *jus variandi*, em sua ampla margem de poder sobre a organização empresarial; e os limites ao poder disciplinar, em sua larga margem de discrição, com vistas à preservação da proporcionalidade entre a infração e a pena contratual.[39]

39. AMORIM, Helder Santos. Os Princípios do Direito do Trabalho na Constituição de 1988. *In*: VIANA, Márcio Túlio Viana; ROCHA, Cláudio Jannotti da (Coords.). *Como aplicar a CLT à luz da Constituição:* alternativas para os que militam no foro trabalhista. São Paulo: LTr, 2016. p. 104-122. p. 110.

Carmen Camino, por sua vez, ressalta a aplicação dessa ponderação na esfera trabalhista também como "[...] contrapeso necessário do princípio da proteção, uma espécie de seu redutor ou de fator de contenção". Trata-se, na opinião da autora, da proporcionalidade a ser observada pelo operador do Direito do Trabalho na defesa dos interesses do empregado, sob o risco de ultrapassar a medida da coerência, pela aplicação desmedida dos mecanismos inerentes ao princípio da proteção. A esse respeito, ressalta que "[...] a ideia de proteção do hipossuficiente, levada às últimas consequências, pode consagrar absurdos que acabam por negar o próprio princípio, 'virar o fio', romper o equilíbrio necessário à sustentação de todo o arcabouço doutrinário do direito do trabalho."[40]

O certo é que a aplicação do Princípio da Proporcionalidade ou da Razoabilidade no campo do Direito do Trabalho é fundamental nos litígios que envolvam arbitramento de salário, desvio funcional, exercício do poder diretivo e punitivo do empregador, fixação de valores indenizatórios, bem como nas ações intentadas com o objetivo de promover a rescisão indireta do contrato, ou discutir a validade de uma despedida por justa causa.

1.1.9 Princípio da vedação ao retrocesso social

No estudo do Princípio da Vedação ao Retrocesso social merecem destaque os apontamentos de Helder Santos Amorim acerca do *status* constitucional alcançado pela diretriz *justrabalhista* da proteção social do trabalho quando do advento da Constituição Federal de 1988:

> [...] o **princípio da proteção social do trabalho** foi absorvido pela Constituição de 1988 e alçado a *status* constitucional, orientando o espírito das normas constitucionais que instituíram os direitos fundamentais dos trabalhadores (arts. 7º a 11). Esse processo de intensa constitucionalização material do Direito do Trabalho

40. CAMINO, Carmen. *Direito individual do trabalho*. 4. ed. Porto Alegre: Editora Síntese, 2004. p. 127.

> fomentou a instituição de um regime constitucional de proteção social do trabalhador, que passaria a balizar os rumos de toda disciplina jurídica sobre o trabalho no país.
>
> [...]
>
> O princípio da proteção deixou seu modesto papel lógico-descritivo do conjunto sistemático dos preceitos legais trabalhistas, para assumir a condição de verdadeira norma constitucional com *status* de direito fundamental. Deixou sua clássica função meramente inspiradora de uma legislação ordinária flutuante, da qual decorria numa relação de recíproca dependência, para ostentar o caráter de valor constitucional vinculante da ordem legal ordinária, expresso nos princípios da valorização social do trabalho e da livre-iniciativa, da justiça social, da submissão da propriedade privada à função socioambiental e da dignidade da pessoa humana, primados que sintetizam num superprincípio "jusfundamental" de proteção social do trabalho [...].
>
> Assim, de princípio sujeito às flutuantes direções políticas do legislador ordinário, o **fundamento protetivo do Direito do Trabalho** alçou posto de norma fundamental conformadora da ordem jurídico-trabalhista e balizadora das margens de ação do legislador ordinário, funcionando como verdadeira trincheira de resistência constitucional contra a desregulação social desmedida, em prol do equilíbrio de forças necessário ao regime democrático.[41]

Também Luciano Martinez evidencia a intenção do constituinte originário de 1988 em resguardar o fundamento da proteção social do trabalho de eventuais futuras desregulamentações no campo do Direito do Trabalho, motivo pelo qual tratou de assegurar pelo próprio texto constitucional um patamar mínimo de direitos sociais e trabalhistas, na intenção de "[...] colocá-los além do alcance do poder constituinte derivado, do poder legislativo infraconstitucional e, obviamente, do poder negocial conferido às partes."[42]

---

41. AMORIM, Helder Santos. Os princípios do direito do trabalho na Constituição de 1988. *In*: VIANA, Márcio Túlio; ROCHA, Cláudio Jannotti da (Coords.). *Como aplicar a CLT à luz da Constituição*: alternativas para os que militam no foro trabalhista. São Paulo: LTr, 2016. p. 104-122. p. 110-111.

42. MARTINEZ, Luciano. *Curso de direito do trabalho:* relações individuais, sindicais e coletivas do trabalhão. 5. ed. São Paulo: Saraiva, 2014. p. 108.

A referida premissa cuida, então, do patamar mínimo civilizatório, que se entende resguardado pelo próprio texto constitucional, no rol do art. 7º da Constituição da República de 1988, que representa verdadeiro núcleo fundamental do direito do trabalho e, portanto, intangível quanto a eventuais futuras alterações infraconstitucionais, segundo a doutrina trabalhista.

1.2 DEMAIS PRINCÍPIOS CONSTITUCIONAIS APLICÁVEIS À ESFERA DO DIREITO DO TRABALHO

Inegável a influência da matriz principiológica que emana do Texto da Constituição da República de 1988 em todos os ramos do Ordenamento Jurídico Nacional, do que não se diferencia o Direito do Trabalho.

Em se tratando de Normas Jurídicas, os Princípios Constitucionais detêm imperatividade, passíveis, portanto, de cumprimento forçado. Afinal, nas palavras de Luís Roberto Barroso, são as normas constitucionais "[...] dotadas de imperatividade, que é atributo de todas as normas jurídicas". Logo, sua eventual inobservância justifica, inclusive, a aplicação de "[...] mecanismos próprios de coação, de cumprimento forçado".[43]

Nesse sentido, Maurício Godinho Delgado, ressalta:

> A Constituição da República Federativa do Brasil se caracteriza por uma matriz essencialmente humanista, democrática, social e inclusiva, buscando arquitetar, no País, um verdadeiro Estado Democrático de Direito, caracterizado por três pilares estruturantes: a centralidade da pessoa humana na ordem jurídica, social e econômica, com a sua dignidade: a presença de uma sociedade política efetivamente democrática e inclusiva; a presença também de uma sociedade civil igualmente democrática e inclusiva.[44]

---

43. BARROSO, Luís Roberto. *Curso de direito constitucional contemporâneo:* os conceitos fundamentais e a construção de um novo modelo. São Paulo: Saraiva, 2009. p. 262.

44. DELGADO, Maurício Godinho. *Curso de direito do trabalho.* 17. ed. rev. atual. e ampl. São Paulo: LTr, 2018. p. 225.

Nessa direção, a doutrina moderna enumera os seguintes princípios constitucionais de aplicabilidade direta e imediata ao ramo *justrabalhista*, na esfera do direito Material e Processual, que abrange tanto o segmento Individual como o Coletivo do Direito do Trabalho.

1.2.1 Princípio do devido processo legal

Dispõe o art. 5º, LIV, da Constituição Federal: "Ninguém será privado da liberdade ou de seus bens sem o devido processo legal".

Em breve histórico sobre a origem dessa norma jurídica leciona Nelson Nery Junior:

> [...] o primeiro ordenamento que teria feito menção a esse princípio foi a Magna Charta de João Sem-Terra, do ano de 1215, quando se referiu à *law of the landa* (art. 39), sem, ainda, ter mencionado expressamente a locução devido processo legal. O termo hoje consagrado, *due process of law*, foi utilizado somente em lei inglesa de 1354, baixada no reinado de Eduardo III. (...) Embora a Magna Charta fosse instrumento de acentuado e deliberado reacionarismo, criado como uma espécie de garantia dos nobres contra os abusos da coroa inglesa, continha exemplos de institutos originais e eficazes do ponto de vista jurídico, que até hoje têm provocado a admiração dos estudiosos da história do direito e historiografia do direito constitucional."[45]

Com efeito, abstrai-se do devido processo legal a imposição de que o Estado (ou Judiciário) observe o direito de o cidadão ser processado por regras previamente definidas.

Tanto o processo civil como o processo do trabalho se submetem igualmente a esse comando constitucional geral. Todavia, sua aplicabilidade deve respeitar também a dinâmica e a evolução da sociedade, em especial, o anseio por uma solução, não apenas justa, mas essencialmente eficaz, a exigir celeridade no processo. A esse respeito, alerta Mauro Schiavi:

---

45. NERY JUNIOR, Nelson. *Princípios de processo civil na Constituição Federal*. 8. ed. São Paulo: RT, 2004. p. 61.

> Tanto o processo civil como o processo do trabalho devem ser lidos e interpretados à luz do presente princípio. Entretanto, ele não é estático, uma vez que deve ser interpretado e aplicado, considerando-se a unidade sistêmica da Constituição Federal, em compasso com os princípios do acesso à justiça, efetividade e duração razoável. Por isso, não pode o intérprete apegar-se apenas à previsibilidade das regras processuais, e sua previsão em lei, mas considerar também o resultado prático que elas propiciam e, inclusive, a razoabilidade temporal na tramitação do processo.[46]

Especificamente no âmbito do Processo do Trabalho, o autor elenca as peculiaridades que justificam a necessária adequação desse princípio, em prol de um Devido Processo Legal Substancial e não meramente formal:

> [...] o devido processo legal deve ser adequado às necessidades atuais da sociedade e também às necessidades do processo do trabalho, considerando-se a dificuldade de acesso à justiça do trabalhador, a necessidade de celeridade na tramitação do processo e a justiça do procedimento.
>
> Na atualidade, não deve o Juiz do Trabalho apegar-se ao formalismo processual e também insistir em formalidades já superadas pela praxe e pela tecnologia. O formalismo do processo deve ser adaptado não só às necessidades da tutela da pretensão posta em juízo, mas também da justiça da decisão. Por isso, o formalismo processual deve sempre ser valorado e interpretado, e não aplicado de forma literal.
>
> A moderna doutrina, hoje, defende não apenas o chamado devido processo legal formal, dirigido ao processo em si, impondo ao juiz condutor do processo observar os princípios processuais; mas um devido processo legal substancial, que, observando os mandamentos constitucionais, seja capaz de materializar, de forma justa, razoável e célere os direitos postulados em juízo, utilizando o princípio da proporcionalidade, evitando arbitrariedades do poder público.[47]

---

46. SCHIAVI, Mauro. *Manual de direito processual do trabalho*. 10. ed. de acordo com Novo CPC. São Paulo: LTr, 2016. p. 88.

47. SCHIAVI, Mauro. *Manual de direito processual do trabalho*. 10. ed. de acordo com Novo CPC. São Paulo: LTr, 2016. p. 89.

Acerca do chamado devido processo legal substancial, também leciona Paulo Henrique dos Santos Lucon:

> O devido processo legal substancial diz respeito à limitação ao exercício do poder e autoriza ao julgador questionar a razoabilidade de determinada lei e a justiça das decisões estatais, estabelecendo o controle material da constitucionalidade e da proporcionalidade. Aliás, a fundamentação do princípio da proporcionalidade, no nosso sistema, é realizada pelo princípio constitucional expresso do devido processo legal. Importa aqui a sua ênfase substantiva, em que há a preocupação com a igual proteção dos direitos do homem e os interesses da comunidade quando confrontados" [...] "Por esse novo prisma, a cláusula do devido processo legal atinge não só a forma, mas a substância do ato, pois existe a preocupação de se conceder a tutela jurisdicional adequada que satisfaça os órgãos jurisdicionais e, mais ainda, a própria sociedade. Essa representa a convergência de todos os demais princípios e garantias, atingindo não só os atos dos órgãos jurisdicionais, mas também os atos legislativos e da administração; refere-se, portanto, ao controle da razoabilidade dos atos estatais.[48]

Cabe destacar, ainda, a ressalva feita por Mauro Schiavi, no sentido de que a proibição constitucional da produção de provas obtidas por meios ilícitos (art. 5º, LVI, da Constituição Federal), aplicável também ao processo do trabalho, "[...] constitui direito fundamental, não só para assegurar os direitos fundamentais do cidadão, mas também para garantia do devido processo legal e dignidade do processo".[49]

1.2.2 Princípio da inafastabilidade da jurisdição

O art. 5º, XXXV, da Constituição Federal consagra o chamado Princípio da Inafastabilidade da Jurisdição, também conhecido como Princípio do acesso à Justiça ou Princípio da

---

48. DIDIER JUNIOR, Fredie. *Curso de direito processual civil*: introdução ao direito processual civil e processo de conhecimento. 13. ed. Salvador: JusPodivm, 2011. v. 1. p. 50-51.

49. SCHIAVI, Mauro. *Manual de direito processual do trabalho*. 10. ed. de acordo com Novo CPC. São Paulo: LTr, 2016. p. 101.

Revisibilidade ou Ubiquidade Judicial, ao dispor: "A lei não excluirá da apreciação do Poder Judiciário lesão ou ameaça a direito".

Em interpretação do Texto Constitucional, Nelson Nery Junior corretamente adverte que "[...] embora o destinatário principal desta norma seja o legislador, o comando constitucional atinge a todos indistintamente, vale dizer, não pode o legislador e ninguém mais impedir que o jurisdicionado vá a juízo deduzir pretensão."[50]

Por esse princípio, confirma-se uma importante garantia do indivíduo, consistente no fato de que, diante de eventual lesão ou ameaça a seu direito, ser-lhe-á assegurado o direito de submeter a questão à apreciação do Judiciário, para o justo deslinde da controvérsia.

Nessa premissa, não cabe ao legislador, nem mesmo ao Poder Judiciário, excluir o direito de o indivíduo obter pronunciamento judicial quanto à sua pretensão, formulada em juízo. Ou seja, independentemente do conteúdo do pleito formulado perante o Juiz, esse merecerá o devido enfrentamento.

É justamente por essa perspectiva que o Código de Processo Civil de 2015 não se vale mais da antiga expressão "condições da ação". A terminologia era anteriormente adotada pela doutrina, em face da exigência de identificação prévia de tríplice pressuposto para o ajuizamento do feito: legitimidade e interesse da parte e possibilidade jurídica do pedido.

Ocorre que, pela visão contemporânea, o último requisito, em que se examina a plausibilidade do direito postulado em juízo, não constituiu pressuposto para propositura da ação, mas sim, motivo de procedência, ou não, do pedido formulado em Juízo.

Nessa linha, o art. 485 do CPC, ao se reportar às situações de extinção do feito, sem resolução do mérito, enuncia, em

---

50. NERY JUNIOR, Nelson. *Princípios de processo civil na Constituição Federal*. 8. ed. São Paulo: RT, 2004. p. 130-131.

seu inciso VI, apenas a exigência de verificação prévia de legitimidade e interesse processual da parte.

Há de se destacar que, mesmo nos casos em que se declara a extinção do feito, sem resolução do mérito, há o devido pronunciamento judicial, a se afastar eventual alegação de recusa de acesso à Justiça. A propósito dessa situação, leciona Mauro Schiavi:

> No direito brasileiro, há a chamada jurisdição única ou una, pois a lei não pode excluir o direito de postular em juízo a qualquer pessoa, por mais absurdo ou inviável o direito postulado.
>
> Mesmo em casos em que a parte não preencha os pressupostos processuais e as condições da ação, desaguando na extinção do processo sem resolução de mérito, terá havido o direito de ação e, portanto, não há ofensa ao princípio constitucional da inafastabilidade da jurisdição na decisão que não aprecia o mérito da causa.[51]

O mesmo autor destaca que decorre do princípio da inafastabilidade da jurisdição, não apenas a garantia de amplo acesso ao Judiciário, mas, essencialmente, o direito de se pretender obter do Estado um julgamento justo e efetivo:

> [...] modernamente, a acessibilidade ao Judiciário é um direito fundamental de qualquer pessoa para efetivação de seus direitos. De outro lado, não basta apenas a ampla acessibilidade ao Judiciário, mas também que o procedimento seja justo e que produza resultados (efetividade).[52]

Mauro Cappelletti e Bryant Garth também evidenciam a relevância do Princípio do Acesso à Justiça como forma de se obter a tão sonhada Justiça Social:

> A expressão "acesso à Justiça" é reconhecidamente de difícil definição, mas serve para determinar duas finalidades básicas do sistema jurídico – o sistema pelo qual as pessoas podem reivindicar

---

51. SCHIAVI, Mauro. *Manual de direito processual do trabalho*. 10. ed. de acordo com Novo CPC. São Paulo: LTr, 2016. p. 93.

52. Idem, p. 92.

> e/ou resolver seus litígios sob os auspícios do Estado. Primeiro, o sistema deve ser igualmente acessível a todos; segundo, ele deve produzir resultados que sejam individual e socialmente justos. Nosso enfoque, aqui, será primordialmente sobre o primeiro aspecto, mas não poderemos perder de vista o segundo. Sem dúvida, uma premissa básica será a de que a justiça social, tal como desejada por nossas sociedades modernas, pressupõe o acesso efetivo.[53]

Nesse panorama, conclui-se que emerge também da garantia de Acesso à Justiça o ideal de que o processo seja capaz de produzir resultado justo e efetivo, em prazo razoável, como, aliás, preconiza o art. 4º do CPC que "As partes têm direito de obter em prazo razoável a solução integral do mérito, incluída a atividade satisfativa".

Acerca dessa temática, salienta Cássio Scarpinella Bueno que "A expressa menção à 'atividade satisfativa' é digna de destaque para evidenciar que a atividade jurisdicional não se esgota com o reconhecimento (declaração) dos direitos, mas também com a sua concretização."[54]

Também decorre do Princípio da Inafastabilidade do Judiciário o entendimento de que não pode o Juiz se eximir de sentenciar. Portanto, diante de eventual lacuna na legislação, deve o Julgador encontrar a solução da lide pela aplicação da analogia, dos costumes ou dos princípios gerais do direito.

Essa diretriz está, inclusive, expressa no art. 4º da Lei de Introdução às Normas do Direito Brasileiro (LINDB) ao estabelecer que: "Quando a lei for omissa, o juiz decidirá o caso de acordo com a analogia, os costumes e os princípios gerais do direito".

Na esfera trabalhista, há regramento análogo, que acrescenta, ainda, a previsão de se adotar como fonte subsidiária a jurisprudência, o julgamento por equidade, o uso e o direito comparado:

---

53. CAPPELLETTI, Mauro; GARTH, Bryant. *Acesso à justiça:* Tradução de Ellen Gracie Northfleet. Porto Alegre: Sérgio Antonio Fabris, 2002. p. 12-13.

54. BUENO, Cássio Scarpinella. *Novo Código de Processo Civil anotado.* São Paulo: Saraiva, 2015. p. 44.

> Art. 8º. As autoridades administrativas e a Justiça do Trabalho, na falta de disposições legais ou contratuais, decidirão, conforme o caso, pela jurisprudência, por analogia, por equidade e outros princípios e normas gerais de direito, principalmente do direito do trabalho, e, ainda, de acordo com os usos e costumes, o direito comparado, mas sempre de maneira que nenhum interesse de classe ou particular prevaleça sobre o interesse público.

Logo, não se poderia olvidar que o ramo específico do Direito do Trabalho também se socorre das regras do chamado Direito Comum, quando essas forem compatíveis com os princípios daquele. Nessa esteira, dispõe o art. 769 da CLT que "Nos casos omissos, o direito processual comum será fonte subsidiária do direito processual do trabalho, exceto naquilo em que for incompatível com as normas deste Título (Do Processo Judiciário do Trabalho)".

Referida circunstância foi, igualmente, evidenciada no atual Código de Processo Civil, no seu art. 15, ao afirmar que "Na ausência de normas que regulem processos eleitorais, trabalhistas ou administrativos, as disposições deste Código lhes serão aplicadas supletiva e subsidiariamente".

Por todo esse panorama, é que Mauro Schiavi, ao se pronunciar sobre o princípio da inafastabilidade da jurisdição, conclui:

> O acesso à justiça não deve ser entendido e interpretado apenas como o direito a ter uma demanda apreciada por um juiz imparcial, mas sim como acesso à ordem jurídica justa, composta por princípios e regras justas e razoáveis que possibilitem ao cidadão, tanto no polo ativo, como no passivo de uma demanda, ter acesso a um conjunto de regras processuais que sejam aptas a possibilitar o ingresso da demanda em juízo, bem como a possibilidade de influir na convicção do juízo de recorrer da decisão, bem como de materializar, em prazo razoável, o direito concedido na sentença.[55]

55. SCHIAVI, Mauro. *Manual de direito processual do trabalho*. 10. ed. de acordo com Novo CPC. São Paulo: LTr, 2016. p. 94.

Acerca da garantia do acesso à Justiça, ainda se mostra relevante o exame sobre a perspectiva de insuficiência de recursos da parte, a demonstrar que também decorre do Princípio da Inafastabilidade da Jurisdição, a previsão constitucional quanto à prestação de assistência jurídica integral pelo Estado, a que alude o art. 5º, LXXIV, da Constituição Federal: "O Estado prestará assistência jurídica integral e gratuita aos que comprovarem insuficiência de recursos".

A esse respeito, adverte Nelson Nery Junior que:

> A garantia constitucional do acesso à justiça não significa que o processo deva ser gratuito. No entanto, se a taxa judiciária for excessiva de modo que crie obstáculo ao acesso à justiça, tem-se entendido ser ela inconstitucional por ofender o princípio da inafastabilidade da jurisdição.[56]

Ainda, podemos afirmar que se torna supedâneo do Princípio de Amplo Acesso à Justiça, a impossibilidade de que a eventual insuficiência de recursos financeiros da parte seja motivo de inviabilizar a concretização daquela diretriz. Por esse motivo é que a Constituição Federal também assegura o Princípio da Assistência Jurídica Integral, cuja obrigação é, no âmbito da esfera trabalhista, atribuída essencialmente às entidades sindicais.

1.2.3 Princípio do juiz natural

Abstrai-se do Texto Constitucional a vedação quanto aos chamados tribunais de exceção (art. 5º, XXXVII) assim como a exigência de que o julgamento seja presidido por juiz cuja competência seja previamente constituída (art. 5º, LIII).

Tais preceitos objetivam, em última análise, garantir a imparcialidade do julgador e constituem vertentes do chamado Princípio do Juiz Natural (ou Constitucional), uma vez que a diretriz emana da própria Constituição da República.

---

56. NERY JUNIOR, Nelson. *Princípios de processo civil na Constituição Federal*. 8. ed. São Paulo: RT, 2004. p. 138.

Por essa proposição fundamental, pretende-se assegurar um julgamento isento, por órgão independente e com competência firmada na própria Constituição para atuar no litígio.

Nelson Nery Junior conceitua tribunal de exceção como "[...] aquele designado ou criado por deliberação legislativa ou não, para julgar determinado caso". Nesse raciocínio, o autor explica ser "irrelevante a existência prévia do Tribunal", pois o que caracteriza o ilícito é a circunstância de que se fixou o julgamento pela "encomenda, isto é, *ex post facto,* para julgar num ou noutro sentido, com parcialidade, para prejudicar ou beneficiar alguém, tudo acertado previamente". O autor ainda esclarece que: "Enquanto o juiz natural é aquele previsto abstratamente, o juízo de exceção é aquele designado para atuar no caso concreto ou individual."[57]

Acerca do tema, Mauro Schiavi, reportando-se às lições de José Augusto Rodrigues Pinto, destaca:

> [...] a essência do princípio do juiz natural encerra a ideia de que nenhum litígio poderá ser julgado sem prévia existência legal de juízo determinado. Por anteposição, vai significar que nenhum sistema processual tolera a criação de tribunais especiais, de exceção ou de ocasião, sempre de inspiração política e autoritária, para o exercício do poder jurisdicional pelo Estado.[58]

Em relação à matéria é relevante destacar que, na doutrina, alguns defendem também a figura do promotor natural, apoiada na autonomia e na independência asseguradas pela Constituição Federal de 1988 ao Ministério Público. Nesse sentido, os apontamentos de Carlos Henrique Bezerra Leite:

> O princípio do promotor natural decorre da interpretação sistêmica do Texto Constitucional. Vale dizer, o princípio do promotor natural está albergado nos arts. 5º, XXXVI e LIII, 127 e 129, I, da

57. NERY JUNIOR, Nelson. *Princípios de processo civil na Constituição Federal*. 8. ed. São Paulo: RT, 2004. p. 97-98.

58. SCHIAVI, Mauro. *Manual de direito processual do trabalho*. 10. ed. de acordo com Novo CPC. São Paulo: LTr, 2016. p. 90.

> Constituição Federal, e assenta-se nas cláusulas da independência funcional e da inamovibilidade dos membros da instituição. Além disso, esse princípio quer significar que o jurisdicionado tem a garantia constitucional de ver-se processado e julgado pelas autoridades competentes previamente estabelecidas nas leis processuais e de organização judiciária.[59]

O importante é que se respeitem as regras de distribuição de processos, sem direcionamentos, a fim de evitar a caracterização de afronta a essa premissa.

Vale notar que a mera designação temática, a exemplo de Varas Especializadas em Execução, não configura afronta ao Princípio do Juiz Natural, segundo orientação do Supremo Tribunal Federal.

1.2.4 Princípio do contraditório e da ampla defesa

Encontra-se o Princípio do Contraditório e da Ampla Defesa insculpido no art. 5º, LV, da Constituição Federal, que preceitua que "Aos litigantes, em processo judicial ou administrativo, e aos acusados em geral são assegurados o contraditório e ampla defesa, com os meios e recursos a ela inerentes".

Inserem-se nessa premissa, duas garantias distintas, a primeira caracteriza-se pelo Direito ao Contraditório, a segunda, pelo Direito à Ampla Defesa.

O Princípio do Contraditório possui origem na antiga expressão latina *audiatur et altera pars*, segundo a qual "ambas as partes devem ser ouvidas".

Em seus comentários sobre o tema, ressalta Carlos Roberto Siqueira Castro:

> Tenha-se em conta que essa concepção bilateral e isonômica do contraditório corresponde à própria finalidade do processo, que visa precipuamente a satisfazer aos interesses pessoais do autor e do réu, mas sim fazer atuar de modo concreto o direito objetivo,

---

59. BEZERRA LEITE, Carlos Henrique. *Curso de direito processual do trabalho*. 5. ed. São Paulo: LTr, 2007. p. 56.

> seja acolhendo ou desacolhendo parcial ou integralmente a pretensão de um ou de outro, ou nenhum deles, conforme o teor das normas jurídicas abstratas aplicáveis à *res in judicium deducta*. Eis aí a razão de ser do monopólio estatal da jurisdição, que repudia o exercício arbitrário das próprias razões.[60]

Mauro Schiavi, por sua vez, esquematiza o caráter bilateral do contraditório, da seguinte forma:

> O contraditório tem suporte no caráter bilateral do processo. O autor propõe a ação (tese), o réu, a defesa (antítese) e o juiz profere a decisão (síntese). Dois elementos preponderam no contraditório: a) informação; e b) reação. Desse modo, a parte deve ter ciência dos atos processuais e a faculdade de praticar os atos que a lei lhe permite.[61]

Também emana do mesmo preceito constitucional, o princípio da ampla defesa que, segundo a Moderna Doutrina, constitui na garantia de que a parte pode e deve influenciar o julgador na formação de sua convicção, por meio de argumentações jurídicas e ativa participação no processo. Nessa vertente, os ensinamentos de Nelson Nery Junior são no sentido de que: "Os contentores têm direito de deduzir suas pretensões e defesa, de realizar as provas que requereram para demonstrar a existência de seu direito, em suma, direito de serem ouvidos paritariamente no processo em todos os seus termos."[62]

As duas premissas unidas, quais sejam: o respeito ao Contraditório e à Ampla Defesa asseguram a mais ampla concepção do direito de defesa dos interesses da parte no processo, pois garantem não apenas a dialeticidade, que deve nortear e prevalecer durante toda a tramitação dos atos processuais, como também a participação ativa dos advogados dos interessados,

---

60. CASTRO, Carlos Roberto Siqueira. *O devido processo legal e os princípios da razoabilidade e proporcionalidade*. 5. ed. Rio de Janeiro: Forense, 2010. p. 291-292.

61. SCHIAVI, Mauro. *Manual de direito processual do trabalho*. 10. ed. de acordo com Novo CPC. São Paulo: LTr, 2016. p. 95.

62. NERY JUNIOR, Nelson. *Princípios de processo civil na Constituição Federal*. 8. ed. São Paulo: RT, 2004. p. 172.

na busca pela satisfação do direito perseguido, sendo por meio de apresentação de petições, requerimentos, protestos ou recursos. Ou seja, todas as medidas processuais que estejam ao seu alcance na busca pelo atendimento dos interesses da parte que representa. A inobservância de tais prerrogativas caracteriza, por sua vez, o cerceamento de defesa e, em última análise, a inobservância do devido processo legal.

1.2.5 Princípios da publicidade e da motivação das decisões judiciais

Afirma a doutrina que, embora não esteja o Princípio da Publicidade estampado expressamente no rol do art. 5º da Constituição Federal, constitui direito fundamental, na medida em que se torna vertente do Princípio do Devido Processo Legal.

De qualquer modo, contém expressa menção no Texto Constitucional, porquanto previsto no art. 93, IX, preceito do qual, aliás, também se extrai o Princípio da Motivação das Decisões Judiciais, que se refere à obrigatoriedade de o juiz expor as razões de decidir, ou seja, demonstrar os motivos de fato e de direito que embasaram o entendimento por ele adotado. Dispõe o referido dispositivo:

> Art. 93. [...]
>
> [...]
>
> IX - todos os julgamentos dos órgãos do Poder Judiciário serão públicos, e fundamentadas todas as decisões, sob pena de nulidade, podendo a lei limitar a presença, em determinados atos, às próprias partes e a seus advogados, ou somente a estes, em casos nos quais a preservação do direito à intimidade do interessado no sigilo não prejudique o interesse público à informação;

Esse comando constitucional encontra-se também reproduzido no art. 11 do Código de Processo Civil, ao afirmar que "Todos os julgamentos dos órgãos do Poder Judiciário serão públicos, e fundamentadas todas as decisões, sob pena de nulidade".

A respeito da importância de se expor a motivação das decisões judiciais, leciona Calamandrei que "A fundamentação é sem dúvida uma grande garantia de justiça, quando consegue reproduzir exatamente, como num levantamento topográfico, o itinerário lógico que o juiz percorreu para chegar à conclusão, pois se esta é errada, pode facilmente encontrar-se, através dos fundamentos, em que altura o caminho do magistrado se desorientou."[63]

Sabe-se que a exposição de adequada fundamentação nas decisões judiciais atende a dois objetivos do processo:

* o primeiro se refere à possibilidade de as partes conhecerem as razões de decidir do Juiz da Causa, ou seja, os motivos pelos quais foram acolhidas ou rejeitadas suas pretensões formuladas em Juízo, a fim de satisfazer também o direito fundamental de acesso à informação, a que alude o art. 5º, XIV, da CF: "É assegurado a todos o acesso à informação e resguardado o sigilo da fonte, quando necessário ao exercício profissional".

* o segundo se reporta à efetivação do Princípio da Ampla Defesa, uma vez que a ciência das razões de decidir favorece aos litigantes melhores condições de acesso às instâncias recursais.

É claro que a exigência de exposição das motivações do Juiz deve ser ponderada, não necessitando o esgotamento de todas as minúcias do processo, especialmente aquelas que nem possuam relevância para o julgamento. Nesse sentido, as lições de Cândido Rangel Dinamarco:

> A exigência de inteireza da motivação [...] não chega ao ponto de mandar que o juiz se manifeste especificamente sobre todos os pontos, mais relevantes ou menos, ou mesmo sem relevância alguma ou quase sem relevância, que as partes hajam suscitado no processo. O essencial é motivar no tocante aos pontos relevantes e essenciais, de modo que a motivação lançada em sentença mostre que o juiz tomou determinada decisão porque

63. CALAMANDREI, Piero. *Eles, os juízes, visto por nós, os advogados*. 5. ed. Lisboa: Livraria Clássica, 1971. p. 143.

> assumiu determinados fundamentos com que esta guarda coerência. A regra de equilíbrio é esta: motiva-se no essencial e relevante, dispensa-se relativamente à motivação no periférico e circunstancial.[64]

No que tange à exigência de publicidade das decisões judiciais, leciona Mauro Schiavi:

> A publicidade é uma garantia preciosa da cidadania de saber, com transparência, como são os julgamentos realizados pelo Poder Judiciário. A presença do público nas audiências e a possibilidade do exame dos autos por qualquer pessoa representam um seguro instrumento de fiscalização popular sobre a obra dos juízes. Conforme a expressão popular: "o povo é o juiz dos juízes".[65]

Todavia, mesmo o Princípio da Publicidade, não é absoluto. Desse modo, em se tratando de causa que envolva a intimidade das partes (ou mesmo de terceiros) e quando o interesse social o exigir, poderá o juiz restringir a publicidade da audiência, em observância, inclusive, do comando que emerge do art. 5º, LX, da CF: "A lei só poderá restringir a publicidade dos atos processuais quando a defesa da intimidade ou o interesse social o exigirem;".

Essa também é a diretriz que emana do parágrafo único do já citado art. 11, parágrafo único, do CPC:

> Art. 11. [...]
>
> Parágrafo único. Nos casos de segredo de justiça, pode ser autorizada a presença somente das partes, de seus advogados, de defensores públicos ou do Ministério Público.

No mesmo sentido dispõe o art. 189 do CPC:

> Art. 189. Os atos processuais são públicos, todavia tramitam em segredo de justiça os processos:

---

64. DINAMARCO, Cândido Rangel. *Instituições de direito processual civil*. São Paulo: Malheiros, 2001. v. 1. p. 242.

65. SCHIAVI, Mauro. *Manual de direito processual do trabalho*. 10. ed. de acordo com Novo CPC. São Paulo: LTr, 2016. p. 100.

> I - em que o exija o interesse público ou social;
>
> II - que versem sobre casamento, separação de corpos, divórcio, separação, união estável, filiação, alimentos e guarda de crianças e adolescentes;
>
> III - em que constem dados protegidos pelo direito constitucional à intimidade;
>
> IV - que versem sobre arbitragem, inclusive sobre cumprimento de carta arbitral, desde que a confidencialidade estipulada na arbitragem seja comprovada perante o juízo.
>
> § 1º O direito de consultar os autos de processo que tramite em segredo de justiça e de pedir certidões de seus atos é restrito às partes e aos seus procuradores.
>
> § 2º O terceiro que demonstrar interesse jurídico pode requerer ao juiz certidão do dispositivo da sentença, bem como de inventário e de partilha resultantes de divórcio ou separação.

A CLT corrobora tal restrição, nos termos do *caput* do art. 770, *ab initio*:

> Art. 770. Os atos processuais serão públicos salvo quando o contrário determinar o interesse social, e realizar-se-ão nos dias úteis das 6 (seis) às 20 (vinte) horas.

Na mesma esteira, a restrição estabelecida no art. 23 da Lei 12.527/2011 (que regula o acesso a informações, a que alude o art. 5º, XXXIII, da CF):

> Art. 23. São consideradas imprescindíveis à segurança da sociedade ou do Estado e, portanto, passíveis de classificação as informações cuja divulgação ou acesso irrestrito possam:
>
> I - pôr em risco a defesa e a soberania nacionais ou a integridade do território nacional;
>
> II - prejudicar ou pôr em risco a condução de negociações ou as relações internacionais do País, ou as que tenham sido fornecidas em caráter sigiloso por outros Estados e organismos internacionais;
>
> III - pôr em risco a vida, a segurança ou a saúde da população;
>
> IV - oferecer elevado risco à estabilidade financeira, econômica ou monetária do País;

> V - prejudicar ou causar risco a planos ou operações estratégicos das Forças Armadas;
>
> VI - prejudicar ou causar risco a projetos de pesquisa e desenvolvimento científico ou tecnológico, assim como a sistemas, bens, instalações ou áreas de interesse estratégico nacional;
>
> VII - pôr em risco a segurança de instituições ou de altas autoridades nacionais ou estrangeiras e seus familiares; ou
>
> VIII - comprometer atividades de inteligência, bem como de investigação ou fiscalização em andamento, relacionadas com a prevenção ou repressão de infrações. [...]

Excetuadas tais circunstâncias, quanto ao interesse social e o indispensável respeito à intimidade das partes, ou de terceiros, prevalece a regra geral de publicidade dos atos processuais.

1.2.6 Princípio da assistência jurídica integral

A assistência jurídica gratuita está assegurada na Constituição. Em razão disso, "o Estado prestará assistência jurídica integral e gratuita aos que comprovarem insuficiência de recursos." (art. 5º, LXXIV, CF). Tal garantia envolve tanto a gratuidade de custas, honorários advocatícios e perícias e qualquer outra despesa para o exercício do direito de ação, bem como a assistência jurídica, a ser prestada pela Defensoria Pública, sendo o órgão instituição essencial à função jurisdicional (art. 134, *caput*, CF).

No âmbito laboral, a missão de prestar assistência judiciária foi conferida principalmente ao sindicato da categoria profissional a que pertença o trabalhador (art. 14 da Lei nº 5.584/70), o que não impede que o Estado também cumpra com sua missão constitucional, por meio da Defensoria Pública, como inclusive está previsto no art. 14 da Lei Complementar nº 80/94.

1.2.7 Princípio da duração razoável do processo

Pelo princípio da duração razoável do processo, insculpido no art. 5º, LXXVIII, da Constituição Federal, firma-se a premissa de que a decisão judicial, a ser proferida em tempo razoável, constitui direito fundamental da parte.

Em comentários sobre o tema, Nelson Nery Junior destaca que "Razoável duração do processo é conceito legal indeterminado que deve ser preenchido pelo juiz no caso concreto, quando há garantia invocada."[66]

Mauro Schiavi evidencia a importância da tramitação processual, em duração razoável, em se tratando do processo do trabalho, em vista da natureza alimentar da parcela em questão. Nesses termos, pontua que "No processo do trabalho, a necessidade de tramitação célere das causas se potencializa em razão: a) da natureza alimentar da maioria das verbas trabalhistas postuladas; b) da hipossuficiência do trabalhador; c) da justiça social."[67]

De fato, a preocupação com a celeridade do processo do trabalho não é recente, e muito antes do advento da Emenda Constitucional nº 45/2004, que acrescentou o inciso LXXVIII ao rol do art. 5º da Constituição Federal, garantindo-se no âmbito judicial e administrativo a razoável duração do processo e os meios que garantam a celeridade da sua tramitação, já preconizava a CLT, em seu art. 765, o seguinte:

> Art. 765. Os Juízos e Tribunais do Trabalho terão ampla liberdade na direção do processo e velarão pelo andamento rápido das causas, podendo determinar qualquer diligência necessária ao esclarecimento delas.

66. NERY JUNIOR, Nelson. *Princípios do processo na Constituição Federal*. 9. ed. São Paulo: RT, 2009. p. 311.

67. SCHIAVI, Mauro. *Manual de direito processual do trabalho*. 10. ed. de acordo com Novo CPC. São Paulo: LTr, 2016. p. 102.

Não obstante, subsiste a preocupação, em todos os ramos do direito, de que a busca pelo efetivo implemento da celeridade processual acabe por prejudicar a própria justeza da decisão judicial a ser proferida. Por esse motivo, alerta Mauro Schiavi:

> A duração razoável do processo deve ser avaliada no caso concreto, segundo o volume de processos em cada órgão jurisdicional, a quantidade de funcionários, condições materiais e quantidade de magistrados. Não obstante, devem os Poderes Executivo e Legislativo aparelhar o Judiciário com recursos suficientes para que o princípio seja efetivado.
>
> De outro lado, o princípio da duração razoável deve estar em harmonia com o contraditório, o acesso à justiça e a efetividade e justiça do procedimento, buscando uma decisão justa e razoável do conflito. Por isso, a duração razoável do processo não pode ser justificativa para se encurtar o rito processual ou para que sejam indeferidas diligências probatórias pertinentes ao deslinde do feito. Em verdade, o que se busca, segundo a doutrina, é um processo sem dilações indevidas, ou seja, que observe o contraditório, ampla defesa e o devido processo legal, mas que prime pela celeridade do procedimento, diminua a burocracia processual, elimine as diligências inúteis e esteja cada vez mais acessível ao cidadão.[68]

Na mesma linha de raciocínio, são as advertências feitas por Fredie Didier Júnior, em relação à concretização do **princípio da duração razoável do processo**:

> Não existe um princípio da celeridade. O processo não tem que ser rápido/célere: o processo deve demorar o tempo necessário e adequado à solução do caso submetido ao órgão jurisdicional. Bem pensadas as coisas, conquistou-se, ao longo da história, um direito à demora na solução dos conflitos. A partir do momento em que se reconhece a existência de um direito fundamental ao devido processo, está-se reconhecendo, implicitamente, o direito de que a solução do caso deve cumprir, necessariamente, a uma série de atos obrigatórios, que compõem o conteúdo mínimo desse direito. A exigência do contraditório, o direito à produção de provas e aos recursos certamente atravancam a celeridade, mas são garantias que

68. SCHIAVI, Mauro. *Manual de direito processual do trabalho*. 10. ed. de acordo com Novo CPC. São Paulo: LTr, 2016. p. 102-103.

> não podem ser desconsideradas ou minimizadas. É preciso fazer o alerta, para evitar discursos autoritários, que pregam a celeridade como valor. Os processos da Inquisição poderiam ser rápidos. Não parece, porém, que se sinta saudade deles.[69]

De um modo geral, constitui anseio da sociedade, a obtenção de rápida solução dos conflitos levados a conhecimento do Judiciário, a ensejar o interesse pela tramitação célere dos processos. Contudo, também é de repulsa comum, a ideia de que o atendimento dessa pretensão ocorra em prejuízo da coerência e justiça da prestação jurisdicional.

Justamente por esse motivo é que o Texto Constitucional rejeitou a adoção da terminologia atinente ao Princípio da Celeridade Processual, em prol do Princípio da Duração Razoável do Processo, pois o que se espera não é apenas a velocidade na resposta pelo Judiciário, mas a mais completa e coesa prestação jurisdicional, em vista da pacificação social, objetivo final de todo o aparato processual.

1.2.8 Princípio da isonomia

Pelo princípio da isonomia, devem ser reconhecidos os mesmos direitos àqueles que se encontram em igualdade de condições jurídicas, desde que não exista uma razão plausível de *discrímen* (igualdade material).

Essa pretendida isonomia, a que se reportam diversos institutos jurídicos trabalhistas, a exemplo da equiparação salarial, de que trata o art. 461 da CLT, e do arbitramento de salários, a que alude o art. 460 do mesmo diploma de lei, chega a transcender os sujeitos da relação de emprego e atinge, inclusive, situações excepcionais, como ocorre com o salário equitativo, assegurado ao trabalhador temporário pelo art. 12, alínea "a", da Lei nº 6.019/74 e pela Orientação Jurisprudencial nº 383 da SBDI-I do TST.

---

69. DIDIER JR., Fredie. *Curso de direito processual civil.* 16. ed. Salvador: JusPodivm, 2014. v. 1. p. 67.

Tais questões, entretanto, já foram objeto de exame pelo presente estudo quando da análise do princípio da igualdade.

1.2.9 Princípio da sustentabilidade

Augusto César Leite de Carvalho elenca como princípio constitucional aplicável à esfera trabalhista também o valor do Desenvolvimento Sustentável. A esse respeito, destaca:

> A sustentabilidade está associada ao direito fundamental a um meio ambiente ecologicamente equilibrado que promova a sadia qualidade de vida, tal qual se reporta o art. 225 da Constituição. O seu art. 200, VIII, da mesma carta política esclarece que a vida saudável, assim preconizada, inclui a proteção ao "meio ambiente de trabalho".
>
> Compreender o Direito do Trabalho a partir dessa perspectiva ambiental atende à expectativa de ubiquidade ou transversalidade do Direito Ambiental (não há região do Direito que esteja imune à sua influência), ramo emergente da ciência jurídica que trata de proteger a qualidade de vida, entendida em sentido amplo, de tal maneira que possa compreender a conservação da Natureza e a defesa do bem-estar físico, psíquico e material de toda a sociedade humana. [...][70]

Trata-se, assim, de premissa constitucional que também reforça a proteção do trabalhador, em vista da obrigação do Estado e também das empresas de assegurar um ambiente de trabalho, não só sustentável, como seguro e equilibrado, tanto do ponto de vista ecológico como social.

1.3 PRINCÍPIOS JURÍDICOS GERAIS APLICÁVEIS AO DIREITO DO TRABALHO

É inquestionável a aplicação ao Direito do Trabalho dos Princípios Gerais do Direito, nesse sentido, inclusive, há

70. CARVALHO, Augusto César Leite de. *Princípios de direito do trabalho sob a perspectiva dos direitos humanos*. São Paulo: LTr, 2018. p. 73.

previsão expressa no art. 8º da CLT, cuja redação do *caput* não sofreu alteração pela Reforma Trabalhista:

> Art. 8º. As autoridades administrativas e a Justiça do Trabalho, na falta de disposições legais ou contratuais, decidirão, conforme o caso, pela jurisprudência, por analogia, por equidade e outros princípios e normas gerais de direito, principalmente do direito do trabalho, e, ainda, de acordo com os usos e costumes, o direito comparado, mas sempre de maneira que nenhum interesse de classe ou particular prevaleça sobre o interesse público.

Isso se justifica pela circunstância de que os chamados Princípios Gerais do Direito se destinam a fixar diretrizes básicas inerentes à própria definição de direito no âmbito do ordenamento jurídico do País. Tornam-se, assim, imprescindíveis em todos os ramos jurídicos, no campo público ou privado, e, portanto, naturalmente alcançam a esfera especializada do Direito do Trabalho, ainda que se façam necessárias algumas adequações.

Essa percepção encontra guarida na noção clássica de princípios gerais de direito, formulada por Coviello, em 1938:

> Os princípios gerais de direito são os fundamentos da própria legislação positivada, que não se encontram descritos em nenhuma lei, mas que são os pressupostos lógicos necessários das diferentes normas legislativas, das quais se devem deduzir exclusivamente por força da abstração.[71]

A respeito da aplicabilidade dos Princípios Gerais de Direito ao ramo especializado trabalhista, salienta Maurício Godinho Delgado:

> [...] existem princípios gerais de todo o Direito que têm inquestionável aplicação no âmbito do Direito do Trabalho.
>
> São princípios que tendem a incorporar as diretrizes centrais da própria noção do Direito (ilustrativamente, os princípios da

---

71. COVIELLO, Nicolas. *Doctrina general del derecho civil*. México: Uthea, 1938. Tradução espanhola. p. 96.

> lealdade e boa-fé ou da não alegação da própria torpeza) ou as diretrizes centrais do conjunto dos sistemas jurídicos contemporâneos ocidentais (como, ilustrativamente, o princípio da inalterabilidade dos contratos). Tendem a ser, portanto, princípios que se irradiam por todos os segmentos da ordem jurídica, cumprindo o relevante papel de assegurar organicidade e coerência integradas à totalidade do universo normativo de uma sociedade política. Nessa linha, os princípios gerais, aplicando-se aos distintos segmentos especializados do Direito, preservam a noção de unidade da ordem jurídica, mantendo o Direito como um efetivo *sistema*, isto é, um conjunto de partes coordenadas.[72]

Ressalta o autor, entretanto, a indispensável compatibilização desses princípios com as regras e diretrizes próprias do Direito do Trabalho, a fim de resguardar a individualidade desse ramo especializado:

> Qualquer dos princípios gerais que se aplique ao Direito do Trabalho sofrerá, evidentemente, uma adequada compatibilização com os princípios e regras próprias a este ramo jurídico especializado, de modo que a inserção da diretriz geral não se choque com a especificidade inerente ao ramo justrabalhista. Esse processo de adequação será, obviamente, mais extenso naqueles específicos pontos objetivados pelo princípio geral em que, topicamente, se realçar a identidade singular do Direito do Trabalho perante o conjunto do sistema jurídico em geral.[73]

Por essa premissa, quando da aplicabilidade dos princípios gerais do direito na esfera trabalhista, caberá ao operador do Direito do Trabalho considerar também a delimitação da abrangência do princípio a ser invocado.

Dentre os princípios gerais do direito que admitem aplicação na esfera trabalhista, citamos os seguintes:

---

72. DELGADO, Maurício Godinho. *Curso de direito do trabalho*. 17. ed. rev. atual. e ampl. São Paulo: LTr, 2018. p. 226.

73. Idem.

1.3.1 Princípio da inalterabilidade dos contratos

O Princípio da inalterabilidade dos contratos, também conhecido como *pacta sunt servanda*, representa importante diretriz no ordenamento jurídico e se destina a conferir segurança jurídica aos termos legitimamente pactuados pelas partes.

Nas palavras de Maurício Godinho Delgado, esse princípio informa "[...] que os ajustes contratuais firmados pelas partes não são modificáveis ao longo do prazo de sua vigência, impondo-se ao cumprimento fiel pelos pactuantes".[74]

Registra o autor que, na esfera trabalhista, esse princípio deu origem à outra importante diretriz justrabalhista, o **princípio da inalterabilidade contratual lesiva**.

1.3.2 Princípio da lealdade e da boa-fé e princípio do efeito lícito ao exercício regular do próprio direito

Maurício Godinho Delgado ressalta que o princípio da lealdade e da boa-fé, juntamente com os princípios da não alegação da própria torpeza e do efeito lícito do exercício regular do próprio direito (esse último também conhecido como princípio da vedação ao abuso do direito ou princípio do justo exercício do direito) produzem, repercussões no campo do Direito do Trabalho, tanto no segmento material como processual, haja vista a amplitude da noção jurídica que deles emanam, no sentido da repulsa à má-fé e ao ilícito. Nesse sentido, ressalta:

> Há três princípios gerais do Direito, conceitualmente relacionados entre si, que, seja no conjunto sistemático que representam, seja na identidade ideal singular de cada um, assumem inquestionável importância na área justrabalhista. Trata-se dos princípios da *lealdade e boa-fé*, da *não alegação da própria torpeza* e, ainda, do princípio do *efeito lícito do exercício regular do próprio direito* – este incorporando seu contrário, consubstanciado na *vedação à prática do abuso do direito*.

---

74. DELGADO, Maurício Godinho. *Curso de direito do trabalho*. 17. ed. rev. atual. e ampl. São Paulo: LTr, 2018. p. 226.

> Em seu conjunto, esses três princípios produzem repercussões, quer no âmbito do Direito Material do Trabalho, quer no âmbito do Direito Processual do Trabalho. Nesses dois segmentos, sintetizam a noção de que a ordem jurídica deve apenas acolher e conferir consequências compatíveis em favor de uma pessoa com respeito a condutas lícitas e de boa-fé por ela praticadas.
>
> Em tal sentido, esses princípios não somente iluminam a compreensão da ordem jurídica como também, ao mesmo tempo, fornecem poderoso instrumento à aferição valorativa dos fatos trazidos a exame do intérprete e aplicador concreto do Direito.[75]

Também representam repercussão dos princípios gerais do direito, especificamente no que tange à exigência de lealdade e de boa-fé, como norteadores das relações interpessoais, e ao efeito lícito ao exercício regular do próprio direito, concretizado esse último na restrição quanto ao excesso (ou vedação ao abuso do direito), algumas das disposições referentes à justa causa do empregado e do empregador, a que aludem, respectivamente, os arts. 482 e 483 da CLT, que dispõem:

> Art. 482. Constituem justa causa para rescisão do contrato de trabalho pelo empregador:
>
> [...]
>
> b) incontinência de conduta ou mau procedimento;
>
> c) negociação habitual por conta própria ou alheia sem permissão do empregador, e quando constituir ato de concorrência à empresa para a qual trabalha o empregado, ou for prejudicial ao serviço;
>
> [...]
>
> e) desídia no desempenho das respectivas funções;
>
> [...]
>
> g) violação de segredo da empresa;
>
> [...]
>
> j) ato lesivo da honra ou da boa fama praticado no serviço contra qualquer pessoa, ou ofensas físicas, nas mesmas condições, salvo em caso de legítima defesa, própria ou de outrem;

---

75. DELGADO, Maurício Godinho. *Curso de direito do trabalho*. 17. ed. rev. atual. e ampl. São Paulo: LTr, 2018. p. 226-227.

> k) ato lesivo da honra ou da boa fama ou ofensas físicas praticadas contra o empregador e superiores hierárquicos, salvo em caso de legítima defesa, própria ou de outrem;
>
> [...]
>
> Art. 483. O empregado poderá considerar rescindido o contrato e pleitear a devida indenização quando:
>
> a) forem exigidos serviços superiores às suas forças, defesos por lei, contrários aos bons costumes, ou alheios ao contrato;
>
> b) for tratado pelo empregador ou por seus superiores hierárquicos com rigor excessivo;
>
> [...]
>
> d) não cumprir o empregador as obrigações do contrato;
>
> e) praticar o empregador ou seus prepostos, contra ele ou pessoas de sua família, ato lesivo da honra e boa fama;
>
> f) o empregador ou seus prepostos ofenderem-no fisicamente, salvo em caso de legítima defesa, própria ou de outrem;
>
> g) o empregador reduzir o seu trabalho, sendo este por peça ou tarefa, de forma a afetar sensivelmente a importância dos salários.
>
> [...]

Concorda Maurício Godinho Delgado também com o reconhecimento de que as regras positivadas da CLT, concernentes às justas causas de trabalhadores e empregadores, revelam projeção no ramo *justrabalhista* dos princípios gerais do direito, atinente à lealdade e à boa-fé e, também, ao efeito lícito ao exercício regular do próprio direito:

> No que concerne aos princípios da lealdade e boa-fé e do efeito lícito ao exercício regular do próprio direito, eles se encontram claramente inseridos em distintas normas justrabalhistas, que tratam dos limites impostos à conduta de uma parte em confronto com os interesses da outra parte contratual. É o que se percebe, ilustrativamente, em algumas figuras de justa causa obreira, como incontinência de conduta, mau procedimento, desídia, negociação habitual desleal etc. (art. 482, CLT). É o que se apreende, do mesmo modo, em algumas figuras empresariais faltosas, como exigência de serviços superiores às forças do trabalhador, tratamento destes com rigor excessivo ou, ainda, a redução

> substantiva de oferta de trabalho quando este for remunerado à base exclusiva de produção (art. 483, CLT).[76]

Igualmente nessa perspectiva são os apontamentos de Helder Santos Amorim,[77] ao se referir ao entendimento de Plá Rodriguez, quanto à concretização num vínculo duradouro da mútua colaboração que se almeja por meio do contrato de trabalho, como expressão do Princípio da boa-fé objetiva, premissa fundamental ao Direito do Trabalho, que pressupõe a lealdade e a boa-fé das partes na prestação contratual.

Pela premissa que se extrai do princípio da vedação ao abuso do direito ou princípio do justo exercício do direito, não se admite, por exemplo, o abuso.

É diretriz que se extrai do art. 187 do Código Civil, segundo o qual: "Também comete ato ilícito o titular de um direito que, ao exercê-lo, excede manifestamente os limites impostos pelo seu fim econômico ou social, pela boa-fé ou pelos bons costumes".

No campo do direito do trabalho, esse abuso pode ser verificado nas hipóteses em que o empregador ultrapassa os limites do direito potestativo de resilir o contrato de trabalho. Isso pode ser notado, por exemplo, quando a dispensa possui fundo retaliatório ou mesmo discriminatório.

1.3.3 Princípio da não alegação da própria torpeza

O princípio da não alegação da própria torpeza sofre, no âmbito do Direito do Trabalho, especial flexibilização, haja vista a ponderação necessária em face da hipossuficiência do trabalhador frente ao empregador, quando da formalização de um contrato.

---

76. DELGADO, Maurício Godinho. *Curso de direito do trabalho*. 17. ed. rev. atual. e ampl. São Paulo: LTr, 2018. p. 227.

77. AMORIM, Helder Santos. Os Princípios do Direito do Trabalho na Constituição de 1988. *In*: VIANA, Márcio Túlio; ROCHA, Cláudio Jannotti da (Coords.). *Como aplicar a CLT à luz da Constituição:* alternativas para os que militam no foro trabalhista. São Paulo: LTr, 2016. p. 104-122. p. 110.

Por esse motivo, em regra, não se admite a invocação desse princípio em prejuízo do empregado no Processo do Trabalho.

Com isso, não se impede, por exemplo, que o trabalhador o qual celebrou, formalmente, um contrato de natureza civil, a título societário, mas que, efetivamente, atue como empregado, venha ajuizar ação postulando o reconhecimento judicial de verbas trabalhistas.

Entende-se que, dada a hipossuficiência do trabalhador, foi esse impelido ao ilícito por imposição, ainda que implícita, do empregador, a quem, aliás, aproveita a irregularidade perpetrada.

Na situação posta, há de prevalecer para a Doutrina Trabalhista o princípio da primazia da realidade, próprio do Direito do Trabalho.

A esse respeito, leciona Maurício Godinho Delgado:

> No que tange ao princípio da não alegação da própria torpeza, ele sofre uma adequação singular ao Direito do Trabalho. É que em face da imperatividade dominante nas normas justrabalhistas e do princípio protetivo regente neste ramo jurídico especializado, a bilateralidade da conduta irregular não inviabiliza, necessariamente, a alegação judicial do ilícito perpetrado – ao contrário do tradicionalmente assentado no Direito Civil (art. 104, CCB/1916; art. 150, CCB/2002). Desse modo, uma simulação bilateral de contrato societário, por exemplo, não impede, por si só, a tentativa de desconstituição judicial da relação civil formalizada, em favor de um suposto vínculo empregatício encoberto. O contingenciamento da livre vontade obreira, que é inerente à estrutura e dinâmica da relação empregatícia, reduz os ônus que se poderiam imputar à participação do trabalhador na simulação.[78]

Também milita a favor da prevalência do princípio da primazia da realidade em detrimento do princípio da não alegação da própria torpeza, no âmbito do Direito Processual do Trabalho, o reconhecimento de que ao trabalhador em nada

78. DELGADO, Maurício Godinho. *Curso de direito do trabalho*. 17. ed. rev. atual. e ampl. São Paulo: LTr, 2018. p. 227.

favorece eventual ilícito na formalização de contrato que lhe retire direitos, mas apenas ao empregador, a quem interessa a supressão do pagamento de verbas trabalhistas.

De outro lado, a verificação da verdade, pela avaliação da prova produzida nos autos, essência da aplicação do princípio da primazia da realidade, em nada prejudica o empregador. Caso verificada a regularidade do contrato celebrado, haverá, assim, a improcedência do pleito referente ao pagamento de verbas trabalhistas. Além do mais, é a busca da verdade que, no fim, deve nortear a atuação do processo judicial.

1.4 OUTROS PRINCÍPIOS GERAIS APLICÁVEIS AO DIREITO DO TRABALHO

A doutrina também elenca outras diretrizes gerais do direito que guardam identidade no comando da CLT, a exemplo do princípio do favor à liberdade, referente à autonomia das estipulações contratuais, a que alude o *caput* do art. 444 da CLT:

> Art. 444. As relações contratuais de trabalho podem ser objeto de livre estipulação das partes interessadas em tudo quanto não contravenha às disposições de proteção ao trabalho, aos contratos coletivos que lhes sejam aplicáveis e às decisões das autoridades competentes.
>
> [...]

Essa diretriz parte do pressuposto de que não se pode exigir de modo arbitrário a limitação de conduta negocial do indivíduo sem base jurídica e social que justifique tal restrição.

Outra premissa adotada na esfera trabalhista que também emerge de regras gerais do direito é o princípio da vedação ao enriquecimento sem causa. Por esse preceito restringe-se um eventual ganho, porquanto demasiadamente oneroso para a parte adversa o seu reconhecimento. Trata-se de ponderação de valores, comumente adotado no arbitramento de indenizações no âmbito do Direito do Trabalho.

Há, ainda, o princípio da liberdade do trabalho, pela aplicação do direito fundamental do livre exercício de ofício ou profissão, desde que atendidas as qualificações profissionais estabelecidas em lei, conforme prevê o art. 5º, XIII, da Constituição Federal.

É claro que essa liberdade não é absoluta, porquanto exigido o atendimento de requisitos legais e administrativos, tais como idade mínima, autorização administrativa para estrangeiros etc.

Vale destacar que a exigência de atendimento de determinados requisitos para admissão no emprego não precisa estar expresso em norma legal, bastando que haja razoabilidade nessa estipulação.

Nesse sentido, a tese firmada pelo TST em julgamento de Incidente de Recurso de Revista Repetitivo, Processo nº RR-243000-58.2013.5.13.0023, julgado em 20/04/2017, cuja decisão foi publicada em 22/09/2017 (Tema 001), relativo à legalidade da exigência de Certidão de Antecedentes Criminais:

> INCIDENTE DE RECURSO DE REVISTA REPETITIVO. TEMA Nº 0001. DANO MORAL. EXIGÊNCIA DE CERTIDÃO DE ANTECEDENTES CRIMINAIS. CANDIDATO A EMPREGO.
>
> 1. Não é legítima e caracteriza lesão moral a exigência de Certidão de Antecedentes Criminais de candidato a emprego quando traduzir tratamento discriminatório ou não se justificar em razão de previsão em lei, da natureza do ofício ou do grau especial de fidúcia exigido. (Vencidos parcialmente os Exmos. Ministros João Orestes Dalazen, Emmanoel Pereira e Guilherme Augusto Caputo Bastos);
>
> 2. A exigência de Certidão de Antecedentes Criminais de candidato a emprego é legítima e não caracteriza lesão moral quando amparada em expressa previsão legal ou justificar-se em razão da natureza do ofício ou do grau especial de fidúcia exigido, a exemplo de empregados domésticos, cuidadores de menores, idosos ou deficientes (em creches, asilos ou instituições afins), motoristas rodoviários de carga, empregados que laboram no setor da agroindústria no manejo de ferramentas de trabalho perfurocortantes, bancários e afins, trabalhadores que atuam com substâncias tóxicas, entorpecentes e armas, trabalhadores que

> atuam com informações sigilosas. (Vencidos parcialmente os Exmos. Ministros Augusto César de Carvalho, relator, Aloysio Corrêa da Veiga, Walmir Oliveira da Costa e Cláudio Mascarenhas Brandão, que não exemplificavam);
>
> 3. A exigência de Certidão de Antecedentes Criminais, quando ausente alguma das justificativas supra, caracteriza dano moral *in re ipsa*, passível de indenização, independentemente de o candidato ao emprego ter ou não sido admitido. (Vencidos parcialmente os Exmos. Ministros João Orestes Dalazen, Emmanoel Pereira e Guilherme Caputo Bastos e, totalmente, os Exmos. Ministros Aloysio Corrêa da Veiga, Renato de Lacerda Paiva e Ives Gandra Martins Filho).[79]

Tem-se, ainda, o Princípio pela Busca do Pleno Emprego, segundo o qual devem ser adotados mecanismos de acesso ao mercado de trabalho a todos os indivíduos que pretendam uma ocupação remunerada, com respeito aos patamares protetivos mínimos previstos no ordenamento jurídico.

Possui expressa previsão no artigo 170, inciso VIII, da Constituição Federal, constituindo-se em um dos princípios constitucionais da Ordem Econômica:

> Art. 170. [...]
>
> VIII - busca do pleno emprego;

A materialização desse princípio pode ser vista, por exemplo, na preocupação do legislador em ampliar as hipóteses de contratação por prazo determinado, a que se refere a Lei nº 9.601/1998, ultrapassando os limites criados pelo art. 443, §2º, da CLT.

Outra diretriz constitucional de aplicabilidade direta ao campo do Direito do Trabalho consiste na proibição da distinção entre trabalho manual, técnico e intelectual ou entre os

79. BRASIL. Tribunal Superior do Trabalho. Julgamento de Incidente de Recurso de Revista Repetitivo IRR - 243000-58.2013.5.13.0023, Relator: Ministro João Oreste Dalazen, Data de Julgamento: 20/04/2017, Subseção I Especializada em Dissídios Individuais, Data de Publicação: DEJT 22/09/2017.

profissionais respectivos, nos exatos termos do art. 7º, inciso XXXII, da Constituição da República.

Por essa premissa, não se pode promover diferenciação entre essas espécies de trabalho em relação a garantias legais e constitucionais, exceto quando a diferença decorre da própria Constituição como nos casos de política remuneratória, a que alude o inciso V do art. 7º, da CF: "piso salarial proporcional à extensão e à complexidade do trabalho".

1.5 PRINCÍPIOS ESPECÍFICOS DO DIREITO DO TRABALHO

Maurício Godinho Delgado destaca o desdobramento do Direito do Trabalho em dois segmentos, individual e coletivo, cada um com regras, institutos e princípios próprios.

Acerca da diferenciação básica entre Direito Individual do Trabalho e Direito Coletivo do Trabalho e da necessária interligação existente entre esses segmentos, ressalta o referido autor:

> Toda a estrutura normativa do Direito Individual do Trabalho constrói-se a partir da constatação fática da diferenciação social, econômica e política básica entre os sujeitos da relação jurídica central desse ramo jurídico específico. Em tal relação, o empregador age naturalmente como ser coletivo, isto é, um agente socioeconômico e político cujas ações – ainda que intraempresariais – têm a natural aptidão de produzir impacto na comunidade mais ampla.
>
> Em contrapartida, no outro polo da relação inscreve-se um ser individual, consubstanciado no trabalhador que, como sujeito desse vínculo sociojurídico, não é capaz, isoladamente, de produzir, como regra, ações de impacto comunitário. Essa disparidade de posições na realidade concreta fez emergir um Direito Individual do Trabalho largamente protetivo, caracterizado por métodos, princípios e regras que buscam reequilibrar, juridicamente, a relação desigual vivenciada na prática cotidiana da relação de emprego.
>
> O **Direito Coletivo**, ao contrário, é um ramo jurídico construído a partir de uma relação entre seres teoricamente equivalentes: seres coletivos ambos, o empregador de um lado e, de outro, o ser coletivo obreiro, mediante as organizações sindicais. Em

> correspondência a esse quadro fático distinto, surgem, obviamente, no Direito Coletivo, categorias teóricas, processos e princípios também distintos.[80]

É claro, no entanto, que o Direito do Trabalho somente se torna hígido pela interação dos dois segmentos, Individual e Coletivo, como também destaca o referido autor:

> A compreensão global do Direito do Trabalho impõe, é claro, a compreensão acerca dos princípios específicos de seu segmento juscoletivo. É que o Direito Coletivo atua sobre o Direito Individual, produzindo-lhe importante universo de regras jurídicas, consubstanciado no conjunto de diplomas autônomos que compõem sua estrutura normativa (notadamente, Convenção e Acordo Coletivo de Trabalho). Desse modo, o Direito Coletivo pode alterar o conteúdo do Direito Individual do Trabalho, ao menos naqueles setores socioeconômicos em que incidam seus específicos diplomas. Desde a Constituição de 1988, a propósito, ampliou-se o potencial criativo do Direito Coletivo, lançando ao estudioso a necessidade de pesquisar os critérios objetivos de convivência e assimilação entre as normas autônomas negociadas e as normas heterônomas tradicionais de ordem jurídica do país.[81]

Por esse motivo é que, embora dividido entre dois segmentos, Individual e Coletivo, cada um deles com regras, institutos e princípios específicos, a mais completa compreensão desse ramo especializado pelo operador do direito permeia, necessariamente, o domínio de ambos, a fim de visualizar o complexo universo que é o Direito do Trabalho.

1.5.1 Princípios especiais do Direito Individual do Trabalho

São diversos os princípios específicos do Direito Individual do Trabalho, a ultrapassar a marca de uma dezena de proposições, os quais vieram sendo abstraídos do conjunto

---

80. DELGADO, Maurício Godinho. *Curso de direito do trabalho*. 17. ed. rev. atual. e ampl. São Paulo: LTr, 2018. p. 229.

81. Idem, p. 229-230.

sistemático desse ramo de direito ao longo dos mais de 150 anos de evolução do mundo ocidental, sem prejuízo da possibilidade de novas descobertas.

Desse grupo, a doutrina enumera os mais importantes que compõem o chamado **núcleo basilar** dos princípios especiais do Direito do Trabalho, num total de nove princípios, que, segundo Maurício Godinho Delgado, incorporam a essência da função teleológica desse ramo de direito e, justamente por esse motivo, possuem ampla abrangência em todas as suas esferas:

> Os mais importantes princípios especiais *justrabalhistas* indicados pela doutrina são: a) ***princípio da proteção*** (conhecido também como *princípio tutelar* ou *tuitivo* ou *protetivo* ou, ainda *tutelar-protetivo* e denominações congêneres); b) ***princípio da norma mais favorável***; c) ***princípio da imperatividade das normas trabalhistas***; d) ***princípio da indisponibilidade dos direitos trabalhistas*** (conhecido ainda como *princípio da irrenunciabilidade dos direitos trabalhistas*); e) ***princípio da condição mais benéfica*** (ou da *cláusula mais benéfica*); f) ***princípio da inalterabilidade contratual lesiva*** (mais conhecido simplesmente como *princípio da inalterabilidade contratual*; merece ainda certos epítetos particularizados, como *princípio da intangibilidade contratual objetiva*); g) ***princípio da intangibilidade salarial*** (chamado também *integralidade salarial*, tendo ainda como correlato o *princípio da irredutibilidade salarial*); h) ***princípio da primazia da realidade sobre a forma***; i) ***princípio da continuidade da relação de emprego.***[82]

O mesmo autor registra que, "[...] sem a presença e observância cultural e normativa desse núcleo basilar de princípios especiais, ou mediante a descaracterização acentuada de suas diretrizes indutoras, compromete-se a própria noção de Direito do Trabalho em certa sociedade histórica concreta".[83]

---

82. DELGADO, Maurício Godinho. *Curso de direito do trabalho*. 17. ed. rev. atual. e ampl. São Paulo: LTr, 2018. p. 230.

83. Idem, p. 231.

1.5.1.1 *Princípio da proteção*

Por esse princípio busca-se contrabalancear a condição de hipossuficiência do trabalhador frente ao poder econômico, ao menos no campo jurídico. Essa premissa estrutura-se em mecanismos destinados a atenuar o desequilíbrio de forças presente na relação de trabalho.

Helder Santos Amorim, reportando-se a Plá Rodriguez, acentua que o autor uruguaio "identificou e sistematizou analiticamente o princípio da proteção como critério fundamental orientador do Direito do Trabalho, ligado à sua própria razão de ser". Isso porque, o então recente ramo justrabalhista "surgiu da resistência à exploração abusiva e iníqua do trabalhado humano no cenário hostil da revolução industrial, com acentuada desigualdade social."[84]

Nesse sentido, destacam-se os elementos distintivos evidenciados por Plá Rodriguez entre o Direito do Trabalho e o chamado direito comum:

> Enquanto no **direito comum** uma constante preocupação parece assegurar a igualdade jurídica entre os contratantes, no **Direito do Trabalho** a preocupação central parece ser a de proteger uma das partes com o objetivo de, mediante essa proteção, alcançar-se uma igualdade substancial e verdadeira entre as partes.[85]

Esse princípio também é conhecido pela denominação de Princípio Tutelar ou Tuitivo ou, ainda, Princípio Protetivo ou Tutelar-Protetivo.

Maurício Godinho Delgado salienta a importância desse princípio no sistema do Direito do Trabalho, nos seguintes termos:

---

84. AMORIM, Helder Santos. Os Princípios do Direito do Trabalho na Constituição de 1988. *In*: VIANA, Márcio Túlio; ROCHA, Cláudio Jannotti da (Coords.). *Como aplicar a CLT à luz da constituição:* alternativas para os que militam no foro trabalhista. São Paulo: LTr, 2016. p. 104-122. p. 108.

85. PLÁ RODRIGUEZ, Américo. *Princípios de direito do trabalho.* Tradução de Wagner D. Giglio. São Paulo: LTr, 1978. p. 28.

> O princípio tutelar influi em todos os segmentos do Direito Individual do Trabalho, influindo na própria perspectiva desse ramo ao se construir, desenvolver-se e atuar como direito. Efetivamente, há ampla predominância nesse ramo jurídico especializado de regras essencialmente protetivas, tutelares da vontade e interesses obreiros; seus princípios são fundamentalmente favoráveis ao trabalhador, suas presunções são elaboradas em vista do alcance da mesma vantagem jurídica retificadora da diferenciação social prática. Na verdade, pode-se afirmar que sem a ideia protetivo-retificadora, o Direito Individual do Trabalho não se justificaria histórica e cientificamente.[86]

Com efeito, pode se considerar o Princípio Protetivo como o cerne do Direito do Trabalho, pois centraliza, em si, toda a essência do ramo justrabalhista, destinado a estruturar mecanismos capazes de amenizar a hipossuficiência do trabalhador frente à opressão econômica que emana da figura do empregador.

Por essa premissa, o jurista uruguaio Américo Plá Rodriguez compreende que o chamado Princípio da Proteção afirma-se, na verdade, em três diferentes dimensões, a que denomina de: Princípio *in dubio pro operario*, Princípio da norma mais favorável e Princípio da condição mais benéfica.[87]

A esse respeito, Helder Santos Amorim pontua:

> [...] a clássica doutrina justrabalhista inferiu um princípio de proteção que se expressa em três premissas interpretativas indispensáveis à efetividade tuitiva das normas justrabalhistas: a) a regra ***in dúbio*, *pro operario***, segundo a qual, o juiz ou intérprete, dentre vários sentidos possíveis de uma norma, deve escolher aquele que seja mais favorável ao trabalhador; b) a regra da **norma mais favorável**, segundo a qual, havendo mais de uma norma aplicável no caso concreto, deve-se optar por aquela que seja mais favorável ao trabalhador, anda que não corresponda aos clássicos critérios de hierarquia normativa; e c) a regra da

86. DELGADO, Maurício Godinho. *Curso de direito do trabalho*. 17. ed. rev. atual. e ampl. São Paulo: LTr, 2018. p. 231-232.

87. PLÁ RODRIGUEZ, Américo. *Princípios de direito do trabalho*. Tradução de Wagner D. Giglio. São Paulo: LTr, 1978. p. 42-43.

> **condição mais benéfica**, segundo a qual, a aplicação de uma nova norma nunca deve reduzir a condição mais favorável em que já se encontre o trabalhador.[88]

O jurista argentino Alfredo J. Ruprecht também aponta a ocorrência de desdobramento do Princípio da Proteção em três diferentes vertentes, por eles conceituadas de: Princípio *in dubio pro operario*, Princípio da norma mais favorável e Princípio de condições mais vantajosas.[89]

Maurício Godinho Delgado, entretanto, confronta tais doutrinas, ao entendimento de que não são apenas três as diferentes facetas em que se concretiza o Princípio da Proteção, mas em todas aquelas em que se afirma posição protetiva ao trabalho frente à sua condição de hipossuficiência na relação de trabalho. Nesse sentido, registra o referido autor:

> Na verdade, a noção de tutela obreira e de retificação jurídica da reconhecida desigualdade socioeconômica e de poder entre os sujeitos da relação de emprego (ideia inerente ao princípio protetor) não se desdobra apenas nas três citadas dimensões. Ela abrange, essencialmente, quase todos (senão todos) os princípios especiais do Direito Individual do Trabalho. Como excluir essa noção do princípio da imperatividade das normas trabalhistas? Ou do princípio da indisponibilidade dos direitos trabalhistas? Ou do princípio da inalterabilidade contratual lesiva? Ou da proposição relativa à continuidade da relação de emprego? Ou da noção genérica de despersonalização da figura do empregador (e suas inúmeras consequências protetivas ao obreiro)? Ou do princípio da irretroação das nulidades? E assim, sucessivamente. Todos esses outros princípios especiais também criam, no âmbito de sua abrangência, uma proteção especial aos interesses contratuais obreiros, buscando retificar, juridicamente, uma diferença prática de poder e de influência econômica e social apreendida entre os sujeitos da relação empregatícia (aferições

---

88. AMORIM, Helder Santos. Os Princípios do Direito do Trabalho na Constituição de 1988. *In*: VIANA, Márcio Túlio; ROCHA, Cláudio Jannotti da (Coords.). *Como aplicar a CLT à luz da constituição*: alternativas para os que militam no foro trabalhista. São Paulo: LTr, 2016. p. 104-122. p. 109.

89. RUPRECHT, Alfredo J. *Os Princípios do direito do trabalho*. São Paulo: LTr, 1995. p. 14-28.

> fáticas da hipossuficiência e da vulnerabilidade da pessoa humana trabalhadora nas relações empregatícias).[90]

Desse modo, segundo esse autor, "o princípio tutelar não se desdobraria em apenas três outros, mas seria inspirador amplo de todo o complexo de regras, princípios e institutos que compõem esse ramo jurídico especializado".[91]

1.5.1.2 Princípio da norma mais favorável

Trata-se de princípio destinado a orientar a conduta do Operador do Direito, no sentido de que opte pela norma mais favorável ao trabalhador, seja na fase política, quando da elaboração da regra jurídica (em sua vertente orientadora da ação legislativa), seja na fase jurídica, quando da escolha pela norma a ser aplicada (vertente orientadora do processo de hierarquização das leis trabalhistas) ou da sua interpretação (vertente orientadora da interpretação das leis).

Maurício Godinho Delgado, reportando-se aos ensinamentos de Amauri Mascaro Nascimento, registra que "[...] a visão mais ampla do princípio entende que atua, em tríplice dimensão no Direito do Trabalho: informadora, interpretativa/normativa e hierarquizante".[92]

Especificamente quanto à fase política, ou seja, quando da atuação desse princípio na orientação da elaboração das leis, destaca Maurício Godinho Delgado:

> Na fase pré-jurídica (isto é, fase essencialmente política) age como critério de política legislativa, influindo no processo de construção desse ramo jurídico especializado. Trata-se da função essencialmente informativa do princípio, sem caráter normativo, agindo como verdadeira fonte material do ramo justrabalhista. Essa influência é muita clara, especialmente em contextos políticos

---

90. DELGADO, Maurício Godinho. *Curso de direito do trabalho*. 17. ed. rev. atual. e ampl. São Paulo: LTr, 2018. p. 232.

91. Idem.

92. Ibidem, p. 233.

> democráticos, colocando em franca excepcionalidade diplomas normativos que agridam a direção civilizatória essencial que é inerente ao Direito do Trabalho. Lamentavelmente, em conjunturas de regressão autoritária, individualista e/ou mercantilista, o princípio perde sua influência civilizatória diante do Legislador.[93]

No que tange à **fase jurídica**, o autor registra duas vertentes de atuação desse princípio, seja pelo estabelecimento de hierarquização da norma a ser observada, seja pela interpretação que a ela deva ser conferida, ao afirmar que "Na fase jurídica (após construída a regra, portanto), o mesmo princípio atua quer como critério de hierarquia de regras jurídicas, quer como princípio de interpretação de tais regras."[94]

Quanto à aplicação do Princípio da Norma Mais Favorável, em sua vertente orientadora do processo de hierarquização das leis trabalhistas, o autor ressalta posicionamento no sentido de que o texto do *caput* do art. 7º da Constituição Federal reforça referida diretriz:

> Como critério de hierarquia, permite eleger como regra prevalecente, em uma dada situação de conflito de regras, aquela que for mais favorável ao trabalhador, observados certos procedimentos objetivos orientadores, evidentemente. Nesse sentido, a partir de 1988, o princípio da norma mais favorável adquiriu até mesmo respaldo constitucional, por meio do *caput* do art. 7º da Constituição da República ('Art. 7º. São direitos dos trabalhadores urbanos e rurais, além de outros que visem à melhoria de sua condição social: [...]'.”[95]

Ainda sobre esse aspecto, explica:

> No tocante ao processo de hierarquização de normas, não poderá o operador jurídico permitir que o uso do princípio da norma mais favorável comprometa o caráter sistemático da ordem jurídica, elidindo-se o patamar de cientificidade a que se deve submeter todo processo de interpretação e aplicação do Direito. Assim, o

---

93. DELGADO, Maurício Godinho. *Curso de direito do trabalho*. 17. ed. rev. atual. e ampl. São Paulo: LTr, 2018. p. 233.

94. Idem.

95. Ibidem.

> encontro da regra mais favorável não se pode fazer mediante uma separação tópica e casuística de regras, acumulando-se preceitos favoráveis ao empregado e praticamente criando-se ordens jurídicas próprias e provisórias em face de cada caso concreto – como resulta do enfoque proposto pela *teoria da acumulação*.
>
> Ao contrário, o operador jurídico deve buscar a regra mais favorável enfocando globalmente o conjunto de regras componentes do sistema discriminando, no máximo, os preceitos em função da matéria, de modo a não perder, ao longo desse processo, o caráter sistemático da ordem jurídica e os sentidos lógico e teleológico básicos que sempre devem informar o fenômeno do Direito (*teoria do conglobamento*).[96]

Por fim, em relação à vertente orientadora da interpretação das leis que se extrai do Princípio da Norma Mais Favorável, salienta o autor:

> Como princípio de interpretação do Direito, permite a escolha da interpretação mais favorável ao trabalhador, caso antepostas ao intérprete duas ou mais consistentes alternativas de interpretação em face de uma regra jurídica enfocada. Ou seja, informa esse princípio que, no processo de aplicação e interpretação do Direito, o operador jurídico, situado perante um quadro de conflito de regras ou de interpretações consistentes a seu respeito, deverá escolher aquela mais favorável ao trabalhador, a que melhor realize o sentido teleológico essencial do Direito do Trabalho.
>
> Na pesquisa e eleição da regra mais favorável, o intérprete e aplicador do Direito obviamente deverá se submeter a algumas condutas objetivas, que permitam preservar o caráter científico da compreensão e apropriação do fenômeno jurídico. Assim, haverá de ter em conta não o trabalhador específico, objeto da incidência da norma em certo caso concreto, mas o trabalhador como ser componente de um universo mais amplo (categoria profissional, por exemplo).[97]

---

96. DELGADO, Maurício Godinho. *Curso de direito do trabalho*. 17. ed. rev. atual. e ampl. São Paulo: LTr, 2018. p. 234.

97. Idem, p. 233-234.

Sob esse prisma, contudo, ressalva Maurício Godinho Delgado a indispensável observância dos critérios científicos da Hermenêutica Jurídica:

> No tocante, por sua vez, ao processo de interpretação de normas, não poderá o operador jurídico suplantar os critérios científicos impostos pela Hermenêutica Jurídica à dinâmica de revelação do sentido das normas examinadas, em favor de uma simplista opção mais benéfica para o obreiro (escolher, por exemplo, uma alternativa inconsistente de interpretação, porém mais favorável). Também no Direito do Trabalho, o processo interpretativo deve concretizar-se de modo objetivo, criterioso, guiado por parâmetros técnico-científicos rigorosos. Assim, apenas se, após respeitados os rigores da Hermenêutica Jurídica, chegar-se ao contraponto de dois ou mais resultados interpretativos consistentes, é que procederá o intérprete à escolha final orientada pelo princípio da norma mais favorável. É óbvio que não se pode valer do princípio especial justrabalhista para comprometer o caráter lógico-sistemático da ordem jurídica, elidindo-se o patamar de cientificidade a que se deve submeter todo processo de interpretação de qualquer norma jurídica.[98]

Essencial é a perspectiva de que o Operador do Direito do Trabalho não se ampara apenas pela norma mais favorável ao trabalhador, em exame simplista da situação, crítica, aliás, muito comum nesse ramo jurídico.

Afinal, enquanto ciência, o Direito do Trabalho também se submete aos processos de hermenêutica jurídica que não pode ser olvidado na aplicação do caso concreto.

Portanto, apenas quando já superada essa fase, e verificada a igualdade de condições quanto à aplicação de mais de um regramento, há de ser invocado o Princípio da Norma mais Favorável para a solução do litígio.

---

98. DELGADO, Maurício Godinho. *Curso de direito do trabalho*. 17. ed. rev. atual. e ampl. São Paulo: LTr, 2018. p. 234.

1.5.1.3 Princípio da imperatividade das normas trabalhistas

Diferente do que preconiza a matriz civilista, no âmbito do Direito do Trabalho prevalece, em regra, a previsão legal em detrimento da autonomia da vontade externada no contrato celebrado pelos contratantes.

Trata-se de preposição assecuratória eficaz de garantias fundamentais ao trabalhador, em face do desequilíbrio de poderes inerentes à relação de emprego.

Por esse motivo, são as regras justrabalhistas essencialmente imperativas, não podendo ter sua regência afastada pela simples manifestação da vontade expressa em contrato de trabalho.

Não obstante, ainda existem regras dispositivas, que conferem certa liberdade de negociação. A título de exemplo desses raros casos, cita-se o art. 472, §2°, da CLT, que dispõe:

> Art. 472. O afastamento do empregado em virtude das exigências do serviço militar, ou de outro encargo público, não constituirá motivo para alteração ou rescisão do contrato de trabalho por parte do empregador.
>
> [...]
>
> § 2°. Nos contratos por prazo determinado, o tempo de afastamento, *se assim* acordarem *as partes interessadas*, não será computado na contagem do prazo para a respectiva terminação.
>
> [...]

Maurício Godinho Delgado, assim se manifesta sobre o referido princípio:

> Para esse princípio prevalece a restrição à autonomia da vontade no contrato trabalhista, sem contraponto à diretriz civil de soberania das partes no ajuste das condições contratuais. Esta restrição é tida como instrumento assecuratório eficaz de garantias fundamentais ao trabalhador, em face do desequilíbrio de poderes inerente ao contrato de emprego.[99]

---

99. DELGADO, Maurício Godinho. *Curso de direito do trabalho*. 17. ed. rev. atual. e ampl. São Paulo: LTr, 2018. p. 235.

O mesmo autor registra que: "A Lei da Reforma Trabalhista (Lei n. 13.467/2017), ao invés, procurou aumentar a presença de regras dispositivas na CLT, de maneira a ampliar o poder unilateral do empregador na gestão do contrato empregatício. Ainda assim, não fez desaparecer o princípio jurídico ora examinado."[100]

1.5.1.4 Princípio da indisponibilidade dos direitos trabalhistas

O princípio da indisponibilidade dos direitos trabalhistas constitui projeção do Princípio da Imperatividade das Regras Trabalhistas, anteriormente examinado, pois, em se tratando de normas de observância obrigatória, justamente em atenção à proteção devida ao trabalhador, em face da sujeição às condições impostas pelo empregador, não seria lógico admitir que o titular do direito pudesse dele despojar-se, ainda que por expressa manifestação de vontade, pois essa poderia estar viciada.

A esse respeito, registra Maurício Godinho Delgado:

> A indisponibilidade inata aos direitos trabalhistas constitui-se talvez no veículo principal utilizado pelo Direito do Trabalho para tentar igualizar, no plano jurídico, a assincronia clássica existente entre os sujeitos da relação socioeconômica de emprego. O aparente contingenciamento da liberdade obreira que resultaria da observância desse princípio desponta, na verdade, como o instrumento hábil a assegurar efetiva liberdade no contexto da relação empregatícia: é que aquele contingenciamento atenua ao sujeito individual obreiro a inevitável restrição de vontade que naturalmente tem perante o sujeito coletivo empresarial.[101]

Helder Santos Amorim reporta-se à referida diretriz justrabalhista sob a nomenclatura de Princípio da Irrenunciabilidade de Direitos e esclarece:

---

100. DELGADO, Maurício Godinho. *Curso de direito do trabalho*. 17. ed. rev. atual. e ampl. São Paulo: LTr, 2018. p. 235.

101. Idem.

> O princípio da irrenunciabilidade de direitos, imperativo do dirigismo contratual que reside na gênese do Direito do Trabalho, apanhando a condição de vulnerabilidade do trabalhador subordinado ante o poder econômico do empregador, orienta à impossibilidade jurídica do empregado privar-se voluntariamente de vantagens concedidas pelas normas trabalhistas e incorporadas ao contrato de trabalho, sob pena de nulidade, seja em decorrência da indisponibilidade desses direitos, seja em razão da imperatividade das normas trabalhistas.[102]

De fato, é relativamente comum a referência a esse princípio, sob denominação diversa, utilizando-se a expressão "irrenunciabilidade dos direitos trabalhistas" como sinônimo do termo "indisponibilidade". A essa situação, todavia, Maurício Godinho Delgado faz um alerta:

> [...] a expressão irrenunciabilidade não parece adequada a revelar a amplitude do princípio enfocado. Renúncia é ato unilateral, como se sabe. Ora, o princípio examinado vai além do simples ato unilateral, interferindo também nos atos bilaterais de disposição de direitos (transação, portanto). Para a ordem justrabalhista, não serão válidos quer a renúncia, quer a transação que importe objetivamente em prejuízo ao trabalhador.[103]

Fica, portanto, o registro de que, pelo Princípio da Indisponibilidade dos Direitos Trabalhistas não se admite renúncia, traduzida pela manifestação unilateral de vontade, tampouco transação, como resultado de negociação, em prejuízo do trabalhador.

1.5.1.5 Princípio da condição mais benéfica

Por esse princípio, assegura-se ao trabalhador a prevalência das condições estabelecidas em cláusula contratual ou

---

102. AMORIM, Helder Santos. Os Princípios do Direito do Trabalho na Constituição de 1988. *In*: VIANA, Márcio Túlio; ROCHA, Cláudio Jannotti da (Coords.). *Como aplicar a CLT à luz da constituição*: alternativas para os que militam no foro trabalhista. São Paulo: LTr, 2016. p. 104-122. p. 109.

103. DELGADO, Maurício Godinho. *Curso de direito do trabalho*. 17. ed. rev. atual. e ampl. São Paulo: LTr, 2018. p. 235.

regulamentar quando mais vantajosa, diante da superveniência de nova norma dispondo sobre a mesma matéria, em nível protetivo menor. Assim, o novo regramento somente produzirá efeitos para os novos contratos de trabalho a serem firmados.

Em análise sobre o tema, Maurício Godinho Delgado, faz crítica à titulação do princípio, uma vez que, o que se assegura ao empregado não é exatamente a condição mais favorável, mas o direito previsto em cláusula contratual ou regulamentar, seja ela expressa, seja ela tácita, mais benéfica ao trabalhador: "[...] O que o princípio abrange são as cláusulas contratuais, ou qualquer dispositivo que tenha, no Direito do Trabalho, essa natureza. Por isso é que, tecnicamente, seria mais bem enunciado pela expressão ***princípio da cláusula mais benéfica***."[104]

Prosseguindo, assim se pronuncia o autor sobre o princípio, em questão:

> Incorporado pela legislação (art. 468, CLT) e jurisprudência trabalhistas (Súmula n. 51, I, TST), o princípio informa que cláusulas contratuais benéficas somente poderão ser suprimidas caso suplantadas por cláusula posterior ainda mais favorável, mantendo-se intocadas (direito adquirido) em face de qualquer subsequente alteração menos vantajosa do contrato ou regulamento de empresas (evidentemente que a alteração implementada por norma jurídica submeter-se-ia a critério analítico distinto).[105]

Com efeito, a diretriz desse princípio caracteriza a própria concretização do Direito Adquirido, a que alude o art. 5º, XXXVI, da Constituição Federal: "a lei não prejudicará o direito adquirido, o ato jurídico perfeito e a coisa julgada", no âmbito do direito do trabalho.

Aliás, não é outra a abrangência conferida pelo italiano Carlo Francesco Gabba à chamada **Teoria Subjetiva de Direito Adquirido**:

---

104. DELGADO, Maurício Godinho. *Curso de direito do trabalho*. 17. ed. rev. atual. e ampl. São Paulo: LTr, 2018. p. 236.

105. Idem.

> É adquirido todo direito que: a) é consequência de um fato idôneo a produzi-lo, em virtude da lei do tempo em que esse fato foi realizado, embora a ocasião de o fazer valer não se tenha apresentado antes do surgimento de uma lei nova sobre o mesmo; e que, b) nos termos da lei, sob o império da qual se deu o fato de que se originou, tenha entrado imediatamente para o patrimônio de quem o adquiriu.

Vale notar que o ordenamento jurídico pátrio adotou a referida teoria, segundo o que disciplina o art. 6º, § 2º, da Lei de Introdução às Normas do Direito Brasileiro:

> Art. 6º. A Lei em vigor terá efeito imediato e geral, respeitados o ato jurídico perfeito, o direito adquirido e a coisa julgada.
>
> § 1º. Reputa-se ato jurídico perfeito o já consumado segundo a lei vigente ao tempo em que se efetuou.
>
> § 2º Consideram-se adquiridos assim os direitos que o seu titula, ou alguém por ele, possa exercer, como aqueles cujo começo do exercício tenha termo pré-fixo, ou condição preestabelecida inalterável, a arbítrio de outrem.
>
> § 3º. Chama-se coisa julgada ou caso julgado a decisão judicial de que já não caiba recurso.

Essa tese é perfeitamente compatível com as regras do Direito do Trabalho, que privilegiam as vantagens incorporadas ao patrimônio jurídico do trabalhador, não admitindo os efeitos da alteração prejudicial posterior, ainda que por alteração do regulamento empresarial, como, aliás, dispõe o art. 468, *caput*, da CLT, cujo texto restou inalterado pela Reforma Trabalhista:

> Art. 468. Nos contratos individuais de trabalho só é lícita a alteração das respectivas condições por mútuo consentimento, e ainda assim desde que não resultem, direta ou indiretamente, prejuízos ao empregado, sob pena de nulidade da cláusula infringente desta garantia.

Na mesma esteira, o posicionamento extraído do referido preceito de lei, consagrado no item I da Súmula nº 51 do TST:

> SÚMULA-51: NORMA REGULAMENTAR. VANTAGENS E OPÇÃO PELO NOVO REGULAMENTO. ART. 468 DA CLT. (incorporada a Orientação Jurisprudencial nº 163 da SBDI-I)
>
> I – As cláusulas regulamentares, que revoguem ou alterem vantagens deferidas anteriormente, só atingirão os trabalhadores admitidos após a revogação ou alteração do regulamento.
>
> [...]

A mesma premissa justifica o direito assegurado pelo item I da Súmula nº 288 do TST:

> SÚMULA-288: COMPLEMENTAÇÃO DOS PROVENTOS DA APOSENTADORIA (nova redação para o item I e acrescidos os itens III e IV em decorrência do julgamento do processo **TST-E-ED-RR-235-20.2010.5.20.0006 pelo Tribunal Pleno em 12.04.2016)** - Res. 207/2016, DEJT divulgado em 18, 19 e 20.04.2016
>
> I - A complementação dos proventos de aposentadoria, instituída, regulamentada e paga diretamente pelo empregador, sem vínculo com as entidades de previdência privada fechada, é regida pelas normas em vigor na data de admissão do empregado, ressalvadas as alterações que forem mais benéficas (art. 468 da CLT).
>
> [...]"

O mesmo raciocínio pode ser verificado pelo item III da Súmula nº 191 do TST, que, diante da alteração legislativa, em prejuízo dos eletricitários, definiu a incidência do novo regramento legal apenas para os contratos de trabalho celebrados após a sua vigência:

> SUM-191 ADICIONAL DE PERICULOSIDADE. INCIDÊNCIA. BASE DE CÁLCULO (cancelada a parte final da antiga redação e inseridos os itens II e III) - Res. 214/2016, DEJT divulgado em 30.11.2016 e 01 e 02.12.2016
>
> I – O adicional de periculosidade incide apenas sobre o salário básico e não sobre este acrescido de outros adicionais.
>
> II – O adicional de periculosidade do empregado eletricitário, contratado sob a égide da Lei nº 7.369/1985, deve ser calculado sobre a totalidade das parcelas de natureza salarial. Não é válida norma coletiva mediante a qual se determina a incidência do referido adicional sobre o salário básico.

> III - A alteração da base de cálculo do adicional de periculosidade do eletricitário promovida pela Lei nº 12.740/2012 atinge somente contrato de trabalho firmado a partir de sua vigência, de modo que, nesse caso, o cálculo será realizado exclusivamente sobre o salário básico, conforme determina o § 1º do art. 193 da CLT.

Esse entendimento traduz, assim, a mais radical vertente da Teoria Subjetiva do Direito Adquirido, de Carlo Francesco Gabba, porquanto assegurada a condição mais benéfica, vigente à data da celebração do contrato de trabalho, em detrimento da eficácia de lei, em sentido *stricto*, a ensejar discussão acerca do confronto entre princípio justrabalhista e a imperatividade da norma heterônoma estatal.

1.5.1.6 Princípio da inalterabilidade contratual lesiva

Por esse princípio, assegura-se a inalterabilidade do que foi inicialmente ajustado pelas partes contratantes no curso da vigência do contrato de trabalho, quando ausente a devida anuência do trabalhador.

Possui origem matriz civilista, referente à inalterabilidade dos contratos, também chamado de – *pacta sunt servanda* – ou seja, a orientação geral de que "os pactos devem ser cumpridos".

Na esfera trabalhista, contudo, a premissa ganhou contornos específicos do Direito do Trabalho, a assumir aptidão natural pela proteção do trabalhador. Assim, tornou-se **Princípio da Inalterabilidade Contratual Lesiva**.

Maurício Godinho Delgado destaca as principais modificações sofridas pelo Princípio da Inalterabilidade dos contratos quando da sua definitiva incorporação ao ramo justrabalhista:

> O princípio geral da inalterabilidade dos contratos sofreu forte e complexa adequação ao ingressar no Direito do Trabalho – tanto que passou a se melhor enunciar, aqui, através de uma diretriz específica, a da inalterabilidade contratual lesiva.

> Em **primeiro lugar**, a noção genérica de inalterabilidade perde-se no ramo justrabalhista. É que o Direito do Trabalho não contingência – ao contrário, incentiva – as alterações contratuais favoráveis ao empregado; estas tendem a ser naturalmente permitidas (art. 468, *caput*, CLT).
>
> Em **segundo lugar**, a noção de inalterabilidade torna-se sumamente rigorosa caso contraposta a alterações desfavoráveis ao trabalhador – que tendem a ser vedadas pela normatividade justrabalhista (arts. 444, *caput*, e 468, *caput*, da CLT).
>
> Em **terceiro lugar**, a atenuação civilista da fórmula *rebus sic stantibus* (atenuação muito importante no Direito Civil) tende a ser genericamente rejeitada pelo Direito do Trabalho.
>
> [...]
>
> Em suma, consideradas essas três importantes especificidades é que se pode, hoje, falar na existência de um princípio especial trabalhista, o da inalterabilidade contratual lesiva.[106]

No que se refere especificamente à chamada "atenuação da fórmula *rebus sic stantibus*", o autor ressalta as características do Direito de Trabalho que a causaram, haja vista a indispensável observância do Princípio da Alteridade, pelo qual se atribui ao empregador o ônus resultante do risco da atividade econômica por ele exercida, não se admitindo, assim, a ideia de que deva também o trabalhador arcar com eventuais prejuízos. A esse respeito, salienta:

> É que este ramo jurídico especializado coloca sob ônus do empregador os riscos do empreendimento (art. 2º, *caput*, CLT), independentemente do insucesso que possa se abater sobre este. As obrigações trabalhistas empresariais preservam-se intocadas ainda que a atividade econômica tenha sofrido revezes efetivos em virtude de fatos externos à atuação do empregador. Fatores relevantes como a crise econômica geral ou a crise específica de certo segmento, mudanças drásticas na política industrial do Estado ou em sua política cambial – fatores que, obviamente, afetam a atividade da empresa – não são acolhidos como excludentes ou atenuantes da responsabilidade trabalhista do empregador. A esse propósito, aliás, a jurisprudência tem

106. DELGADO, Maurício Godinho. *Curso de direito do trabalho*. 17. ed. rev. atual. e ampl. São Paulo: LTr, 2018. p. 237-239.

> reiteradamente esclarecido que no conceito de riscos assumidos pelo empregador inscreve-se, sim, a profusão legislativa que sempre caracterizou a tradição jurídica e administrativa brasileira, com as modificações econômicas e monetárias daí advindas (Plano Bresser, Plano Verão, Plano Collor, Plano Real, etc.). Portanto, prejuízos derivados de tais planos econômicos oficiais não eliminam ou restringem a responsabilidade do empregador por suas obrigações laborativas.[107]

Há que se observar, entretanto, que, embora em situações pontuais, também no Direito do Trabalho admite-se a aplicação da preposição "*rebus sic stantibus*", de modo a minimizar os efeitos danosos da assunção empresarial pelos riscos da atividade. Logo, não é absoluto o Princípio da Alteridade. Essa situação também não é olvidada pelo referido autor:

> Não obstante, o critério geral do art. 2º da CLT e a interpretação jurisprudencial referida (em favor da assunção empresarial dos riscos econômicos), é inquestionável que a legislação trabalhista tendeu, em certo momento histórico, a incorporar certos aspectos da fórmula *rebus sic stantibus*, reduzindo, assim, os riscos trabalhistas do empregador.
>
> De fato, o art. 503 da CLT autorizava a "redução geral dos salários dos empregados da empresa" em caso de "prejuízos devidamente comprovados". A Lei nº 4.923, de 1965, por sua vez – não por coincidência, oriunda de período autocrático da vida política e jurídica do País –, também veio permitir a redução salarial obreira em situações objetivas do mercado, adversas para o empregador, deferindo, inclusive, a este, meios judiciais para alcance de sua pretensão reducionista. A Constituição de 1988, entretanto, ao fixar a regra geral da "irredutibilidade do salário, salvo o disposto em convenção ou acordo coletivo" (art. 7º, VI, CF/88), derrogou tais normas permissivas, condicionando quaisquer condutas de redução salarial à negociação coletiva sindical (arts. 7º, VI, e 8º, VI, CF/88).[108]

---

107. DELGADO, Maurício Godinho. *Curso de direito do trabalho*. 17. ed. rev. atual. e ampl. São Paulo: LTr, 2018. p. 238.

108. Idem.

A par desse cenário, Maurício Godinho Delgado, a título de exemplo, relembra recente situação vivida pela economia do País, que bem retrata esse peculiaridade:

> Mais recentemente, a propósito, no contexto da retração econômica despontada em 2015, surgiu a Medida Provisória n. 680, de 6.7.15, que instituiu o Programa de Proteção ao Emprego (PPE). Pelo novo diploma jurídico, foi permitido a empresas que se encontrarem em situação de dificuldade econômica-financeira, nas condições e forma estabelecidas em ato do Poder Executivo Federal (art. 2º, caput), aderirem ao PPE, de maneira a reduzirem, temporariamente, em até trinta por cento, a jornada de trabalho de seus empregados, com a redução proporcional dos salários, desde que autorizada esta redução por acordo coletivo de trabalho especifico celebrado 'com o sindicato de trabalhadores representativo da categoria da atividade econômica preponderante' (art. 3º, *caput* e § 1º, MPr. n. 680/2015). Trata-se de hipótese de alteração contratual lesiva, mas autorizada por negociação coletiva trabalhista, em contexto de dificuldade econômico-financeira da empresa empregadora e restrita à duração realmente provisória.[109]

No intuito de se conferir completo entendimento sobre o tema, cumpre registrar que a mencionada restrição do prazo de excepcional autorização para a redução da jornada dos trabalhadores, nos moldes da Medida Provisória nº 680/2015, foi originalmente estabelecida no art. 3º, § 3º, nos seguintes termos: "A redução temporária da jornada de trabalho poderá ter duração de até seis meses e poderá ser prorrogada, desde que o período total não ultrapasse doze meses".

Ocorre que, quando da conversão da referida medida provisória na Lei nº 13.189/2015, houve dilação do prazo, de modo que passou a ser autorizada, na forma do art. 5º, § 1º, inciso IV, a prorrogação de períodos sucessivos de seis meses, "[...] desde que o período total não ultrapasse vinte quatro meses".

Sabe-se que o chamado Programa de Proteção ao Emprego (PPE) foi, posteriormente, alterado para o Programa

---

109. DELGADO, Maurício Godinho. *Curso de direito do trabalho*. 17. ed. rev. atual. e ampl. São Paulo: LTr, 2018. p. 238-239.

Seguro Emprego – PSE, por intermédio da Medida Provisória nº 761, de 22/12/2016, hoje convertida na Lei nº 13.456, de 26/06/2017, prevendo-se a prorrogação da sistemática de redução de jornada e salário até 31/12/2018, observado o limite de 30% e a exigência de prévia autorização em norma coletiva.

A Reforma Trabalhista, em clara tendência de privilegiar acordos e convenções coletivas (art. 611-A, § 3º, da CLT), também reforça a possibilidade de redução de jornada de trabalho com proporcional diminuição salarial.

Na aplicação dessa realidade, há que se considerar, contudo, que ainda prevalecem as disposições da Lei nº 4.923/65, ainda não revogada, de modo que devem ser observados os seguintes parâmetros, estabelecidos em seu art. 2º: a) autorização para redução por prazo não excedente de 3 meses, prorrogável, por igual período, se mantidas as mesmas condições; b) redução do salário em percentual que não ultrapasse o máximo de 25% (vinte e cinco por cento) do salário contratual, respeitado o salário-mínimo; c) vedação quanto à admissão de novos empregados por período de, no mínimo, seis meses a contar da cessação da medida; d) vedação quanto à prestação de horas extras durante o período.

Vale notar que, no plano individual, a proporcional redução de jornada e salários somente é admitida quando há pedido expresso do empregado, por interesse particular devidamente comprovado.

É certo que o Princípio da Inalterabilidade Contratual Lesiva não é absoluto, seja pela necessária observância do Poder Diretivo do empregador, na regular atuação do *jus variandi* empresarial, seja por outras alterações expressamente autorizadas em lei. A esse título, importantes são os esclarecimentos de Maurício Godinho Delgado:

> Ressalte-se, a propósito, não ser absoluta, é claro, a vedação às alterações lesivas do contrato de trabalho. Afora as situações inerentes ao chamado *jus variandi* ordinário empresarial (o qual, segundo a doutrina, englobaria mudanças de menor

> importância, não chegando a atingir efetivas cláusulas do pacto entre as partes), haveria certo leque de modificações lesivas autorizadas implícita ou explicitamente por lei (como a reversão: parágrafo único do art. 468 da CLT) ou franqueadas pela ordem jurídica à própria norma coletiva negociada (art. 7º, VI, CF/88).[110]

Esse princípio especial do Direito do Trabalho também foi muito atingido pela chamada **Reforma Trabalhista**, conforme, aliás, destaca o mesmo autor:

> [...] cabe aduzir que a Lei n. 13.467, vigente desde 11.11.2017, ao implementar reforma trabalhista no País, criou mecanismos novos permissivos para a alteração lesiva do contrato trabalhista, 'por livre estipulação das partes' – embora se saiba tratar-se de nítido contrato de adesão. Nesta linha, por exemplo, o disposto no novo parágrafo único do art. 444 da CLT que instituiu a possibilidade de segregação jurídica de empregados dentro da mesma empresa: um grupo, com as proteções e garantias trabalhistas; o outro grupo, formado por profissionais com diploma de nível superior e salário mensal igual ou superior ao teto previdenciário (na data de vigência da Lei, R$ 11.062,62) – este segundo grupo pode negociar, bilateralmente, a desregulamentação e/ou flexibilização de inúmeras cláusulas de seu contrato, tal como previsto no art. 611-A da CLT.
>
> Ao acentuar o poder unilateral do empregador em um contrato de adesão, aprofundando o status de hipossuficiência e vulnerabilidade do obreiro nessa relação socioeconômica e jurídica, a Lei da Reforma Trabalhista hostilizou, evidentemente, em determinada medida, o princípio da inalterabilidade contratual lesiva. Mas não o afastou por inteiro, preservando ainda sua larga influência nas relações de trabalho.[111]

Confirma-se, assim, a preocupação do Operador do Direito do Trabalho na firme atuação do Poder Judiciário na ponderação de valores, a fim de que sejam fixados critérios objetivos quanto aos limites e aos parâmetros a serem considerados, na alteração válida dos contratos de emprego.

---

110. DELGADO, Maurício Godinho. *Curso de direito do trabalho*. 17. ed. rev. atual. e ampl. São Paulo: LTr, 2018. p. 238-239.

111. Idem, p. 239-240.

1.5.1.7 *Princípio da intangibilidade salarial*

Pelo princípio da intangibilidade salarial, confere-se especial proteção ao salário do trabalhador, dado o seu indiscutível caráter alimentar, de modo a assegurar seu valor, montante e disponibilidade em benefício do empregado.

Especialmente no que tange ao caráter alimentar conferido ao salário do trabalhador, destaca Maurício Godinho Delgado:

> A noção de natureza alimentar é simbólica, é claro. Ela parte do suposto – socialmente correto, em regra – de que a pessoa física que vive fundamentalmente de seu trabalho empregatício proverá suas necessidades básicas de indivíduo e de membro de uma comunidade familiar (alimentação, moradia, educação, saúde, transporte, etc.) com o ganho advindo desse trabalho: seu salário. A essencialidade dos bens a que se destinam o salário do empregado, por suposto, é que induz à criação de garantias fortes e diversificadas em torno da figura econômico-jurídica."[112]

Há que se registrar, entretanto, que as prerrogativas de proteção atribuídas ao salário não se fundamentam apenas no campo interno do Direito do Trabalho, mas também buscam reforço em diretrizes gerais, a exemplo do princípio constitucional da dignidade da pessoa humana.

Nesse sentido, aliás, são os comentários de Maurício Godinho Delgado, ao se reportar ao **princípio da intangibilidade salarial**:

> A força desse princípio não está, contudo, somente estribada no Direito do Trabalho, porém nas relações que mantém com o plano externo (e mais alto) do universo jurídico. De fato, o presente princípio laborativo especial ata-se até mesmo a um princípio jurídico geral de grande relevo, com sede na Constituição: o *princípio da dignidade da pessoa humana.*[113]

---

112. DELGADO, Maurício Godinho. *Curso de direito do trabalho*. 17. ed. rev. atual. e ampl. São Paulo: LTr, 2018. p. 241.

113. Idem.

Não se olvida que o conceito de trabalho digno, não se resume à percepção de salário, visto que a atividade profissional, em si, "*é importante meio de realização e* afirmação do ser humano". Não obstante, é o salário, como legítimo resultado do exercício da atividade profissional, que representa efetiva concretização econômica do esforço laboral e, por esse motivo, também se torna objeto de necessária proteção legal.

Ademais, na medida em que o salário representa o "ganha pão" do trabalhador, tem-se por indispensável a adoção de mecanismos destinados à sua preservação, com vista a garantir o mínimo essencial à sobrevivência e à manutenção da dignidade do empregado.

A importância da preservação do salário como elemento essencial à dignidade do trabalhador também é evidenciada por Maurício Godinho Delgado:

> [...] É claro que o reconhecimento social pelo trabalho não se resume ao salário, já que envolve dimensões muito amplas, ligadas à ética, à cultura, às múltiplas faces do poder, ao prestígio comunitário, etc.; mas é o salário, sem dúvida, a mais relevante contrapartida econômica pelo trabalho empregatício. Nesse quadro, garantir-se juridicamente o salário em contextos de contraposição de outros interesses e valores é harmonizar o Direito do Trabalho à realização do próprio princípio da dignidade do ser humano.[114]

É claro que a efetiva proteção ao salário se concretiza por diversas vertentes, visto que não se resume à mera preservação do valor nominal do salário, garantia que, aliás, já está abarcada por outro princípio, previsto na Constituição Federal, qual seja, o da irredutibilidade salarial.

A intangibilidade salarial, por sua vez, abraça conceito mais amplo, capaz de alcançar não só a garantia do salário a ser ofertado, em seu valor nominal, como a sua efetiva disponibilidade ao trabalhador, concretizada em limitações de

---

114. DELGADO, Maurício Godinho. *Curso de direito do trabalho*. 17. ed. rev. atual. e ampl. São Paulo: LTr, 2018. p. 241.

descontos em folha de pagamento. Tais limites, entretanto, não se restringem àqueles a que se destina outro princípio especial *justrabalhista*, denominado de integridade salarial, mas abrangem restrições que envolvem, inclusive, legítimos interesses de credores externos à relação de emprego.

Nesse sentido, as lições de Maurício Godinho Delgado:

> O atual princípio justrabalhista projeta-se em distintas direções: **garantia do valor do salário**; **garantias contra mudanças contratuais e normativas** que provoquem a redução do salário (aqui o princípio especial examinado se identifica pela expressão *princípio da irredutibilidade salarial*, englobando-se, também, de certo modo, no princípio da *inalterabilidade contratual lesiva*); **garantias contra prática que prejudiquem seu efetivo montante** – trata-se dos problemas jurídicos envolventes aos descontos no salário do empregado (o princípio aqui também tende a se particularizar em uma denominação diferente: *princípio da integridade salarial*); finalmente, **garantias contra interesses contrapostos de credores diversos**, sejam do empregador, sejam do próprio empregado.[115]

Em comentário otimista, não obstante a tônica atual acerca da Reforma Trabalhista, promovida pela Lei 13.467/2017, o autor ainda evidencia o que entende ser uma clara tendência ao alargamento das garantias que emanam desse princípio:

> [...] percebe-se clara tendência a um alargamento de tais garantias por além da estrita verba de natureza salarial, de modo a abranger todos os valores pagos ao empregado em função do contrato de trabalho. Excluídas as proteções voltadas à preservação do valor do salário, a tendência é de se estenderem as demais garantias, quando compatíveis, ao conjunto das verbas contratuais trabalhistas. Ilustrativamente, é o que se passa com a impenhorabilidade e também com o superprivilégio dos créditos trabalhistas no concurso de credores na falência.[116]

---

115. DELGADO, Maurício Godinho. *Curso de direito do trabalho*. 17. ed. rev. atual. e ampl. São Paulo: LTr, 2018. p. 241.

116. Idem, p. 241-242.

Importante salientar, contudo, que a diretriz que se extrai do princípio da intangibilidade salarial não é absoluta, comportando, assim, limitações, como também evidencia o mesmo autor:

> [...] ilustrativamente, a proteção relativa ao valor do salário ainda não o preserva de perdas decorrentes da corrosão monetária; a vedação a mudanças contratuais e normativas provocadoras da redução de salários pode ser flexibilizada mediante negociação coletiva (art. 7º, VI, CF/88); a garantia de integralidade salarial, com controle de descontos em seu montante, é excepcionada pela própria norma jurídica que a instituiu (art. 462, CLT); a proteção contra constrições externas, como a penhora, embora ampla, encontra exceção, por exemplo, na prestação alimentícia (art. 649, IV, § 2º, CPC-1973; art. 833, IV, § 2º, CPC-2015).[117]

Guardadas, assim, as limitação legais quanto à aplicabilidade do princípio da intangibilidade salarial, há de se respeitar o salário do trabalhador, como concretização econômica do valor do seu trabalho, em diferentes vertentes, que vão desde a preservação do *quantum* nominal até a restrição de legítimos interesses de credores alheios à relação de emprego.

1.5.1.8 Princípio da primazia da realidade sobre a forma

Extrai-se do princípio da primazia da realidade sobre a forma, também conhecido como princípio do contrato realidade, a ideia de que a relação jurídica efetivamente concretizada entre os contratantes deve prevalecer sobre eventual contrato em sentido diverso, formalmente firmado pelos contratantes.

Relevantes são os apontamentos feitos por Helder Santos Amorim acerca das lições de Plá Rodriguez sobre o tema:

> [...] o Direito do Trabalho, preocupado em garantir a incidência do seu regime jurídico especial, fundado na realidade dos fatos que envolvem a execução do trabalho como o mais poderoso veículo de interpretação da vontade das partes no contrato de emprego,

---

117. DELGADO, Maurício Godinho. *Curso de direito do trabalho*. 17. ed. rev. atual. e ampl. São Paulo: LTr, 2018. p. 242.

> busca garantir a aferição mais fidedigna possível desses fatos, seja para proteger o regime de emprego contra tentativas de fraude, seja para mediar com adequação os conflitos decorrentes do exercício de poderes que o contrato de trabalho confere ao empregador na condução do empreendimento econômico.
>
> Assim, para identificar com segurança a presença da relação de emprego dentre outras relações jurídicas limítrofes, o **princípio da primazia da realidade** sobre a forma, segundo Plá Rodriguez, significa que, em caso de discordância entre o que ocorre na prática da execução do trabalho e o que emerge de documentos, acordos ou quaisquer outras declarações escritas de vontade, deve-se dar preferência ao que ocorre no terreno dos fatos como forma de aferir-se o real conteúdo do contrato de trabalho.[118]

Igualmente importantes os ensinamentos de Maurício Godinho Delgado sobre os motivos norteadores da aplicabilidade dessa diretriz na esfera trabalhista:

> O **princípio da primazia da realidade** sobre a forma constitui-se em poderoso instrumento para a pesquisa e encontro da verdade real em uma situação de litígio trabalhista. Não deve, contudo, ser brandido unilateralmente pelo operador jurídico. Desde que a forma não seja da essência do ato (ilustrativamente, documento escrito para a quitação ou instrumento escrito para contrato temporário), o intérprete e aplicador do Direito deve investigar e aferir se a substância da regra protetiva trabalhista foi atendida na prática concreta efetivada entre as partes, ainda que não seguida estritamente a conduta especificada pela legislação.[119]

O Princípio *justrabalhista* da primazia da realidade sobre a forma traduz, assim, a ideia de que o Juiz do Trabalho está autorizado a privilegiar a situação concreta evidenciada pela prova produzida nos autos, referente à relação jurídica concretizada entre as partes, caso constate que há desconformidade com os documentos ou o rótulo conferido à pactuação formalmente firmada.

---

118. AMORIM, Helder Santos. Os Princípios do Direito do Trabalho na Constituição de 1988. *In*: VIANA, Márcio Túlio; ROCHA, Cláudio Jannotti da (Coords.). *Como aplicar a CLT à luz da Constituição:* alternativas para os que militam no foro trabalhista. São Paulo: LTr, 2016. p. 104-122. p. 110.

119. DELGADO, Maurício Godinho. *Curso de direito do trabalho*. 17. ed. rev. atual. e ampl. São Paulo: LTr, 2018. p. 242-243.

Em outras palavras, no âmbito do Direito do Trabalho, a realidade comprovada é capaz de suplantar os termos do que fora originalmente pactuado, quando, é claro, não representar prejuízo ao trabalhador, haja vista o indispensável respeito a outro princípio *justrabalhista*, qual seja, o da inalterabilidade contratual lesiva.

Nesses termos, tem-se por autorizada, por exemplo, a desconsideração de um contrato formal civilista de prestação de serviços, caso evidenciado que, no cumprimento do contrato, despontem os elementos fáticos e jurídicos da relação de emprego (trabalho por pessoa física, com pessoalidade, não eventualidade, onerosidade e sob subordinação).

Nesse sentido, esclarece Maurício Godinho Delgado:

> No Direito do Trabalho, deve-se pesquisar, preferencialmente, a prática concreta efetivada ao longo da prestação de serviços, independentemente da vontade eventualmente manifestada pelas partes na respectiva relação jurídica. A prática habitual – na qualidade de uso – altera o contrato pactuado, gerando direitos e obrigações novos às partes contratantes (respeitada a fronteira da inalterabilidade contratual lesiva).
>
> Desse modo, o conteúdo do contrato não se circunscreve ao transposto no correspondente instrumento escrito, incorporando amplamente todos os matizes lançados pelo cotidiano da prestação de serviços. O *princípio do contrato realidade* autoriza, assim, por exemplo, a descaracterização de uma pactuada relação civil de prestação de serviços, desde que no cumprimento do contrato despontem, concretamente, todos os elementos fático-jurídicos da relação de emprego [...].[120]

Em resumo, em observância ao princípio da primazia da realidade sobre a forma, a concretude dos fatos supera a forma eventualmente eleita pelas partes como meio de representação de determinado ato jurídico.

---

120. DELGADO, Maurício Godinho. *Curso de direito do trabalho*. 17. ed. rev. atual. e ampl. São Paulo: LTr, 2018. p. 242.

1.5.1.9 Princípio da continuidade da relação de emprego

Pelo princípio da continuidade da relação de empregos, expressa-se o interesse do Direito do Trabalho na preservação do vínculo de emprego. Isso porque, somente com a permanência no posto de trabalho e a efetiva integração do empregado à dinâmica da atividade produtiva da empresa é que se confirmam os laços necessários à progressão funcional, com vistas à obtenção de melhores condições de trabalho e, por fim, a autoafirmação pessoal do trabalhador.

A respeito desse princípio justrabalhista, pontua Helder Santos Amorim:

> [...] o **princípio da continuidade da relação de emprego** revela a pretensão da norma jurídico-trabalhista de garantir a máxima permanência temporal do vínculo de emprego e a **máxima integração do trabalhador à vida da empresa**, como um ideal econômico e comunitário. Trata-se de um princípio voltado a proteger o salário, por seu caráter alimentar, permanentemente indispensável à manutenção do trabalhador e de sua família, mas também voltado a valorizar a pessoalidade na prestação de trabalho, firmando o lastro de mútua colaboração entre o trabalhador e o empreendimento, de modo a promover a **inseparabilidade entre o resultado da prestação de trabalho e a pessoa do trabalhador**, primado essencial à proteção do trabalho livre com dignidade.[121]

Maurício Godinho Delgado destaca a existência de três correntes de repercussões favoráveis ao trabalhador, resultantes da preservação do vínculo empregatício:

> A **primeira** reside na tendencial elevação dos direitos trabalhistas, seja pelo avanço da legislação ou da negociação coletiva, seja pelas conquistas especificamente contratuais alcançadas pelo trabalhador em vista de promoções recebidas ou vantagens agregadas ao desenvolvimento de seu tempo de serviço no contrato.

121. AMORIM, Helder Santos. Os princípios do direito do trabalho na Constituição de 1988. *In*: VIANA, Márcio Túlio; ROCHA, Cláudio Jannotti da (Coords.). *Como aplicar a CLT à luz da Constituição:* alternativas para os que militam no foro trabalhista. São Paulo: LTr, 2016. p. 104-122. p. 109.

> A **segunda** corrente de repercussões favoráveis reside no investimento educacional e profissional que se inclina o empregador a realizar nos trabalhadores vinculados a longos contratos. Quanto mais elevado o montante pago à força de trabalho (e essa elevação tende a resultar, ao lado de outros aspectos, da duração do contrato e conquistas trabalhistas dela decorrentes), mais o empresário ver-se-á estimulado a investir na educação e aperfeiçoamento profissional do obreiro, como fórmula para elevar sua produtividade e compensar o custo trabalhista ocorrido. Esse investimento na formação do indivíduo cumpre a fundamental faceta do papel social da propriedade e da função educativa dos vínculos de labor, potenciando, individual e socialmente, o ser humano que trabalha.
>
> A **terceira** corrente de repercussões favoráveis da longa continuidade da relação de emprego situa-se na afirmação social do indivíduo favorecido por esse longo contrato. Aquele que vive apenas de seu trabalho tem neste, e na renda dele decorrente, um decisivo instrumento de sua afirmação no plano da sociedade. Se submetido a contrato precário, provisório, de curta duração (ou se está desempregado), fica sem o lastro econômico e jurídico necessário para se impor no plano de suas demais relações econômicas na comunidade.[122]

Ainda, segundo o mesmo autor, o princípio da continuidade da relação de emprego, "[...] perdeu parte significativa de sua força com a introdução do Fundo de Garantia do Tempo de Serviço no Brasil", já a partir de 1967, quando da edição da Lei nº 5.107/66. Afirma que "O Sistema do FGTS transformou a dispensa sem justa causa em ato potestativo do empregador, frustrando o incentivo à permanência do pacto".[123]

Para Maurício Godinho Delgado, a medida representou, portanto, desprestígio ao sistema estabilitário e indenizatório estabelecido na CLT.

Refere-se, desse modo, à estabilidade decenal, conquistada pelo obreiro após 10 anos de permanência no mesmo emprego e ao sistema indenizatório a cargo do empregador,

---

122. DELGADO, Maurício Godinho. *Curso de direito do trabalho*. 17. ed. rev. atual. e ampl. São Paulo: LTr, 2018. p. 243.

123. Idem, p. 244.

daí decorrente, aplicável aos casos de dispensa imotivada por iniciativa patronal, que previa sistema de cálculo diferenciado para a ruptura ocorrida antes, ou depois, do implemento daquela condição.

Sabe-se que, no período anterior ao advento da Constituição Federal de 1988, assegurava-se ao empregado a opção por aderir livremente ao regime do FGTS ou permanecer no sistema estabilitário e indenizatório, anteriormente estabelecido na CLT.

A situação foi, inclusive, objeto de disciplinamento por verbete sumular do TST, que assegurou o direito do optante, nessas condições, à percepção do mínimo de 60% do valor da indenização a que teria direito pelo sistema da CLT:

> SUM-54 OPTANTE (mantida) - Res. 121/2003, DJ 19, 20 e 21.11.2001
>
> Rescindindo por acordo seu contrato de trabalho, o empregado estável optante tem direito ao mínimo de 60% (sessenta por cento) do total da indenização em dobro, calculada sobre o maior salário percebido no emprego. Se houver recebido menos do que esse total, qualquer que tenha sido a forma de transação, assegura-se-lhe a complementação até aquele limite.

Com o advento da Constituição Federal de 1988, a utilização do sistema do FGTS foi generalizada, eliminando a antiga opção, até então assegurada ao trabalhador pela adesão, ou não, ao referido regime.

Ressalta Maurício Godinho Delgado, contudo, que nem por isso houve o esvaziamento do princípio da continuidade da relação de emprego, mas, ao contrário, pelo Texto Constitucional de 1988 procedeu-se à compatibilidade dessa diretriz com o sistema do FGTS. A esse respeito, pontua:

> A Constituição de 1988 inclinou-se a reinserir o princípio da continuidade da relação empregatícia em patamar de relevância jurídica, harmonizando, em parte, a ordem justrabalhista à diretriz desse princípio. Assim, afastou a anterior incompatibilidade do instituto do FGTS com qualquer eventual sistema de

> garantias jurídicas de permanência do trabalhador no emprego – afastamento implementado ao estender o Fundo a todo e qualquer empregado.[124]

A propósito dessa última afirmação, cumpre esclarecer que o art. 7º, III, Constituição Federal de 1988 generalizou, de fato, a aplicação do sistema do FGTS, a alcançar todo e qualquer empregado, exceto o doméstico, que somente veio a obter essa prerrogativa com o advento da Emenda Constitucional nº 72/2013, que alterou o texto do parágrafo único do mencionado art. 7º da CF/1988.

Em prosseguimento, Maurício Godinho Delgado ainda evidencia a previsão quanto à indenização compensatória, em caso de dispensa imotivada e a instituição de aviso-prévio proporcional ao tempo de serviço. A esse respeito, salienta que a Constituição Federal:

> [...] fixou a regra da 'relação de emprego protegida contra despedida arbitrária ou sem justa causa, nos termos de lei complementar, que preverá indenização compensatória, dentre outros direitos' (art. 7º, I, CF/88). Lançou, adicionalmente, a ideia de 'aviso-prévio proporcional ao tempo de serviço', 'nos termos da lei' (art. 7º, XXI, CF/88), indicando o reforço da noção de contingenciamento crescente à prática de ruptura desmotivada do contrato empregatício.[125]

Prevalece, portanto, a observância do princípio da continuidade da relação de emprego, cuja incidência produz presunções favoráveis ao trabalhador, conforme preconizado na Súmula nº 212 do TST:

> SUM-212 DESPEDIMENTO. ÔNUS DA PROVA (mantida) - Res. 121/2003, DJ 19, 20 e 21.11.2003

---

124. DELGADO, Maurício Godinho. *Curso de direito do trabalho*. 17. ed. rev. atual. e ampl. São Paulo: LTr, 2018. p. 244.

125. Idem.

> O ônus de provar o término do contrato de trabalho, quando negados a prestação de serviço e o despedimento, é do empregador, pois o princípio da continuidade da relação de emprego constitui presunção favorável ao empregado.

Ao explicitar a aplicabilidade do referido verbete sumular, Maurício Godinho Delgado destaca que a referida proposição

> [...] faz presumida a ruptura contratual mais onerosa ao empregador (dispensa injusta), caso evidenciado o rompimento do vínculo; coloca, em consequência, sob ônus da defesa, a prova de modalidade menos onerosa de extinção do contrato (pedido de demissão ou dispensa por justa causa, por exemplo). Faz presumida, também a própria continuidade do contrato, lançando ao ônus da defesa a prova de ruptura do vínculo empregatício, em contextos processuais de controvérsia sobre a questão.[126]

O autor ainda registra que, também por esse princípio, é consagrada, no Direito do Trabalho, a utilização, como regra, do contrato de trabalho por tempo indeterminado, "uma vez que este é o que melhor concretiza o direcionamento pela continuidade da relação empregatícia". E complementa:

> Em consequência dessa regra geral, tornam-se exceptivos, no Direito do Trabalho, os **contratos a termo**, os quais somente podem ser pactuados nas estritas hipóteses franqueadas por lei. Hoje, no Direito brasileiro, são cinco essas hipóteses. As três mais frequentes estão previstas no art. 443 da CLT (trata-se de serviço cuja natureza ou transitoriedade justifique a predeterminação do prazo; ou de atividade empresariais transitórias; ou, ainda, de contrato de experiência). A seu lado, há o grupo de situações direcionadas por leis especiais a certas profissões delimitadas, como ocorre com os **artistas profissionais** e também com os **atletas profissionais**. Finalmente, há a hipótese da Lei n. 9.601, de 1998, que regulou o chamado **contrato provisório de trabalho.**[127]

---

126. DELGADO, Maurício Godinho. *Curso de direito do trabalho.* 17. ed. rev. atual. e ampl. São Paulo: LTr, 2018. p. 245.

127. Idem.

Observa Maurício Godinho Delgado que nesse grupo de contratos exceptivos ainda se pode acrescentar o contrato de trabalho temporário, regido pela Lei 6.019/74, para o qual se preestabelece fim determinado; e o contrato rural por pequeno prazo, disciplinado pela Lei 11.718/2008, que introduziu o art. 14-A, ao texto da Lei 5.889/73, pelo qual se autoriza ao produtor rural, pessoa física, a celebração de contrato de trabalho por dois meses, para o exercício de atividades de natureza temporária.

Por fim, não há como se olvidar que pelo princípio da continuidade da relação de emprego, juntamente com outras diretrizes *justrabalhistas*, funda-se também o instituto da sucessão de empregadores, na forma dos arts. 10 e 448 da CLT, pelo qual se resguardam os direitos trabalhistas dos empregados, ainda que haja alteração do empregador na vigência do contrato de trabalho.

1.5.2 Princípios justrabalhistas especiais controvertidos

Ao lado do núcleo basilar dos princípios especiais do Direito do Trabalho, composto pelos nove princípios acima examinados, Maurício Godinho Delgado registra outros dois princípios justrabalhistas, que, entretanto, entende por controvertidos, haja vista a existência de divergências com outros princípios desse mesmo sistema jurídico. São eles: princípio *in dubio pro operário* e princípio do maior rendimento.

1.5.2.1 Princípio do in dubio pro operario

Por essa premissa se traduz uma das mais antigas proposições justrabalhistas, denominada nos primórdios do Direito do Trabalho de *in dubio pro misero*.

Trata-se, em sua essência, da transposição para a esfera trabalhista de diretriz do Direito Penal, conhecida como *in dubio pro reo*.

Explica-se: como no ramo justrabalhista, é o trabalhador a parte hipossuficiente, a qual precisa de especial proteção do

Estado no processo, converteu-se na diretriz hoje conhecida como *in dubio pro operario*.

Acentua Maurício Godinho Delgado a existência de duas dimensões nessa proposição. A primeira, de índole interpretativa, que já se encontra esvaziada pelo já consagrado *Princípio da Norma mais Favorável*, mais abrangente. A segunda, de índole processual, amparada em antigo posicionamento doutrinário do Direito do Trabalho, pelo qual se atribuía à autoridade judicial, em caso de dúvida, a direção do processo em benefício da parte menos favorecida, inclusive no que tange à caracterização de fatos e ao exame das provas. A esse respeito, destaca:

> De fato, nesse antigo princípio estaria englobada não somente a dimensão de interpretação normativa (hoje referenciada pelo princípio da norma mais favorável), como também uma dimensão de aferição e valoração dos fatos trazidos a exame do intérprete e aplicador do Direito. À luz dessa segunda e combinada dimensão do princípio *in dubio pro misero* (exame de fatos e provas), propunha-se que a decisão da autoridade judicial deveria se dirigir em benefício do trabalhador, em caso de dúvida no exame de situações fáticas concretas. O argumento era no sentido de que "... as mesmas razões de desigualdade compensatória que deram origem à aplicação deste princípio, justificam que se estenda à análise dos fatos já que, em geral, o trabalhador tem muito maior dificuldade do que o empregador para provar certos fatos ou trazer certos dados ou obter certas informações ou documentos."[128]

Em aprofundamento do exame da dimensão processual do chamado princípio *in dúbio pro misero*, o autor justifica as razões pelas quais entende não subsistir, nos dias atuais, sua razão de ser:

> [...] essa diretriz propositora de um desequilíbrio atávico ao processo de exame e valoração dos fatos trazidos à análise do intérprete e aplicador do Direito não passa pelo crivo de cientificidade que se considera hoje próprio ao fenômeno jurídico. Na verdade, tal diretriz correspondia a uma fase rudimentar do

128. DELGADO, Maurício Godinho. *Curso de direito do trabalho*. 17. ed. rev. atual. e ampl. São Paulo: LTr, 2018. p. 247.

> Direito do Trabalho, em que esse ramo jurídico especializado ainda não havia conseguido incorporar um arsenal técnico-científico sofisticado no conjunto de suas normas, categorias e teorização. Hoje, a teoria do ônus da prova sedimentada no Direito Processual do Trabalho, e o largo espectro de presunções que caracteriza esse ramo especializado do Direito já franqueiam, pelo desequilíbrio de ônus probatório imposto às partes (em benefício do prestador de serviços), possibilidades mais eficazes de reprodução, no processo, da verdade real. Em consequência, havendo dúvida do juiz em face do conjunto probatório existente e das presunções aplicáveis, ele deverá decidir em desfavor da parte que tenha o ônus da prova naquele tópico duvidoso, e não segundo a diretriz genérica *in dubio pro operario*. É que o caráter democrático e igualitário do Direito do Trabalho conduz ao desequilíbrio inerente às suas normas jurídicas e à compatível sincronia que esse desequilíbrio tem com a teoria processual do ônus da prova e com as presunções sedimentadas características desse ramo jurídico. Não se estende, contudo, o mesmo desequilíbrio à figura do juiz e à função judicante – sob pena de se comprometer a essência da própria noção de justiça.[129]

Evidencia, o autor, assim, dois grandes problemas na manutenção dessa diretriz como princípio *justrabalhista*:

> [...] o primeiro, menos grave, essencialmente prático, consistente no fato de que ele abrange dimensão temática já acobertada por outro princípio justrabalhista específico (o da norma mais favorável). O segundo problema, muito grave, consistente no fato de que, no tocante à sua outra dimensão temática, ele entra em choque com princípio jurídico geral da essência da civilização ocidental, hoje, e do Estado Democrático de Direito: o princípio do juiz natural.[130]

Por tais circunstâncias, há de se concluir que a problemática hoje verificada na preposição *in dubio pro operario*, torna mesmo controvertida a sua subsistência como princípio especial *justrabalhista*, a demonstrar razões pela sua suplantação, seja porque sua dimensão interpretativa já se encontra

---

129. DELGADO, Maurício Godinho. *Curso de direito do trabalho*. 17. ed. rev. atual. e ampl. São Paulo: LTr, 2018. p. 248.

130. Idem, p. 247.

abarcada pelo consagrado *Princípio da Norma mais Favorável*; seja porque sua dimensão processual não mais se justifica diante da modernidade do processo do trabalho, em especial, a aplicação da teoria da distribuição dinâmica do ônus da prova.

1.5.2.2 Princípio do maior rendimento

O segundo princípio amplamente divulgado pela Doutrina *justrabalhista*, mas também combatido por Maurício Godinho Delgado, refere-se à proposição do maior rendimento, também conhecida como **Princípio do Rendimento**.

Segundo os comentários de Paulo Emílio Ribeiro de Vilhena, trata-se de diretriz justrabalhista direcionada à atuação do trabalhador, sendo que, por ela, incumbiria a esse a "[...] obrigação de desenvolver suas energias normais em prol da empresa, prestando serviços regularmente, disciplinar e funcionalmente."[131]

Dos comentários de Américo Plá Rodriguez,[132] abstrai-se a afirmação de que se trata de preposição *justrabalhista* antiga, cuja primeira referência conhecida data de 1940, em obra de *Perez Botija*.

Para Maurício Godinho Delgado constitui "diretriz subjacente a todo o poder disciplinar empregatício, conferindo fundamento a algumas figuras típicas de justa causa, como, ilustrativamente, a desídia e a negociação concorrencial ao empregador (art. 482, CLT)."[133]

---

131. VILHENA, Paulo Emílio Ribeiro de. Princípios de Direito – Princípios jurídicos do direito do trabalho. *In:* BARROS, A. M. de. *Curso de direito do trabalho*: Estudos em homenagem a Célio Goyatá. São Paulo: LTr, 1993. p. 118-145. v. 1. p. 127.

132. PLÁ RODRIGUEZ, Américo. *Princípios de direito do trabalho.* Tradução de Wagner D. Giglio. São Paulo: LTr, 1978. p. 265-268.

133. DELGADO, Maurício Godinho. *Curso de direito do trabalho.* 17. ed. rev. atual. e ampl. São Paulo: LTr, 2018. p. 249.

Em prosseguimento, o autor afirma que essa proposição, em princípio, não se justifica como princípio *justrabalhista* autônomo, na medida em que apenas traduz vertente da lealdade e da boa-fé que devem nortear as relações empregatícias. Nesse sentido, registra:

> [...] não se pode deixar de enxergar nessa diretriz uma inquestionável projeção justrabalhista da clássica diretriz jurídica geral da *lealdade e boa-fé*. Efetivamente, na essência, o que propõe o princípio ora enfocado é a lealdade e boa-fé do empregado no cumprimento de suas obrigações trabalhistas, exercendo com denodo suas funções contratuais e não desgastando injustamente os lícitos interesses do empregador. Ora, nesta medida ele não teria conteúdo distinto da diretriz jurídica geral da *lealdade e boa-fé*.[134]

Representa o chamado princípio do maior rendimento, desse modo, mera projeção da diretriz geral do princípio da lealdade e boa-fé, a afastar a invocação do primeiro como princípio *justrabalhista* autônomo, segundo leciona Maurício Godinho Delgado.

1.5.3 Princípios especiais do direito coletivo do trabalho

O Direito Coletivo, diferente do universo do Direito Individual do Trabalho, caracteriza-se por uma relação jurídica firmada entre seres teoricamente equivalentes, denominados de sujeitos coletivos. De um lado, tem-se a entidade sindical representativa dos trabalhadores (ser coletivo obreiro) e, de outro, o empregador (ser coletivo por natureza) ou sua entidade representativa (ser coletivo patronal).

É certo que o Direito Coletivo do Trabalho, enquanto segmento jurídico *justrabalhista* especializado, constitui um todo unitário, composto por um sistema organicamente integrado de regras, institutos e princípios próprios, capaz de distingui-lo, definitivamente, do Direito Individual do Trabalho. Não

134. DELGADO, Maurício Godinho. *Curso de direito do trabalho*. 17. ed. rev. atual. e ampl. São Paulo: LTr, 2018. p. 249.

obstante, também mantém com esse último segmento necessária correlação de matérias e interesses, porquanto partes integrantes de um mesmo ramo especializado de direito.

Acerca do assunto, assim se posiciona Maurício Godinho Delgado:

> No estudo global dos princípios *justrabalhistas* é importante respeitar-se a diferenciação entre Direito Individual e Direito Coletivo. Entretanto é também fundamental que na análise particularizada de qualquer um dos dois segmentos sempre se preserve a perspectiva referenciada ao outro segmento *justrabalhista* correlato. Direito Individual e Direito Coletivo são, afinal, partes integrantes de uma mesma realidade jurídica especializada, o Direito do Trabalho.
>
> O Direito Coletivo atua, porém, de maneira intensa sobre o Direito Individual do Trabalho, uma vez que é cenário de produção de um destacado universo de regras jurídicas, consubstanciado no conjunto de diplomas autônomos que compõem sua estrutura normativa (no Brasil, notadamente a convenção coletiva e o acordo coletivo de trabalho). Desse modo, o Direito Coletivo do Trabalho pode alterar o conteúdo do Direito Individual do Trabalho, ao menos naqueles setores econômico-profissionais em que incidam seus específicos diplomas. Desde a Constituição de 1988, a propósito, ampliou-se o potencial criativo do Direito Coletivo do Trabalho, lançando ao estudioso a necessidade de pesquisar os critérios objetivos de convivência e assimilação entre as normas autônomas negociadas e as normas heterônomas tradicionais da ordem jurídica do País.[135]

Em doutrina de Maurício Godinho Delgado, são os princípios do Direito Coletivo do Trabalho classificados em três grupos, segundo a matéria e os objetivos neles enfocados. Nesse sentido, os apontamentos do referido autor:

> Em primeiro lugar, o rol de ***princípios assecuratórios das condições de emergência e afirmação da figura do ser coletivo obreiro***. Trata-se de princípios cuja observância viabiliza o florescimento das organizações coletivas dos trabalhadores, a

135. DELGADO, Maurício Godinho. *Curso de direito do trabalho*. 17. ed. rev. atual. e ampl. São Paulo: LTr, 2018. p. 1543.

> partir das quais serão tecidas as relações grupais que caracterizam esse segmento jurídico específico.
>
> Neste rol, estão os princípios da liberdade associativa e sindical e da autonomia sindical.
>
> Logo a seguir, destacam-se os ***princípios que tratam das relações entre os seres coletivos obreiros e empresariais, no contexto da negociação coletiva***. São princípios que regem as relações grupais características do Direito Coletivo, iluminando o *status*, poderes e parâmetros de conduta dos seres coletivos trabalhistas.
>
> Citam-se neste segmento o princípio da interveniência sindical na normatização coletiva, o da equivalência dos contratantes coletivos e, finalmente, o da lealdade e transparência nas negociações coletivas.
>
> Há, por fim, o conjunto de princípios que tratam das relações e efeitos perante o universo e comunidade jurídicas das normas produzidas pelos contratantes coletivos. Este grupo de princípios ilumina, em síntese, as relações e efeitos entre as normas produzidas pelo Direito Coletivo, por meio da negociação coletiva, e as normas heterônomas tradicionais do próprio Direito Individual do Trabalho.
>
> Neste rol, encontram-se princípios como o da criatividade jurídica da negociação coletiva e o princípio da adequação setorial negociada.[136]

Passamos, agora, a examinar cada um dos Princípios Especiais do Direito Coletivo, segundo a classificação conferida por Maurício Godinho Delgado.

1.5.3.1 Princípios assecuratórios da existência do ser coletivo obreiro

Depreende-se dos ensinamentos de Maurício Godinho Delgado, a ideia de que, nesse grupo, enquadram-se os princípios de Direito Coletivo do Trabalho que, em comum, possuem a destinação precípua de assegurar a formação, o crescimento e o fortalecimento de sindicatos representativos obreiros.

---

136. DELGADO, Maurício Godinho. *Curso de direito do trabalho*. 17. ed. rev. atual. e ampl. São Paulo: LTr, 2018. p. 1544.

O autor justifica a necessidade desse cuidado específico em relação às entidades sindicais representativas dos trabalhadores, em face da fundamental importância dessas associações no agrupamento de indivíduos e defesa de seus interesses, em comum; situação não evidenciada do lado do empregador. A esse respeito, destaca:

> [...] O ser coletivo empresarial não depende de indução ou garantias externas *especiais*, provindas de norma jurídica; ele já existe, automaticamente, desde que exista organização empresarial no mercado econômico. É que o empregador, como se sabe, é, por definição, necessariamente um ser coletivo (excetuado o doméstico, é claro). Trata-se de natural (e poderosíssimo) ser coletivo por consistir em *um agregador e direcionador dos instrumentos de produção, distribuição, consumo e de serviços*, sendo, por isso mesmo, por sua própria natureza (ou, pelo menos, tendencialmente), uma organização. Além dessa sua fundamental característica, o empregador também regularmente pratica, com o simples exercício de sua vontade particular, atos de *repercussão comunitária ou social.*
>
> Em contraponto a isso, os trabalhadores somente se tornam uma *organização* caso se estruturem, grupalmente, nesse sentido. E somente serão capazes a produzir, com regularidade, atos de repercussão comunitária ou social caso se organizem de modo racional e coletivo para tais fins. Por todas essas razões, os princípios do Direito Coletivo do Trabalho que visam assegurar o surgimento e afirmação social do ser coletivo trabalhista enfocam seu comando normativo em direção às entidades organizativas e representativas dos trabalhadores.[137]

Nesse grupo, conforme pontuado pelo autor, encontram-se o Princípio da Liberdade Associativa e Sindical e o Princípio da Autonomia Sindical.

1.5.3.1.1 Princípio da liberdade associativa e sindical

Por esse princípio, busca-se a concretização do direito constitucional do trabalhador referente à liberdade de

137. DELGADO, Maurício Godinho. *Curso de direito do trabalho*. 17. ed. rev. atual. e ampl. São Paulo: LTr, 2018. p. 1545.

associação e à liberdade sindical, sendo que a primeira é mais abrangente que a segunda, que representa, em última análise, mera vertente temática daquela. Relativamente a essa diferenciação, pontua Maurício Godinho Delgado:

> O princípio da liberdade de associação assegura consequência jurídico-institucional a qualquer iniciativa de agregação estável e pacífica entre pessoas, independentemente de seu segmento social ou dos temas causadores da aproximação. Não se restringe, portanto, à área e temáticas econômico-profissionais (onde se situa a ideia de liberdade sindical).[138]

Sabe-se que a liberdade de associação também engloba o exercício de outros direitos, tais como o da liberdade de reunião, cujo respeito, aliás, torna pressuposto à efetivação do direito à primeira.

Nesse sentido, aliás, é a manifestação de José Afonso da Silva, ao se referir à chamada "liberdade-condição, porque, sendo um direito em si, constitui também condição para o exercício de outras liberdades."[139]

Igualmente merecem destaque os apontamentos de Maurício Godinho Delgado acerca da abrangência e profundidade do princípio da liberdade de associação, abarcado pelo que chama de princípio associativo:

> O princípio associativo envolve as noções conexas de *reunião* e *associação*. Por *reunião* entende-se a agregação episódica de pessoas em face de problemas e objetivos comuns; por *associação*, a agregação permanente (ou, pelo menos, de largo prazo) de pessoas em face de problemas e objetivos comuns.
>
> [...]
>
> O direito de reunião pacífica e de associação sem caráter paramilitar está assegurado na Constituição (art. 5º, XVI e XVII),

---

138. DELGADO, Maurício Godinho. *Curso de direito do trabalho*. 17. ed. rev. atual. e ampl. São Paulo: LTr, 2018. p. 1546.

139. SILVA, José Afonso da. *Curso de direito constitucional positivo*. 18. ed. São Paulo: Malheiros, 2000. p. 268.

> estando, de certo modo, referenciado nas constituições brasileiras desde o primeiro texto republicano (art. 72, § 8º, CR/1891).
>
> A liberdade associativista tem uma *dimensão positiva* (prerrogativa de livre criação e/ou vinculação a uma entidade associativa) ao lado de uma *dimensão negativa* (prerrogativa de livre desfiliação da mesma entidade). Ambas estão mencionadas no Texto Magno, ("ninguém poderá ser compelido a associar-se ou a permanecer associado" – art. 5º, XX, CF/88).
>
> Tal liberdade, é claro, envolve outras garantias da ordem jurídica: livre estruturação interna, livre atuação externa, autossustentação, direito à autoextinção (ou garantia de extinção por causas ou agentes externos somente após regular processo judicial).[140]

Importante, também, o paralelo que o autor faz entre a liberdade de associação (mais abrangente) e o seu segmento temático, liberdade sindical, ambos objetos do princípio da liberdade associativa e sindical:

> Direcionado ao universo do sindicalismo, o princípio mais amplo especifica-se na diretriz *da liberdade sindical* (ou *princípio da liberdade associativa e sindical*).
>
> Tal princípio engloba as mesmas dimensões positivas e negativas já referidas, concentradas no universo da realidade do sindicalismo. Abrange, desse modo, a liberdade de criação de sindicatos e de sua autoextinção (com a garantia de extinção externa somente por intermédio de sentença judicial regularmente formulada). Abrange, ainda, a prerrogativa de livre vinculação a um sindicato assim como a livre desfiliação de seus quadros (o art. 8º, V, da Constituição especifica o comando já lançado genericamente em seu art. 5º, XX: "ninguém será obrigado a filiar-se ou a manter-se filiado a sindicato").[141]

Ainda a respeito da **liberdade de sindicalização**, cumpre destacar que não basta que se assegurem a formação, o desenvolvimento e o fortalecimento da entidade sindical representativa da classe laboral, se não for igualmente garantida pelo

140. DELGADO, Maurício Godinho. *Curso de direito do trabalho*. 17. ed. rev. atual. e ampl. São Paulo: LTr, 2018. p. 1546-1547.

141. Idem.

ordenamento jurídico a liberdade de atuação desse sindicato na regular defesa dos interesses dos trabalhadores.

Acerca dessa última vertente do **Princípio da Liberdade Associativa e Sindical**, Maurício Godinho Delgado elenca algumas regras e normas jurídicas que contêm comandos destinados a garantir a liberdade de atuação do ente sindical obreiro:

> Como qualquer princípio, na qualidade de *comando jurídico instigador*, a presente diretriz também determina ao ordenamento jurídico que confira consistência ao conteúdo e objetivo normativos que enuncia. Ou seja, que estipule garantias mínimas à estruturação e atuação dos sindicatos, sob pena de não poderem cumprir seu papel de real expressão da vontade coletiva dos respectivos trabalhadores.
>
> Algumas dessas garantias já estão normatizadas no Brasil. A principal delas é a vedação à dispensa sem justa causa do dirigente sindical, desde a data de sua inscrição eleitoral até um ano após o término o correspondente mandato (art. 8º, VIII, CF/88). Esta garantia conta, inclusive, com medida judicial eficaz do Juiz do Trabalho, mediante a qual se pode determinar liminarmente, a reintegração obreira em contextos de afastamento, suspensão ou dispensa pelo empregador (art. 659, X, CLT, conforme Lei n. 9.270/1996).
>
> Conexa à presente garantia existe a intransferibilidade do dirigente sindical para fora da base territorial de seu sindicato (art. 543, CLT).
>
> Diversas dessas relevantes garantias essenciais estão expressamente consignadas em textos normativos construídos ao longo de décadas pela Organização Internacional do Trabalho (Convenções ns. 11, 87, 98, 135, 141 e 151, por exemplo). Além disso, têm sido inseridas, classicamente, em experiências democráticas consolidadas no mundo ocidental (ilustrativamente, Estatuto dos Trabalhadores da Itália – Lei n. 300, de 1970).[142]

Em relação aos citados normativos da OIT, cumpre registrar os dispositivos específicos sobre o assunto, a exemplo do art. 2º, 1, da Convenção 98, vigorante no Brasil desde a década de 1950:

---

142. DELGADO, Maurício Godinho. *Curso de direito do trabalho*. 17. ed. rev. atual. e ampl. São Paulo: LTr, 2018. p. 1546-1547.

> Art. 2º-1. As organizações de trabalhadores e de empregadores deverão gozar de proteção adequada contra quaisquer atos de ingerência de umas e outras, quer diretamente quer por meio de seus agentes ou membros, em sua formação, funcionamento e administração.
>
> [...]

Igualmente relevante o art. 1º da Convenção nº 135 da OIT, vigente no Brasil desde 18/03/1991, que trata especificamente da "proteção de representantes de trabalhadores":

> Art. 1º. Os representantes dos trabalhadores na empresa devem ser beneficiados com uma proteção eficiente contra quaisquer medidas que poderiam vir a prejudicá-los, inclusive o licenciamento (na verdade, *despedida*, isto é, '*licenciement*'), e que seriam motivadas por sua qualidade ou suas atividades como representantes dos trabalhadores sua filiação sindical, ou participação em atividade sindical, conquanto ajam de acordo com as leis, convenções coletivas ou outros arranjos convencionais vigorando.

Tais medidas atendem, assim, ao comando do Princípio da Liberdade Associativa e Sindical, pois, ao resguardarem os representantes da entidade sindical obreira de eventuais atitudes antissindicais dos empregadores, garantem, em última análise, a liberdade de atuação do sindicato na defesa dos interesses dos trabalhadores.

Aliás, também representam obstáculo à concretização das diretrizes do Princípio da Liberdade Associativa e Sindical os mecanismos inerentes aos sistemas de sindicalização forçada e de práticas antissindicais.

Quanto ao primeiro, referente a cláusulas de sindicalização forçada, registra Maurício Godinho Delgado:

> Há sistemáticas de incentivo à sindicalização (apelidadas de *cláusulas de segurança sindical* ou de *sindicalização forçada*) que são controvertidas no que tange à sua compatibilidade com o princípio da liberdade sindical.
>
> Trata-se, por exemplo, das cláusulas negociais coletivas denominadas *closed shop*, *union shop*, *preferencial shop* e, por fim, *maintenance of membership*.

> Pela *closed shop* (empresa fechada), o empregador se obriga perante o sindicato obreiro a somente contratar trabalhadores a este filiados. Nos EUA, tal dispositivo foi considerado ilegal pela Lei Taft-Hartley, de 1947.
>
> Pela *union shop* (empresa sindicalizada), o empregador se compromete a manter apenas empregados que, após prazo razoável de sua admissão, se filiem ao respectivo sindicato obreiro. Não se obstrui o ingresso de trabalhador não sindicalizado, mas inviabiliza-se sua continuidade no emprego caso não proceda, em certo período, à sua filiação sindical.
>
> Próxima a esta, há a cláusula *preferencial shop* (empresa preferencial), que favorece a contratação de obreiros filiados ao respectivo sindicato.
>
> Neste rol destaca-se ainda a cláusula *maintenance of membership* (manutenção de filiação), pela qual o empregado inscrito em certo sindicato deve preservar sua filiação durante o prazo de vigência da respectiva convenção coletiva, sob pena de perda do emprego.
>
> Tais dispositivos de *sindicalização forçada* colocam em confronto, inegavelmente, liberdade individual obreira de filiação e/ou desfiliação e reforço da organização coletiva dos próprios trabalhadores – em suma, liberdade individual *versus* fortalecimento sindical. Neste embate há sistemas jurídico-políticos de tradição democrática (como os anglo-americanos) que se mostraram mais tolerantes com a prevalência da *liberdade do grupo profissional* sobre a *liberdade individual*. Contudo, na tradição juspolítica latina também democrática, a começar pela França, a concepção dominante volta-se à direção de negar validade a tais cláusulas. No Brasil, tem prevalecido o entendimento denegatório de validade às citadas cláusulas de sindicalização forçada – ao menos como regra geral.[143]

No que se refere à ocorrência de práticas antissindicais, em confronto com as premissas que emanam do princípio da liberdade associativa e sindical, pontua o referido autor:

> Há, por outro lado, sistemática de desestímulo à sindicalização e desgaste à atuação dos sindicatos (denominadas de *práticas antissindicais*) que entram em claro choque com o princípio da liberdade sindical. Trata-se, por exemplo, dos chamados *yellow dog contracts*, das *company unions* e, ainda, da prática *mise à I'index*.

---

143. DELGADO, Maurício Godinho. *Curso de direito do trabalho*. 17. ed. rev. atual. e ampl. São Paulo: LTr, 2018. p. 1548-1549.

> No primeiro caso (contrato de cães amarelos), o trabalhador firma com seu empregador compromisso de não filiação a seu sindicato como critério de admissão e manutenção do emprego.
>
> A expressão inglesa, entretanto (*yellow dog contracts*), sugere uma crítica ao trabalhador que subscreve essa cláusula de não filiação sindical. Na experiência histórica de outros países, contudo (inclusive o Brasil), sabe-se que os fatos tendem a se passar de maneira diversa: é comum ouvir-se falar em prática meramente informais, inviabilizando, pela pressão surda no ambiente laborativo, a efetiva possibilidade de adesão de empregados a seu respectivo sindicato.
>
> No segundo caso (*sindicatos de empresas* – no Brasil, *sindicatos amarelos*), o próprio empregador estimula e controla (mesmo que indiretamente) a organização e ações do respectivo sindicato obreiro.
>
> No terceiro caso (colocar no *index* – no Brasil, *lista suja*), as empresas divulgariam entre si os nomes dos trabalhadores com significativa atuação sindical, de modo a praticamente excluí-los do respectivo mercado de trabalho.
>
> Tais cláusulas ou práticas (e outras congêneres) são, sem dúvida, inválidas, por agredirem o princípio da liberdade sindical, constitucionalmente assegurado.[144]

Acrescente-se, quanto ao chamado *yellow dog contracts* (contrato de cães amarelos), que referida prática antissindical também encontra obstáculo de validade em expressa previsão contida na Convenção nº 98 da OIT, consoante o disposto no art. 2º, 2, que dispõe:

> Art. 2º [...]
>
> 2. Serão particularmente identificados a atos de ingerência, nos termos do presente artigo, medidas destinadas a provocar a criação de organizações de trabalhadores dominadas por um empregador ou uma organização de empregadores, ou a manter organizações de trabalhadores por outros meios financeiros, com o fim de colocar essas organizações sob o controle de um empregador ou de uma organização de empregadores.

---

144. DELGADO, Maurício Godinho. *Curso de direito do trabalho*. 17. ed. rev. atual. e ampl. São Paulo: LTr, 2018. p. 1549.

Nesse contexto, é certo que os mecanismos concernentes à concretização de Cláusulas de Sindicalização Forçada ou de Práticas Antissindicais, em desestímulo à livre filiação de empregados a entidades sindicais representativas de sua categoria profissional, apresentam-se em desacordo com as diretrizes que vigoram no País, em observância ao Princípio da Liberdade Associativa e Sindical, de modo a não serem aceitas no âmbito interno.

1.5.3.1.2 Princípio da autonomia sindical

Trata-se de premissa especial do Direito Coletivo do Trabalho destinada a garantir a livre atuação do Sindicato obreiro na defesa dos interesses da categoria que representa, sem interferência externa, seja do Empresariado, seja do Estado. Por esse princípio, também fica assegurada a total autonomia do ente sindical na autogestão, nos âmbitos administrativo, econômico, financeiro ou organizacional.

Note-se que há similitude entre as diretrizes que fundamentam o presente princípio e algumas das premissas já examinadas quando da análise do **Princípio da Liberdade Associativa e Sindical**. Isso, aliás, justifica-se por razões históricas, conforme alerta Maurício Godinho Delgado:

> É verdade que quando se fala no princípio genérico da liberdade de associação nele se englobam, naturalmente, as matérias relativas à estruturação interna das entidades associativas e suas relações com o Estado. Entretanto, na história do Direito do Trabalho desdobrou-se o princípio geral em dois [...]: o da liberdade sindical e o da autonomia dos sindicatos.
>
> Reconheça-se que tal segmentação resulta de particularidades importantes da história do sindicalismo, que não se destacaram com tanta ênfase na história das demais associações civis, culturais, políticas, religiosas e de outra natureza. É que, além do problema da liberdade sindical no sentido estrito (isto é, liberdade de criação de entidades sindicais com a consequente dinâmica de filiação e desfiliação de trabalhadores a tais entidades), sempre foram cruciais à sorte do sindicalismo no Ocidente as lutas pela autonomia dos sindicatos não apenas perante o Estado,

> bem como igualmente perante os próprios empregadores. O dilema da autonomia *versus* controle político-administrativo dos sindicatos sempre foi um dos desafios centrais da história do sindicalismo nos países do Ocidente (no Brasil, inclusive, acentuadamente – como se sabe); do mesmo modo, o dilema da autonomia das entidades sindicais *versus* o controle informal ou práticas informais (ou explícitas) antissindicais pelos próprios empregadores. Por essas duas razões combinadas é que o princípio maior da liberdade sindical se desdobrou em duas diretrizes correlatas: a da liberdade de associação e sindical, em si, e a diretriz especificamente relacionada à questão da autonomia das entidades sindicais de trabalhadores.[145]

Pelas explicações expostas, conclui-se que a ratificação das premissas de autonomia sindical, ainda que implicitamente, em dois Princípios Especiais do Direito Coletivo reflete, na verdade, a necessidade de se reafirmar a resposta da sociedade brasileira ao passado, no qual se mostrou difícil a libertação dos entes sindicais representativos da categoria profissional das interferências externas.

Nessa linha de raciocínio, mostra-se relevante a explanação histórica do referido autor sobre o assunto, em paralelo da situação jurídica existente no País, no período anterior e posterior à década de 1930. Em relação à primeira etapa, registra o autor:

> O princípio da autonomia sindical sempre sofreu graves restrições na história jurídica e política brasileira.
>
> Antes de 1930, o princípio padecia em meio às próprias debilidades de todo o Direito do Trabalho, que sequer se estruturava como um ramo jurídico próprio e complexo. Em sua fase inicial de manifestações incipientes e esparsas o futuro ramo justrabalhista ainda não possuía um conjunto sistemático de regras, princípios e institutos que assegurassem plena cidadania à atuação coletiva dos trabalhadores no País. Dominava a política institucional da Primeira República (1889-1930), como se sabe, certa concepção liberal individualista que não encontrava justificativa em favor da regulação normativa do mercado de trabalho, nem

145. DELGADO, Maurício Godinho. *Curso de direito do trabalho*. 17. ed. rev. atual. e ampl. São Paulo: LTr, 2018. p. 1552.

> espaço político para a absorção institucional dos movimentos sociais produzidos pelos trabalhadores dos incipientes segmentos industriais da época e de certos setores de serviços (ferroviário e portuário, principalmente). A inegável existência de sindicatos livres, no período, não chegou a formar uma tradição sólida de autonomia, seja pela incipiência do sistema industrial e do mercado de trabalho correspondente, seja pelo fato de que a autonomia se fazia *fora do Direito*, não se institucionalizando em um modelo jurídico bem definido e estruturado.[146]

Quanto ao período, por sua vez, assim se manifesta o jurista:

> A década de 1930 vê instaurar-se no Brasil, como se conhece, um sistema sindical de estrutura e dinâmica centralizadas, sob direito e minucioso controle político e administrativo do Estado, nos moldes corporativistas, embebido do modelo fascista importado da Itália da época. Neste sistema, falar-se em princípio de autonomia sindical era simplesmente um contrassenso, uma vez que o caráter publicista dos sindicatos colocava-os sob a égide do Ministério do Trabalho, que ostentava poderes incontrastáveis de criação, extinção e intervenção cotidiana na vida de tais entidades.
>
> Mesmo após o fim da ditadura Vargas (1930-1945), o princípio da autonomia sindical não chegou a ser efetivamente incorporado na ordem jurídica brasileira (aliás, esta foi uma das singularidades da democracia brasileira pós-1945: mecanismos democráticos formais no plano político-institucional e estrutura corporativista centralizadora no plano do mercado de trabalho). Assim, não obstante o princípio formalmente constasse do texto da Constituição subsequente à instauração do sistema trabalhista brasileiro tradicional (Texto Máximo de 1946), ele era relativamente esvaziado em seu conteúdo já que esdruxulamente compatibilizado com as regras do corporativismo autoritário sindical estabelecido.
>
> Com o advento do regime militar, em 1964, o sindicalismo sofreu profunda e extensa repressão política, com centenas de intervenções nas entidades sindicais, além de prisões e cassações políticas de suas lideranças mais combativas. Não houve, na época, contudo, alteração na estrutura formal do sistema sindical brasileiro, que permaneceu controlado e silenciado, em sua grande maioria, até, pelo menos, o final da década de 1970 e início dos anos 1980. Do ponto de vista jurídico, tal estrutura formal do

146. DELGADO, Maurício Godinho. *Curso de direito do trabalho*. 17. ed. rev. atual. e ampl. São Paulo: LTr, 2018. p. 1552-1553.

> sistema sindical permaneceu a mesma nas duas Cartas Constitucionais então editadas (1967 e 1969 – EC n. 1).[147]

Ressalta o doutrinador, nesse sentido, que apenas a partir do advento da Constituição Federal de 1988 é que, no Brasil, se mostrou possível, pelo contexto histórico, a afirmação do princípio da autonomia sindical:

> Somente a partir da Constituição de 1988 é que teria sentido sustentar-se que o princípio autonomista sindical ganhou corpo real na ordem jurídica do País. De fato, a nova Constituição eliminou o controle político-administrativo do Estado sobre a estrutura dos sindicatos, quer quanto à sua criação, quer quanto à sua gestão (art. 8º, I). Além disso, alargou as prerrogativas de atuação dessas entidades, seja em questões judiciais e administrativas (art. 8º, III), seja na negociação coletiva (art. 8º, VI, e 7º, XXVI), seja pela amplitude assegurada ao direito de greve (art. 9º).
>
> Entretanto, curiosamente, a mesma Constituição, em seu texto original, manteve traços relevantes do antigo sistema corporativista do País. É o que se passa com a unicidade sindical (art. 8º, II), com o sistema de financiamento compulsório e genérico de toda a estrutura, inclusive sua cúpula (art. 8º, IV), com o amplo poder normativo dos tribunais trabalhistas e, finalmente, com os mecanismos de representação corporativa no seio do aparelho de Estado – no caso, por meio da chamada representação classista na Justiça do Trabalho. Eram estruturas e instrumentos mantidos pelo texto original de 1988 que se chocavam, de modo patente, com as experiências históricas vivenciadas por algumas das mais sedimentadas democracias ocidentais (como França, Alemanha e Itália, por exemplo), com o princípio da autonomia sindical.
>
> É bem verdade que o poder reformador constitucional brasileiro, tempos após 1988, corrigiu alguns desses nódulos do texto original da Constituição. Realmente, pela EC n. 24, de dezembro de 1999, foi extinta a representação classista na Justiça do Trabalho, ao passo que, pela EC n. 45, de dezembro de 2004, foi severamente restringido o poder normativo judicial trabalhista.
>
> Com as importantes modificações constitucionais efetivadas (EC n. 24 e EC n. 45), pode-se afirmar que as antinomias democráticas

---

147. DELGADO, Maurício Godinho. *Curso de direito do trabalho*. 17. ed. rev. atual. e ampl. São Paulo: LTr, 2018. p. 1553-1554.

> e inclusivas, restringem-se, essencialmente, apenas a aspectos do sistema sindical do País, ao invés de grande parte dele.
>
> É bem verdade que, em 2017, a reforma trabalhista legalmente implementada (Lei n. 13.467 – vigente desde 11.11.17 –(...)) atingiu de frente o sindicalismo do País. É que ela não apenas exacerbou os poderes da negociação coletiva trabalhista, no sentido da flexibilização e diminuição de direitos e garantias dos trabalhadores, bem como restringiu as fontes de custeio do sistema sindical.[148]

Por tais circunstâncias, considerada a necessidade de se afirmar e reafirmar a autonomia das entidades sindicais representativas dos trabalhadores é que se tem por justificada pela doutrina contemporânea a subsistência do princípio da autonomia sindical como premissa especial do Direito Coletivo do Trabalho, ainda que se admita que o princípio da liberdade associativa e sindical também detenha, em si, a potencial satisfação integral das diretrizes estabelecidas no primeiro.

1.5.3.2 Princípios regentes das relações entre os seres coletivos trabalhistas

No segundo grupo, encontram-se os princípios destinados a reger as relações interpessoais e a atuação dos sujeitos coletivos no cumprimento de suas obrigações institucionais, em especial, a elaboração de instrumentos de autocomposição, como as Convenções e os Acordos Coletivos de Trabalho. São eles: princípio da interveniência sindical na normatização coletiva, princípio da equivalência entre os contratantes coletivos e princípio da lealdade e transparência nas negociações coletivas.

1.5.3.2.1 Princípio da interveniência sindical na normatização coletiva

Pelo princípio da interveniência sindical na normatização coletiva, entende-se por indispensável a participação dos sindicatos obreiros na celebração de Convenções e Acordos

---

148. DELGADO, Maurício Godinho. *Curso de direito do trabalho*. 17. ed. rev. atual. e ampl. São Paulo: LTr, 2018. 1554-1555.

Coletivos de Trabalho, de modo a assegurar efetiva equivalência entre os sujeitos coletivos na autocomposição de interesses.

A proposição encontra-se expressamente consagrada na Constituição da República de 1988 (CF: art. 8°, III e VI[149]), que reforça a importância dos entes sindicais nas negociações coletivas, conforme, aliás, já dispunha o art. 611, *caput*, da CLT.[150]

A respeito do tema, assim se pronuncia Maurício Godinho Delgado:

> [...] o princípio visa a assegurar a existência de efetiva equivalência entre os sujeitos contrapostos, evitando a negociação informal do empregador com grupos coletivos obreiros estruturados apenas de modo episódico, eventual, sem a força de uma institucionalização democrática como a propiciada pelo sindical (com garantias especiais de emprego, transparência negocial, etc.)
>
> Em face de tal princípio não constitui, para o Direito, negociação coletiva trabalhista qualquer fórmula de tratamento direto entre o empregador e seus empregados, ainda que se trate de fórmula formalmente democrática (um plebiscito intraempresarial, por exemplo). Os poderes da autonomia privada coletiva, no Direito brasileiro, passam necessariamente pelas entidades sindicais obreiras.
>
> Neste quadro, qualquer ajuste feito informalmente entre empregador e empregado terá caráter de mera cláusula contratual, sem o condão de instituir norma jurídica coletiva negociada. Na qualidade jurídica de mera cláusula contratual, este ajuste informal submete-se a todas as restrições postas pelo ramo justrabalhista às alterações do contrato de trabalho, inclusive o rigoroso princípio da inalterabilidade contratual lesiva.
>
> A presente diretriz atua, pois, como verdadeiro princípio de resistência trabalhista. E corretamente, pois não pode a ordem jurídica conferir a particulares o poderoso veículo de criação de normas jurídicas (e não simples cláusulas contratuais) sem uma consistente garantia de que os interesses sociais mais amplos não estejam

---

149. Art. 8º. É livre a associação profissional ou sindical, observado o seguinte: [...] VI - é obrigatória a participação dos sindicatos nas negociações coletivas de trabalho;

150. Art. 611. Convenção Coletiva de Trabalho é o acordo de caráter normativo, pelo qual dois ou mais Sindicatos representativos de categorias econômicas e profissionais estipulam *condições de trabalho* aplicáveis, *no âmbito das respectivas representações*, às relações individuais de trabalho. [...]

> sendo adequadamente resguardados. E a presença e a atuação dos sindicatos têm sido consideradas na história do Direito do Trabalho uma das mais significativas garantias alcançadas pelos trabalhadores em suas relações com o poder empresarial.[151]

Trata-se de regra geral, pois não se olvida que tanto a Constituição Federal (art. 11)[152] como a legislação infraconstitucional (art. 617, § 1º, da CLT)[153] resguardam a excepcionalidade da negociação direta com os empregados, mas isso apenas quando for comprovada a negativa injustificada de atuação dos diversos níveis das entidades representativa de sua categoria.

Especificamente sobre essa possibilidade, esclarece Maurício Godinho Delgado:

> [...] não obstante a presença na jurisprudência de significativo entendimento no sentido de restringir o princípio mencionado. Em situações excepcionais, em que o sindicato apresente *inconsistente* recusa a participar da negociação coletiva trabalhista, há decisões compreendendo aplicável a regra excetiva do art. 617, § 1º, da CLT. Em quadro de omissão ou recusa do sindicato no tocante à pactuação de certo Acordo Coletivo de Trabalho, seguido de idêntica conduta omissiva ou denegatória pela respectiva federação ou confederação, este preceito consolidado permite

---

151. DELGADO, Maurício Godinho. *Curso de direito do trabalho*. 17. ed. rev. atual. e ampl. São Paulo: LTr, 2018. p. 1555-1556.

152. Art. 11. Nas empresas de mais de duzentos (200) empregados, é assegurada a eleição de um representante destes com a finalidade exclusiva de promover-lhes o entendimento direto com os empregadores.

153. Art. 617. Os empregados de uma ou mais empresas que decidirem celebrar Acordo Coletivo de Trabalho com as respectivas empresas darão ciência de sua resolução, por escrito, ao Sindicato representativo da categoria profissional, que terá o prazo de 8 (oito) dias para assumir a direção dos entendimentos entre os interessados, devendo igual procedimento ser observado pelas empresas interessadas com relação ao Sindicato da respectiva categoria econômica. § 1º. Expirado o prazo de 8 (oito) dias sem que o Sindicato tenha se desincumbido do encargo recebido, poderão os interessados dar conhecimento do fato à Federarão a que estiver vinculado o Sindicato e, em falta dessa, à correspondente Confederação, para que, no mesmo prazo, assuma a direção dos entendimentos. *Esgotado esse prazo, poderão os interessados prosseguir diretamente na negociação coletiva até final*. [...]

> que os interessados prossigam "...diretamente na negociação coletiva, até final." (§ 1º do art. 617 da CLT).[154]

No mesmo limite, então, deve ser interpretada a recente alteração promovida no texto da CLT pela Reforma Trabalhista, acerca da institucionalização das comissões de representação dos empregados em empresas com mais de 200 empregados, sob pena de frontal desconformidade com o princípio, agora em exame. Nessa linha de pensamento, o posicionamento adotado pelo citado autor:

> Observe-se que a recente institucionalização das comissões de representação dos empregados em empresas com mais de 200 empregados, conforme exposto no Título IV-A da CLT (integrado pelos arts. 510-A (...) da Consolidação – segundo inserção feita pela Lei n. 13.467, vigorante desde 11.11.2017 (...), ***não pode significar, a nenhum título afronta ao princípio da interveniência sindical na normatização coletiva***. É o que se infere da norma constitucional destacada (art. 8º, III e IV, CF/88) [...].[155]

Pela diretriz que emana do princípio da interveniência sindical na normatização coletiva, portanto, enquanto de um lado estará o empregador, que por sua natureza já constitui ente coletivo, de outro, asseguram-se, em regra, a representação da coletividade de todos os trabalhadores de uma determinada categoria profissional, por meio da atuação do respectivo sindicato (ente coletivo obreiro), a fim de se conferir verdadeira equivalência de forças nas tratativas negociais e, por fim, assegurar legitimidade aos instrumentos coletivos daí resultantes.

1.5.3.2.2 Princípio da equivalência entre os contratantes coletivos

Pelo princípio da equivalência entre os contratantes coletivos, exige-se que as partes aptas a celebrar Convenções e

---

154. DELGADO, Maurício Godinho. *Curso de direito do trabalho*. 17. ed. rev. atual. e ampl. São Paulo: LTr, 2018. p. 1556.

155. Idem.

Acordos Coletivos de Trabalho se apresentem com idêntica natureza jurídica (seres coletivos) e que possuam instrumentos de pressão igualmente eficazes e equilibrados para a defesa de seus interesses antagônicos como resultado de legítima negociação.

Nas palavras de Maurício Godinho Delgado, tal equivalência resulta, portanto, da satisfação de "**dois aspectos** fundamentais: **a natureza** e **os processos** característicos aos seres coletivos trabalhistas".[156]

Em relação ao mencionado **primeiro aspecto**, explica o autor:

> [...] de fato, os sujeitos do Direito Coletivo do Trabalho têm a mesma natureza, são todos *seres coletivos*. Há, como visto, o empregador que, isoladamente, já é um ser coletivo, por sua própria natureza, independentemente de se agrupar em alguma associação sindical. É claro que pode também atuar através de sua entidade representativa; contudo, mesmo atuando de forma isolada, terá natureza e agirá como ser coletivo.
>
> No que tange aos trabalhadores, sua face coletiva institucionalizada surge mediante seus entes associativos; no caso brasileiro, os sindicatos.
>
> Evidentemente que essa natureza coletiva dos sindicatos deve ser real, ao invés de mera formalidade ilusória. Nessa medida, os sindicatos de trabalhadores têm de ostentar, solidez e consistência, com estrutura organizativa relevante, além de efetiva representatividade no que diz respeito à sua base profissional trabalhista. Afinal, sabe-se que a entidade sindical frágil e sem representatividade verdadeira consiste na antítese da ideia de sindicato e de ente integrante do sindicalismo, dificilmente sendo apta a realmente deter a natureza de ser coletivo obreiro.
>
> Nesse contexto, atendidas essas peculiaridades, considera-se que os seres coletivos obreiros e empresariais apresentam a mesma natureza.[157]

---

156. DELGADO, Maurício Godinho. *Curso de direito do trabalho*. 17. ed. rev. atual. e ampl. São Paulo: LTr, 2018. p. 1557.

157. Idem.

Acrescente-se que é justamente por ser o empregador, enquanto organização, ser coletivo por natureza, que, apesar de o inciso VI do art. 8° da Constituição Federal fazer alusão ao termo "sindicatos", no plural, firmou-se na doutrina e na jurisprudência o entendimento de que a participação obrigatória nas negociações se refere apenas ao sindicato profissional.

Torna-se, assim, dispensável a participação da entidade sindical patronal para o reconhecimento da validade do instrumento coletivo firmado, circunstância que, aliás, corrobora a sistemática dos acordos coletivos, que são celebrados pelo sindicato profissional diretamente com o empregador, com eficácia interpartes, cuja aplicabilidade também foi constitucionalmente garantida (art. 7º, XXVI, da CF).

No que tange ao **segundo aspecto**, que se refere aos instrumentos de pressão a cargo dos sujeitos coletivos, capazes de garantir equivalência na negociação de interesses antagônicos, salienta Maurício Godinho os seguintes argumentos:

> O segundo aspecto essencial a fundamentar o presente princípio é a circunstância de contarem os dois seres contrapostos (até mesmo o ser coletivo obreiro) com instrumentos eficazes de atuação e pressão (e, portanto, negociação).
>
> Os instrumentos colocados à disposição do sujeito coletivo dos trabalhadores (garantias de emprego, prerrogativas de atuação sindical, possibilidade de mobilização e pressão sobre a sociedade civil e Estado, greve, etc.) reduziriam, no plano *juscoletivo*, a disparidade lancinante que separa o trabalhador, como indivíduo, do empresário. Isso possibilitaria ao Direito Coletivo conferir tratamento jurídico mais equilibrado às partes nele envolvidas. Nessa linha, perderia sentido no Direito Coletivo do Trabalho a acentuada diretriz protecionista e intervencionista que tanto caracteriza o Direito Individual do Trabalho.[158]

Faz o autor, contudo, importante alerta quanto à situação real enfrentada pelos entes representativos da classe dos trabalhadores no Brasil, em contraposição a outros Países:

---

158. DELGADO, Maurício Godinho. *Curso de direito do trabalho*. 17. ed. rev. atual. e ampl. São Paulo: LTr, 2018. p. 1557-1558.

> À diferença de importantes países europeus (vide Alemanha, por exemplo) e, até mesmo, latino-americanos (Argentina, ilustrativamente), que se caracterizam pela presença de entidades sindicais extremamente fortes, o Brasil, mais de 25 anos depois do advento da Constituição, passou a apresentar uma miríade de sindicatos fracos, mitigados, pulverizados (acima de 10 mil entidades sindicais obreiras!) – embora, naturalmente, se trate, em geral, de sindicatos bastante específicos.
>
> Não há como se falar na efetividade do princípio da equivalência entre os contratantes coletivos se a realidade do sindicalismo no País é formada por entidades sindicais extremamente frágeis, pequenas, modestas. Ora, [...] entidade sindical frágil e sem representatividade consiste na antítese da ideia de sindicato e de ente integrante do sindicalismo, dificilmente sendo apta a realmente desfrutar da natureza de ser coletivo obreiro e de cumprir o princípio cardeal da equivalência entre os seres coletivos trabalhistas.[159]

Nesse particular, aponta pelo menos quatro circunstâncias que conspiram contra a efetividade do princípio da equivalência entre os contratantes coletivos no País:

> De um lado, o critério de reunião dos trabalhadores adotados pela jurisprudência do País (STF e TST) para definir e enquadrar, como mais legítima, a respectiva entidade sindical. Ao invés de se perfilar pelo *critério da agregação* na análise do conceito de categoria profissional e na busca do sindicato mais legítimo, em contexto de disputas intersindicais – critério que levaria, sem dúvida, à estruturação de sindicatos grandes, realmente fortes, consistentes e bastante representativos no País –, a jurisprudência do STF e do TST, desafortunadamente, pacificou-se em torno do *critério da especialidade* (que propõe que a entidade mais específica seja considerada como a mais representativa), decisão interpretativa que permitiu, senão impulsionou, a acentuada fragmentação do sindicalismo no Brasil.
>
> [...]
>
> Em segundo lugar, há que se perceber que a garantia de emprego relativa aos dirigentes sindicais, afirmada pela Constituição de 1988 (art. 8º, VIII), envolve um número exíguo de trabalhadores, se considerados os casos de sindicatos realmente grandes, abrangentes e com larga base obreira representada.

---

159. DELGADO, Maurício Godinho. *Curso de direito do trabalho*. 17. ed. rev. atual. e ampl. São Paulo: LTr, 2018. p. 1559.

> [...] a ausência de um parâmetro alternativo claro (que evite também, ao reverso, o abuso do direito pelos sindicalistas) tem inclinado os tribunais à acomodação com o velho texto da CLT[160] – o que frustra, obviamente, o princípio da efetiva equivalência entre os seres coletivos trabalhistas.
>
> [...]
>
> Em terceiro lugar, ainda não se criaram, no Direito Coletivo do Trabalho do País, fórmulas eficazes de representação sindical obreira nas empresas. E nem se estendeu, regra geral, a tais representantes ou delegados sindicais obreiros o manto protetor da *estabilidade provisória*. É bem verdade que a recente Lei da Reforma Trabalhista institucionalizou as comissões de representação de empregados no âmbito de empresas com mais de 200 empregados, dando um passo à frente no suprimento dessa lacuna normativa (Lei n. 13.467/2017 [...]. Porém, infelizmente, a nova legislação regulou tais comissões apenas em empresas relativamente grandes (mais de 200 empregados); a par disso, deixou dúvidas sobre a incorporação (ou não) dos trabalhadores terceirizados permanentes situados na mesma empresa; se não bastasse, deixou de prever a natural vinculação de tais comissões ao sindicato profissional concernente aos trabalhadores da referida empresa. [...].
>
> Em quarto lugar, há que se reconhecer a injustificável resistência da cultura jurídica do Brasil em conferir efetividade ao princípio da equivalência entre os contratantes coletivos, mediante a adoção do critério da *ultratividade* das cláusulas negociais coletivas[161] até que, pelo menos, sobrevenha nova convenção coletiva ou novo acordo coletivo de trabalho (ou sentença normativa específica) na realidade jurídica da categoria ou dos empregados da empresa empregadora. É que, sem essa ultratividade temporária (também chamada de ultratividade relativa), torna-se quimérico falar em equivalência entre os contratantes coletivos, uma vez que o advento da data fatal de vigência do ACT ou da CCT suprime automaticamente dezenas de direitos e garantias aos trabalhadores, colocando-os, e também seu

160. Refere-se à limitação de garantia de emprego a no máximo sete diretores e três conselheiros fiscais eleitos, e respectivos suplentes, na forma do art. 522 da CLT.

161. Refere-se à suspensão dos efeitos da Súmula nº 277 do TST por liminar conferida na ADPF nº 323-DF e à vedação expressa à adoção da ultratividade de CCTs e ACTs, consoante comando do artigo 614, § 3, da CLT, com redação atribuída pela Lei nº 13.467/2017 (Reforma Trabalhista).

> sindicato, em posição de grave desvantagem de poder em face de seu empregador."[162]

Nesse contexto, conclui o autor que, por "Todas essas (e outras) situações de lacunas, imprecisões, contradições normativas e/ou incompreensões no universo da ordem jurídica no País comprometem a real observância do princípio da equivalência entre os contratantes coletivos trabalhistas na vida social, econômica e jurídica brasileira."[163]

1.5.3.2.3 Princípio da lealdade e transparência na negociação coletiva

O princípio da lealdade e transparência na negociação coletiva, também denominado de princípio da lealdade e boa-fé na negociação coletiva, objetiva conferir real efetividade à negociação entre os sujeitos coletivos como resultado de legítima transação de direitos, caracterizada por concessões mútuas (ou duplo ganho), e não mera renúncia por parte dos trabalhadores.

A respeito do tema, Alice Monteiro de Barros,[164] citando Hugo Gueiros Bernardes, registra que, decorre do respeito ao princípio da boa-fé e da lealdade, que devem prevalecer nas negociações coletivas, o "*dever formal de negociar, consubstanciado na obrigatoriedade do exame de propostas recíprocas e na formulação de contrapropostas*".

Com efeito, pela premissa da lealdade, busca-se garantir a lisura da conduta negocial de ambos os sujeitos coletivos, que, em condições de equivalência, possuem igualdade de condições na negociação efetivada.

162. DELGADO, Maurício Godinho. *Curso de direito do trabalho*. 17. ed. rev. atual. e ampl. São Paulo: LTr, 2018. p. 1558-1561.

163. Idem, p. 1561.

164. BARROS, Alice Monteiro de. *Curso de direito do trabalho*. 9. ed. São Paulo: LTr, 2013. p. 1204.

Por esse motivo, aliás, ressalta Maurício Godinho Delgado que não se admite, "[...] regra geral, invocar o princípio tutelar (próprio ao Direito Individual) para negar validade a certo dispositivo ou diploma anteriormente celebrado na negociação coletiva – as partes são teoricamente equivalentes (ao contrário do que ocorre no ramo justrabalhista individual)."[165] Acerca dessa temática, prossegue o autor:

> [...] não seria válida a greve em período de vigência de diploma coletivo negociado, em vista da pacificação traduzida por esse próprio diploma. É claro que uma mudança substantiva nas condições fáticas vivenciadas pela categoria poderia trazer a seu alcance a exceção da cláusula *rebus sic stantibus*. Acresça-se que o descumprimento reiterado ou, ainda que tópico mais relevante, dos dispositivos convencionais pelo empregador reabre aos trabalhadores a prerrogativa da greve. Fundamenta isto a lógica próprio do Direito ("exceção do contrato não cumprido") [...].[166]

Quanto à noção de transparência, registra ainda:

> É evidente que a responsabilidade social de se produzirem normas (e não meras cláusulas) conduz à **necessidade de clareza quanto às condições subjetivas e objetivas envolvidas na negociação**. Não se trata aqui de singela pactuação de negócio jurídico entre indivíduos, onde a privacidade prepondera; trata-se de negócio jurídico coletivo, no exercício da chamada autonomia privada coletiva, dirigida a produzir universos normativos regentes de importantes comunidades humanas. A transparência aqui exigida é, sem dúvida, maior do que a que cerca negócios jurídicos estritamente individuais. Por isso é mais largo o acesso a informações adequadas à formulação de normas compatíveis ao segmento social envolvido.[167]

Por essas considerações, conclui-se ser indispensável à efetividade das cláusulas normativas pactuadas a demonstração de lealdade de ambos os sujeitos coletivos na transação de interesses antagônicos, a caracterizar duplo ganho, como resultado

---

165. DELGADO, Maurício Godinho. *Curso de direito do trabalho*. 17. ed. rev. atual. e ampl. São Paulo: LTr, 2018. p. 1562.

166. Idem.

167. Ibidem.

de eficaz negociação coletiva, cuja avaliação depende da indispensável transparência a ser conferida ao procedimento, com vistas a oferecer segurança à coletividade de trabalhadores.

1.5.3.3 Princípios regentes das relações entre normas coletivas negociadas e normas estatais

Compõem o terceiro grupo de Princípios Especiais do Direito Coletivo, segundo classificação de Maurício Godinho Delgado, as premissas destinadas a reger os efeitos da negociação coletiva.

Constituem-se, assim, nos princípios que orientam o conteúdo a ser fixado pela norma autônoma, ou seja, "os resultados normativos do processo negocial coletivo, fixando diretrizes quanto à sua validade e extensão", como também a relação desses instrumentos com "as normas heterônomas tradicionais do próprio Direito Individual do Trabalho."[168]

Nesse agrupamento estão o princípio da criatividade jurídica da negociação coletiva e o princípio da adequação setorial negociada.

1.5.3.3.1 Princípio da criatividade jurídica da negociação coletiva

O princípio da criatividade jurídica da negociação coletiva trata da aptidão natural dos sujeitos coletivos em criar direito, ou seja, instituir Normas Jurídicas, por meio dos instrumentos resultantes dos seus atos negociais (Convenção e Acordo Coletivo de Trabalho), capazes de coexistir harmonicamente com o sistema da normatividade heterônoma estatal.

---

168. DELGADO, Maurício Godinho. *Curso de direito do trabalho*. 17. ed. rev. atual. e ampl. São Paulo: LTr, 2018. p. 1563.

A esse respeito, registra Maurício Godinho Delgado:

> Tal princípio, na verdade, consubstancia a própria justificativa da existência do Direito Coletivo do Trabalho. A criação de normas jurídicas pelos atores coletivos componentes de uma dada comunidade econômico-profissional realiza o princípio democrático de descentralização política e de avanço da autogestão social pelas comunidades localizadas. A antítese ao Direito Coletivo é a inibição absoluta ao processo negocial coletivo e à autonormatização social, conforme foi tão característico ao modelo de normatização subordinada estatal que prevaleceu nas experiências corporativistas e fascistas europeias da primeira metade do século XX. No Brasil, a tradição justrabalhista sempre tendeu a mitigar o papel do Direito Coletivo do Trabalho, denegando, inclusive, as prerrogativas mínimas de liberdade associativa e sindical e de autonomia sindical aos trabalhadores e suas organizações. Com a Constituição de 1988 é que esse processo começou a se inverter, conforme se observem de distintos dispositivos da Constituição (ilustrativamente, art. 7º, VI e XIII; art. 8º, I, III, VI; art. 9º).
>
> [...]
>
> Em decorrência desse princípio, a regra coletiva negociada que instituir vantagem trabalhista efetivamente nova, não tipificada ou regulada por regra heterônoma estatal, pode moldar e reger a estrutura e os efeitos jurídicos da parcela instituída, ainda que restringindo suas potenciais repercussões nos contratos de trabalho. É o que classicamente vem sendo reconhecido pela jurisprudência trabalhista (por exemplo, OJ n. 123, SDI-I/TST: validade de ajuda alimentação de caráter indenizatório da categoria bancária, criada por negociação coletiva: OJ n. 346, SDI-I/TST: validade de abono estipulado em parcela única, com natureza indenizatória e extensão restrita aos empregados em atividade). Se tais verbas fossem instituídas pela só vontade do empregador, inapelavelmente teriam natureza salarial, conforme se sabe, pois a vontade estritamente particular não tem o poder de determinar a natureza jurídica de parcela trabalhista.[169]

Pertinente, aliás, a ressalva feita em relação a direitos já incorporados ao patrimônio jurídico do trabalhador, que ficam imunes a eventual ajuste coletivo, consoante os apontamentos do mesmo autor:

---

169. DELGADO, Maurício Godinho. *Curso de direito do trabalho*. 17. ed. rev. atual. e ampl. São Paulo: LTr, 2018. p. 1563-1565.

> Evidente que, em se tratando de parcela antiga ou de verba ou parâmetro criado por lei, os poderes da negociação coletiva atenuam-se ou se recolhem, em face da imperatividade superior que é própria à normatividade estatal. Também é o que vem reconhecendo com absoluta clareza e objetividade a jurisprudência trabalhista (ilustrativamente, OJ 413, SDI-I/TST: invalidade de alteração jurídica salarial de auxílio-alimentação antes concedido pela empresa, em moldes salariais – nos contornos da Súmula 241 do TST -, em face de subsequente CCT ou ACT voltada a eliminar o caráter salarial da parcela: OJ 372, SDI-I/TST: invalidade de regra coletiva negociada que busca elastecer os cinco minutos residuais antecedentes e sucessivos à jornada de trabalho, para fins de apuração de horas extras, em desrespeito aos limites impostos pelo art. 58, § 1º, da CLT; Súmula 437, II/TST e antiga OJ 342, I, da SDI-I/TST: invalidade de regra coletiva negociada que suprima ou reduza intervalo intrajornada fixado por lei).[170]

No exercício da criatividade, com vistas à autocomposição de interesses antagônicos, possuem os sujeitos coletivos, assim, autonomia e liberdade para a transação de direitos trabalhistas, desde que respeitados aqueles já integrantes do patrimônio jurídico do trabalhador, em sua esfera individual, e o patamar mínimo civilizatório, estabelecido em lei, especialmente no que tange às regras de saúde e segurança do trabalhador.

1.5.3.3.2 Princípio da adequação setorial negociada

O princípio da adequação setorial negociada cuida dos limites e dos parâmetros a serem observados na autocomposição de interesses antagônicos pelos sujeitos coletivos.

Constitui, então, restrição à autonomia e à liberdade no exercício da ampla criatividade conferida aos sujeitos coletivos na elaboração dos instrumentos negociais (Convenções e Acordos Coletivos de Trabalho) em face na necessária interação com os direitos dos trabalhadores, em sua esfera individual.

Isso se deve em razão do indispensável respeito aos direitos já incorporados ao patrimônio jurídico do trabalhador,

---

170. DELGADO, Maurício Godinho. *Curso de direito do trabalho*. 17. ed. rev. atual. e ampl. São Paulo: LTr, 2018. p. 1565.

assegurados pela normatividade heterônoma do Direito do Trabalho e seus princípios especiais, do segmento individual, frente à criatividade dos instrumentos negociais.

Maurício Godinho Delgado, ao abordar essa problemática, justifica a observância cuidadosa dos limites impostos pelo princípio da adequação setorial negociada, nos seguintes termos:

> Este princípio trata das possibilidades e limites jurídicos da negociação coletiva. Ou seja, os critérios de harmonização entre as normas jurídicas oriundas da negociação coletiva (mediante a consumação do princípio de sua criatividade jurídica) e as normas jurídicas provenientes da legislação heterônoma estatal.
>
> É princípio novo na história justrabalhista do País exatamente porque apenas nos últimos anos (a contar da Constituição de 1988) é que surgiu a possibilidade de ocorrência dos problemas por ele enfrentados. Embora ainda não universalizado na doutrina, deriva ele do critério geral interpretativo que se tem percebido na prática dos tribunais, quando enfrentando o dilema das relações entre normas trabalhistas negociadas e a normatividade heterônoma do Estado.
>
> De fato, um dos pontos centrais de inter-relação entre o Direito Coletivo e o Direito Individual do Trabalho reside na fórmula de penetração e harmonização das normas juscoletivas negociadas perante o estuário normativo heterônomo clássico ao Direito Individual do Trabalho. Reside, em síntese, na pesquisa e aferição sobre os critérios de validade jurídica e extensão de eficácia das normas oriundas de convenção, acordo ou contrato coletivo do trabalho em face da legislação estatal imperativa, que tanto demarca o ramo justrabalhista individual especializado.[171]

Pelas premissas apresentadas, o autor resume a definição do princípio e sua aplicabilidade, nos seguintes termos:

> Pelo *princípio da adequação setorial negociada* as normas autônomas juscoletivas construídas para incidirem sobre certa comunidade econômico-profissional podem prevalecer sobre o padrão geral heterônomo justrabalhista desde que respeitados certos critérios objetivamente fixados. São dois esses critérios

---

171. DELGADO, Maurício Godinho. *Curso de direito do trabalho*. 17. ed. rev. atual. e ampl. São Paulo: LTr, 2018. p. 1565-1566.

> autorizativos: a) quando as normas autônomas juscoletivas implementam um padrão setorial de direitos superior ao padrão geral oriundo da legislação heterônoma aplicável; b) quando as normas autônomas juscoletivas transacionam setorialmente parcelas justrabalhistas de indisponibilidade apenas relativa (e não de indisponibilidade absoluta).[172]

Note-se que, quando os sujeitos coletivos criam, por norma jurídica autônoma (Convenção ou Acordo Coletivo de Trabalho), direito trabalhista em patamar superior ao já existente no mundo jurídico, nada há que se preocupar quanto aos limites dos seus efeitos, uma vez que não haverá incongruência na aplicabilidade no instrumento negocial frente à norma heterônoma ou aos princípios especiais do Direito Individual do Trabalho, os quais são destinados a resguardar o patrimônio jurídico mínimo do trabalhador, em sua esfera individual.

A esse respeito, ressalta Maurício Godinho Delgado:

> [...] (quando as normas autônomas juscoletivas implementam um padrão setorial de direito superior ao padrão geral oriundo da legislação heterônoma aplicável), as normas autônomas elevam o patamar setorial de direitos trabalhistas, em comparação com o padrão geral imperativo existente. Assim o fazendo, não afrontam sequer o princípio da indisponibilidade de direitos que é inerente ao Direito Individual do Trabalho.[173]

Todavia, caso a norma autônoma resultante da negociação coletiva promova transação de direitos trabalhistas, fica a eficácia desse instrumento negocial, na opinião de Maurício Godinho Delgado, obrigatoriamente restrita às parcelas de indisponibilidade relativa, sob pena de caracterizar verdadeira renúncia do trabalhador, inadmissível no campo do Direito do Trabalho:

> [...] no segundo caso (quando as normas autônomas juscoletivas transacionam setorialmente parcelas justrabalhistas de indisponibilidade apenas relativa – e não de indisponibilidade absoluta),

---

172. DELGADO, Maurício Godinho. *Curso de direito do trabalho*. 17. ed. rev. atual. e ampl. São Paulo: LTr, 2018. p. 1566.

173. Idem.

o princípio da indisponibilidade de direitos é realmente afrontado, mas de modo a atingir somente parcelas de indisponibilidade relativa. Estas, assim, se qualificam quer pela natureza própria à parcela mesma (ilustrativamente, modalidade de pagamento salarial, tipo de jornada pactuada, fornecimento ou não de utilidade e suas repercussões no contrato, etc.), quer pela existência de expresso permissivo jurídico, heterônomo a seu respeito (por exemplo, montante salarial: art. 7º, VI, CF/88; ou montante de jornada: art. 7º, XIII e XIV, CF/88).

São amplas, portanto, as possibilidades de validade e eficácia jurídicas das normas autônomas coletivas em face das normas heterônomas imperativas, à luz do princípio da adequação setorial negociada. Entretanto, está também claro que essas possibilidades não são plenas e irrefreáveis. Há limites objetivos à adequação setorial negociada; limites jurídicos objetivos à criatividade jurídica da negociação coletiva trabalhista.

Desse modo, ela não prevalece se concretizada mediante ato estrito de renúncia (e não transação). É que ao processo negocial coletivo falecem poderes de renúncia sobre direitos de terceiros (isto é, despojamento unilateral sem contrapartida do agente adverso). Cabe-lhe, essencialmente, promover transação (ou seja, despojamento bilateral ou multilateral, com reciprocidade entre os agentes envolvidos), hábil a gerar normas jurídicas.[174]

Especificamente no que tange à inviabilidade de transação de direitos de indisponibilidade absoluta, salienta o autor:

[...] não prevalece a adequação setorial negociada se concernente a direitos revestidos de indisponibilidade absoluta (e não indisponibilidade relativa), os quais não podem ser transacionados nem mesmo por negociação sindical coletiva. Tais parcelas são aquelas imantadas por uma tutela de interesse público, por constituírem um patamar civilizatório mínimo que a sociedade democrática não concebe ver reduzido em qualquer segmento econômico-profissional, sob pena de se afrontarem a própria dignidade da pessoa humana e a valorização adequada deferível ao trabalho (arts. 1º, III, e 170, *caput*, CF/88). Expressam, ilustrativamente, essas parcelas de indisponibilidade absoluta a

---

174. DELGADO, Maurício Godinho. *Curso de direito do trabalho*. 17. ed. rev. atual. e ampl. São Paulo: LTr, 2018. p. 1566-1567.

anotação de CTPS, o pagamento do salário mínimo, as normas de saúde e segurança no ambiente do trabalho.[175]

Acerca da indispensável preservação do núcleo essencial de direitos trabalhistas, a que chama de patamar civilizatório mínimo, destaca:

> No caso brasileiro, esse patamar civilizatório mínimo está dado, essencialmente, por três grupos convergentes de normas trabalhistas heterônomas; as normas constitucionais em geral (respeitadas, é claro, as ressalvas parciais expressamente feitas pela própria Constituição: art. 7º, VI, XIII e XIV, por exemplo); as normas de tratados e convenções internacionais vigorantes no plano interno brasileiro (referidas pelo art. 5º, § 2º, CF/88, já expressando um patamar civilizatório no próprio mundo ocidental em que se integra o Brasil); as normas legais infraconstitucionais que asseguram patamares de cidadania ao indivíduo que labora (preceitos relativos à saúde e segurança no trabalho, normas concernentes a bases salariais mínimas, normas de identificação profissional, dispositivos antidiscriminatórios, etc.)
>
> Observe-se, nesse aspecto, que a jurisprudência trabalhista, passadas duas décadas de eficácia da Constituição, tem buscado aferir a adequação setorial negociada de modo bastante objetivo e transparente. Nessa linha, de maneira geral, tem considerado que, estando a parcela assegurada por norma imperativa estatal (Constituição, Leis Federais, Tratados e Convenções Internacionais ratificados), ela prevalece soberanamente, sem possibilidade jurídica de supressão ou restrição pela negociação coletiva trabalhista – salvo se a própria regra heterônoma estatal abrir espaço à interveniência da norma coletiva negociada.
>
> Em conclusão, a negociação coletiva trabalhista concerne a poder inerente à sociedade civil e que é amplamente reconhecido e respeitado pela ordem jurídica do País, inclusive a constitucional. Porém não se trata de poder absoluto, incontrolável e avassalador, ou seja, um inusitado tipo de superpoder que ostente a prerrogativa de atuar no sentido antitético às próprias conquistas firmadas pela Constituição da República, pelas Convenções Internacionais da OIT ratificadas pelo Estado Brasileiro e pela legislação heterônoma estatal da República Federativa do Brasil.[176]

---

175. DELGADO, Maurício Godinho. *Curso de direito do trabalho*. 17. ed. rev. atual. e ampl. São Paulo: LTr, 2018. p. 1567.

176. Idem, p. 1567-1568.

De fato, torna-se necessário o sopesamento de valores na avaliação das cláusulas negociadas, a fim de se conferir legitimidade ao convencionado, o que, aliás, justifica a atuação do Judiciário Trabalhista no campo do Direito Coletivo do Trabalho. Quanto a esse aspecto, mostram-se relevantes os comentários de Emmanoel Pereira:

> É o controle judicial das cláusulas constantes das negociações coletivas que poderá colmatar e dar a exata dimensão e a nota de legitimidade dos variados interesses envolvidos na relação negocial coletiva entre sindicatos obreiro e patronal, tudo regido pela noção argumentativa dos princípios constantes da comunidade jurídica de determinado tempo, com vistas a harmonizar a relação entre o campo de abrangência das concessões mútuas feitas pelas partes na negociação coletiva e o campo de abrangência dos direitos sociais mínimos, intangíveis por natureza.[177]

Aliás, em análise ainda mais pontual sobre o tema, considerando o comando do art. 611-A, §1º, da CLT, inserido pela Lei da Reforma Trabalhista, registra o autor:

> [...] a inclusão do art. 611-A, notadamente do § 1º, à CLT, limita o papel do Poder Judiciário em matéria de negociação coletiva precipuamente a aspectos formais do negócio jurídico, inserindo na lei um conceito abstrato de "princípio da intervenção mínima na autonomia da vontade coletiva".
>
> Tratando-se a função de sindicabilidade dos direitos sociais de uma missão constitucional inalienável dos órgãos da Justiça Trabalhista, a nova legislação parece avançar de modo perigoso e ilegítimo sobre essa garantia constitucional.
>
> Essa limitação só poderia ter alguma aceitabilidade no cenário jurídico nacional se fossem observados concreta e estritamente os critérios de flexibilização e de sindicabilidade recomendados [...]
>
> Ou seja, em face de uma flexibilização que se paute na visão etiológica do duplo ganho proporcional estaria vedado o contingenciamento da norma negociada por critérios de jurisdição alheios ao exame de sindicabilidade de direitos sociais mínimos.[178]

---

177. PEREIRA, Emmanoel. *Direitos sociais trabalhistas:* responsabilidade, flexibilização, sindicabilidade judicial e as relações negociadas. São Paulo: Saraiva Educação, 2018. p. 88.

178. Idem.

Nesse panorama, emerge para o Judiciário Trabalhista importante desafio na defesa de suas atribuições institucionais e constitucionais, haja vista a indispensável atuação na ponderação de valores e direitos a serem passíveis de transação na esfera coletiva do Trabalho.

Em relação aos impactos da Reforma Trabalhista, na esfera do direito negocial trabalhista, também se manifesta Maurício Godinho Delgado:

> A recente alteração da legislação trabalhista, por meio da Lei n. 13.467, vigorante desde 11.11.2017 [...], buscou reduzir a extensão da imperatividade de distintas regras justrabalhistas, de maneira a permitir à negociação coletiva trabalhista (e, lamentavelmente, às vezes, até mesmo ao poder empregatício no interior do contrato de adesão laborativo) flexibilizar e restringir direitos e garantias individuais e sociais asseguradas aos trabalhadores no universo das relações empregatícias.
>
> Tais alterações, embora se façam presentes em vários títulos da CLT, concentram-se especialmente no Título VI, que trata diretamente da negociação coletiva e dos acordos coletivos e convenções coletivas de trabalho (arts. 611 até 625 da Consolidação). Nos novos art. 611-A, *caput*, incisos I a XV, além de §§ 1º a 5º, alinham-se os assuntos a respeito dos quais a negociação coletiva (CCT e ACT) 'têm prevalência sobre a lei'; acresça-se a isso a ressalva mencionada pelo parágrafo único do art. 611-B, ao enunciar que regras 'sobre duração do trabalho e intervalos não são consideradas como normas de saúde, higiene e segurança do trabalho para os fins do disposto neste artigo' (artigo que elenca as vedações à supressão ou à redução de direitos).
>
> Mesmo diante das vedações elencadas no art. 611-B, caput e inciso I a XXX, da CLT, fica clara a ampliação das margens da negociação coletiva trabalhista – se prevalecer a interpretação literal do novo texto da lei.
>
> Naturalmente que a ordem jurídica consiste em um conjunto lógico e sistemático de princípios e regras de Direito, inclusive de Direito Constitucional e de Direito Internacional do Trabalho, circunstâncias que deverão, em modo e ritmo adequados, civilizar o extremismo da Lei da Reforma Trabalhista, ajustando-a ao padrão humanístico e social que corresponde à Constituição da República, aos Tratados e Convenções Internacionais sobre

> Direitos Humanos Econômicos, Sociais e Culturais, inclusive trabalhistas, e ao próprio Direito do Trabalho.[179]

Há de se concluir que, não obstante o teor das recentes alterações promovidas no texto da CLT, persiste para o operador do Direito do Trabalho, a ideia de que ainda é indispensável a observância das regras de saúde e segurança, infensa à negociação coletiva, assim como a garantia do patamar mínimo civilizatório previsto em lei, a se garantir pela atuação negocial dos sujeitos coletivos, verdadeira transação de direitos, a caracterizar concessões mútuas, ou o chamado duplo ganho, sob pena de constituir o instrumento coletivo, daqui para frente, mera forma de legitimar a opressão econômica, na imposição de renúncia de direitos pelo trabalhador.

---

179. DELGADO, Maurício Godinho. *Curso de direito do trabalho*. 17. ed. rev. atual. e ampl. São Paulo: LTr, 2018. p. 1568-1569.

2

A MEDIAÇÃO E OS PRINCÍPIOS DA MEDIAÇÃO OU PRINCÍPIOS NORTEADORES DA CONDUTA DO MEDIADOR

2.1 O CONCEITO DE MEDIAÇÃO

Segundo o doutrinador americano David A. Hoffman a palavra "mediação" tem sua origem na palavra latina "medius", que significa meio. Na mediação, uma terceira parte pode influenciar o curso da negociação, mas o poder de decidir o resultado cabe inteiramente às partes, não ao mediador. A mediação é talvez a forma mais utilizada de RAD (Resolução Alternativa de Disputa) e é usada para resolver todo tipo de desavença, incluindo conflitos que ainda não resultaram em litígios.[180]

A mediação pode ser conceituada como um procedimento em que as partes voluntariamente negociam a solução de

---

180. HOFFMAN, David A. *Mediation*: A Practice Guide for Mediators, Lawyers, and Other Professionals. Massachusetts: Massachusetts Continuing Legal Education, 2013. p. 1-4. Do original: *"The word "mediation" has its origins in the Latin word "medius," meaning middle. In mediation, a third party can influence the course of negotiation, but the power to decide the outcome lies entirely with the parties, not the mediator. Mediation is perhaps the most widely used form of ADR, and as discussed in this book, is used to resolve every type of dispute, including conflicts that have not yet resulted in litigation.".*

um conflito entre elas, com o auxílio de um terceiro imparcial, chamado de mediador. Essa definição, mais simples e direta, tem ganhado força na doutrina por se mostrar mais prática e objetiva.

Segundo Jennifer E. Beer e Caroline C. Packard, a mediação é um processo para resolver disputas em que um intermediário ajuda as partes conflitantes a terem uma conversa para que resolvam conjuntamente suas preocupações.[181] As autoras, apesar da aparente simplicidade com que conceituam o instituto, trazem o detalhamento de cada elemento que integra esse conceito da seguinte maneira:

a) Processo: A mediação segue uma sequência orgânica que se desdobra de maneira diferente em cada situação, mas ainda possui fases reconhecíveis;

b) Disputas: Normalmente, as partes têm incidentes, desacordos e preocupações específicas que os levaram à mediação, coisas que eles querem mudar. A mediação também pode abordar conflitos subjacentes e causas sistêmicas, se as partes desejarem assumir esse projeto maior.

c) Intermediário: Literalmente, "aquele que fica entre as partes", por definição, o mediador tem algum grau de imparcialidade e distanciamento do resultado. Mediadores guiam o processo, no entanto, as partes fazem o trabalho de apresentar as soluções e tomar as decisões.

d) Partes: pode ser uma pessoa, um grupo ou uma nação inteira — que vem como uma unidade para a mediação, ou estão representados lá, e que compartilham uma identidade ou interesses.

---

181. BEER, Jennifer E.; PACKARD, Caroline C. *The Mediator's Handbook:* Revised & Expanded fourth edition. Philadelphia: New Society Publishers, 2012. p. 3. Do original: *"Mediation is a process for resolving disputes where an intermediary helps conflicting parties have a conversation to jointly resolve their concerns."*.

e) Conversa: A saída do conflito é por meio do diálogo, o que significa falar e ouvir diretamente um ao outro. O diálogo amplia o entendimento das partes de sua situação, um do outro e do futuro desejado. Raramente é um processo direto ou racional.

f) Resolvam conjuntamente as preocupações: O objetivo é construir soluções viáveis e duráveis que atendam às preocupações práticas, emocionais e sociais dos participantes da maneira mais completa possível. Os mediadores trabalham para criar uma atmosfera cooperativa para a solução de problemas em que as próprias partes planejam como desejam proceder, individual e coletivamente.[182]

André Gomma de Azevedo também segue essa linha de maior simplicidade, entendendo que "A mediação pode ser definida como uma negociação facilitada ou catalisada por um terceiro [...]."[183]

---

182. BEER, Jennifer E., PACKARD, Caroline C. *The Mediator's Handbook: Revised & Expanded fourth edition*. Philadelphia: New Society Publishers, 2012. p. 3.
Do original: "***Process:*** *Mediation follows an organic sequence that unfolds differently in each situation, but still has recognizable phases.*
Disputes: *Usually parties have specific incidents, disagreements, and concerns that have brought them to mediation, things they want changed. The mediation may also address underlying conflicts and systemic causes, if the parties want to take on that larger project.*
Intermediary: *Literally, 'one who goes between', by definition a mediator has some degree of impartiality and detachment from the outcome. Mediators guide the process; however, the parties do the work of coming up with the solutions and making the decisions.*
Parties: *These may be a person, a group, or a whole nation -who come as a unit to the mediation, or are represented there, and who share a common identity or interests.*
Conversation: *The way out of conflict is through dialogue, which means talking and listening directly to each other. Dialogue broadens the parties' understanding of their situation, of each other, and of their desired future. This is rarely a neat or rational process!*
Jointly resolve concerns: *The goal is workable, durable solutions that meet the participants' practical, emotional, and social concerns as fully as possible. Mediators work to create a cooperative atmosphere for problem-solving where the parties themselves plan how they wish to proceed, individually and collectively.*"

183. AZEVEDO, André Gomma de. *Manual de Mediação Judicial*. 6. ed. Brasília: Conselho Nacional de Justiça, 2016, p. 20. Disponível em: https://bit.ly/3zcKvgn Acesso em: 31 maio 2022.

A Lei 13.140, de 26 de junho de 2015, chamada de Lei da Mediação, no seu art. 1º, parágrafo único, por sua vez, traz uma definição que, apesar de incorporar outros elementos, também segue uma linha de simplicidade conceitual, buscando deixar claro o que seria essencial à mediação, ao estabelecer que "Considera-se mediação a atividade técnica exercida por terceiro imparcial sem poder decisório, que, escolhido ou aceito pelas partes, as auxilia e estimula a identificar ou desenvolver soluções consensuais para a controvérsia."[184]

Observando os elementos trazidos na definição legal, podemos identificar: a) atividade técnica; b) exercida por terceiro imparcial; c) ausência de poder decisório; d) escolha ou aceitação pelas partes; e) auxílio ou estímulo na identificação ou desenvolvimento de soluções consensuais para a controvérsia.

Por outro lado, podemos dizer que, pelo conceito legal, será considerado mediador aquele que possui capacitação técnica para atuar como um, é imparcial (não possui interesse direto ou indireto na solução acordada pelas partes), não possui poder de decidir o conflito, pode ser escolhido ou aceito pelas partes e deve auxiliar e estimular a identificar ou desenvolver soluções consensuais para a controvérsia.

Entendemos que a definição trazida na lei representa um avanço, já que vem num momento em que o instituto da mediação vem ganhando força e é importante que a sociedade, bem como todos os envolvidos num procedimento de mediação, compreenda minimamente o que ele significa.

Rubens Decoussau Tilkian, apesar de reconhecer a importância do conceito legal, opta por um mais tradicional e

---

184. BRASIL. *Lei 13.140, de 26 de junho de 2015*. Dispõe sobre a mediação entre particulares como meio de solução de controvérsias e sobre a autocomposição de conflitos no âmbito da administração pública; altera a Lei nº 9.469, de 10 de julho de 1997, e o Decreto nº 70.235, de 6 de março de 1972; e revoga o § 2º do art. 6º da Lei nº 9.469, de 10 de julho de 1997. Disponível em: https://bit.ly/3PS0syr. Acesso em: 31 maio 2022.

mais simples, já consagrado na doutrina e que conta com a maioria dos elementos trazidos na lei, acrescentando outros:

> Sem prejuízo da correta definição de mediação trazida pela lei, cumpre registrar o conceito que muito já vinha se utilizando, antes mesmo da entrada em vigor da lei: *é o método pelo qual quaisquer partes em conflito, judicializado ou não, buscam, de forma voluntária e confidencial, a intermediação e orientação de seus conflitos, valendo-se de um profissional habilitado (o Mediador).*[185]

André Gomma de Azevedo esclarece que outra parte da doutrina prefere definir a mediação de forma mais complexa e detalhada, inserindo outros elementos. Desse modo, conceitua o instituto como

> [...] um processo autocompositivo segundo o qual as partes em disputa são auxiliadas por uma terceira parte neutra ao conflito ou por um painel de pessoas sem interesse na causa, para se chegar a uma composição. Trata-se de um método de resolução de disputas no qual se desenvolve um processo composto por vários atos procedimentais pelos quais o(s) terceiro(s) imparcial(is) facilita(m) a negociação entre as pessoas em conflito, habilitando-as a melhor compreender suas posições e a encontrar soluções que se compatibilizam aos seus interesses e necessidades.[186]

A mediação, enquanto processo autocompositivo, conta com a presença de um terceiro imparcial, e a presença dele – mediador – significa que as partes de alguma forma renunciaram, em alguma medida, ao controle da condução da resolução do conflito.

As partes podem encerrar a mediação a qualquer momento, sem que arquem com qualquer prejuízo, pois esse é um método não vinculante. Por outro lado, um processo é considerado vinculante quando as partes possuem o ônus, a obrigação de participar dos atos procedimentais. Caso uma

185. TILKIAN, Rubens Decoussau. *Comentários à lei de mediação.* São Paulo: Migalhas, 2016. p. 24.

186. AZEVEDO, André Gomma de. *Manual de Mediação Judicial.* 6. ed. Brasília: Conselho Nacional de Justiça, 2016, p. 20. Disponível em: https://bit.ly/3zcKvgn Acesso em: 31 maio 2022.

das partes opte por não participar, é gerado um gravame processual e um potencial prejuízo material. É o que ocorre no processo judicial e na arbitragem, por exemplo.

A mediação, enquanto método não vinculante, caracteriza-se também pela redução ou delegação da condução e do controle do procedimento a um terceiro, o mediador. Todavia, é mantido pelas o controle com relação ao resultado, ou seja, as partes são responsáveis por aquilo que for decidido, ou melhor, acordado entre elas.

David A. Hoffman considera essa uma das características principais da mediação. Segundo o doutrinador americano, a mediação deve respeitar a autodeterminação, pois as partes, não o mediador, decidem se devem entrar em acordo, e em caso afirmativo, em que termos.[187]

Na mesma linha, Jennifer E. Beer e Caroline C. Packard afirmam que as partes são as "especialistas" sobre sua situação. Na mediação, elas falam por si mesmas, pensam por si mesmas e decidem por si mesmas. O mediador apoia as pessoas a fazer isso com maior clareza e consideração, mas são os participantes que trabalham duro para descobrir como resolver suas preocupações.[188]

2.1.1 A diferença entre medição e conciliação

Ainda que esteja claro o conceito de mediação, até mesmo pela sua simplicidade, resta diferenciá-lo de outro instituto mais presente e arraigado na cultura judicial brasileira: a conciliação.

---

187. HOFFMAN, David A. *Mediation:* A Practice Guide for Mediators, Lawyers, and Other Professionals. Massachusetts: Massachusetts Continuing Legal Education, 2013. p. 1-8.
Do original: "Self-determination—the parties, not the mediator, decide whether to settle and, if so, on what terms".

188. BEER, Jennifer E., PACKARD, Caroline C. *The Mediator's Handbook: Revised & Expanded fourth edition*. Philadelphia: New Society Publishers, 2012. p. 10.
Do original: *"The parties are the "experts" about their situation. In mediation, they speak for themselves, think for themselves, and decide for themselves. The mediator supports people .in doing this with greater clarity and thoughtfulness, but it is the participants who do the hard work of figuring out how to resolve their concerns."*.

Ambos são formas de autocomposição, ou seja, em ambos a solução para o conflito é proporcionada pelas partes, mediante acordo. Ao contrário, na heterocomposição, temos a solução do conflito sendo decidida por um terceiro, que pode ser, por exemplo, um árbitro (arbitragem) ou um juiz (jurisdição).

A conciliação sempre esteve presente na cultura judicial, especialmente na Justiça do Trabalho, que desde a redação original da CLT, em seu art. 764, previa não só a solução do conflito mediante conciliação, mas incentivava que as tentativas de solução pacífica da controvérsia continuassem, mesmo depois de encerrada a fase ou etapa conciliatória:

> Art. 764. Os dissídios individuais ou coletivos submetidos à apreciação da Justiça do Trabalho serão sempre sujeitos à conciliação.
>
> § 1º. Para os efeitos deste artigo, os juízes e Tribunais do Trabalho empregarão sempre os seus bons ofícios e persuasão no sentido de uma solução conciliatória dos conflitos.
>
> § 2º. Não havendo acordo, o juízo conciliatório converter-se-á obrigatoriamente em arbitral, proferindo decisão na forma prescrita neste Título.
>
> § 3º. É lícito às partes celebrar acordo que ponha termo ao processo, ainda mesmo depois de encerrado o juízo conciliatório.[189]

Portanto, percebe-se que o incentivo à autocomposição, pelo mecanismo da conciliação, sempre fez parte do processo trabalhista e sempre foi considerado compatível com o Direito do Trabalho, ou seja, firmar-se acordo para solucionar um litígio trabalhista nunca foi um problema, ao contrário, seria a solução mais desejável, já que a própria CLT incentiva essa forma de se solucionar um litígio.

Enquanto tínhamos apenas o mecanismo da conciliação expressamente previsto na lei, isso não foi um problema, apesar da histórica resistência da magistratura trabalhista em

---

189. BRASIL. *Decreto-Lei nº 5.452, de 1º de maio de 1943*. Aprova a Consolidação das Leis do Trabalho. Disponível em: https://bit.ly/3meUDOa Acesso em: 03 jun. 2022.

colocar conciliadores para auxiliá-los, como ocorre nos juizados especiais em todo o Brasil. Entendia-se que a atividade conciliatória, na Justiça do Trabalho, seria indelegável, já que o artigo acima transcrito expressamente diz que "[...] os juízes e Tribunais do Trabalho empregarão sempre os seus bons ofícios e persuasão no sentido de uma solução conciliatória dos conflitos" [...] (§ 1º) e que "Não havendo acordo, o juízo conciliatório converter-se-á obrigatoriamente em arbitral, proferindo decisão [...]" (§ 2º).

Por outras palavras, entendia-se que a conciliação trabalhista só poderia ser conduzida por um magistrado. Discordamos desse pensamento, com todo o respeito.

O próprio Código de Processo Civil de 1973, que possuía aplicação subsidiária ao processo do trabalho, por força do art. 769 da CLT, previa que "A conciliação será reduzida a termo e homologada por sentença, podendo o juiz ser auxiliado por conciliador." (art. 277, §1º).[190] Logo, não nos parece razoável continuar com a crença do monopólio da conciliação na figura do magistrado, pois além de desarrazoado, é contraproducente.

Após o advento da Lei de Mediação e do Código de Processo Civil de 2015, que vieram a consolidar o espaço da mediação no Poder Judiciário, parece-nos claro que esse instituto não pode mais ser ignorado pela Justiça do Trabalho.

No Código de Processo Civil de 1973, não encontramos qualquer menção ao instituto da mediação, apenas à conciliação e de forma bastante incipiente, buscando apenas legitimá-la no âmbito do processo judicial civil. Já no Código de Processo Civil de 2015, vemos um maior avanço, com maior detalhamento dos procedimentos, inclusive colocando a mediação sempre ao lado da conciliação, como forma de resolução do litígio. Ou seja, a mediação encontrou seu espaço no Direito Processual Civil, especialmente com a inclusão dos

---

190. BRASIL. *Lei nº 5.869, de 11 de janeiro de 1973*. Institui o Código de Processo Civil. Disponível em: https://bit.ly/3x9dlLR Acesso em: 03 jun. 2022.

mediadores e conciliadores como auxiliares da justiça (arts. 165 a 175), a exemplo do perito e do tradutor.

No tocante à diferenciação entre mediação e conciliação, o Código de Processo Civil de 2015, no art. 165, §§ 2º e 3º, optou por um critério funcional, estabelecendo que:

> § 2º. O conciliador, que atuará preferencialmente nos casos em que não houver vínculo anterior entre as partes, poderá sugerir soluções para o litígio, sendo vedada a utilização de qualquer tipo de constrangimento ou intimidação para que as partes conciliem.
>
> § 3º. O mediador, que atuará preferencialmente nos casos em que houver vínculo anterior entre as partes, auxiliará aos interessados a compreender as questões e os interesses em conflito, de modo que eles possam, pelo restabelecimento da comunicação, identificar, por si próprios, soluções consensuais que gerem benefícios mútuos.

Pelo critério adotado, ainda que seja centrado nas figuras do conciliador e do mediador, poderíamos dizer que a conciliação é o método de solução de conflito que será empregado preferencialmente nas situações em que não houver vínculo anterior entre as partes, podendo nela se sugerir soluções para o litígio. Por outro lado, a mediação seria o método de solução de conflito que será empregado preferencialmente nas situações em que houver vínculo anterior entre as partes, não podendo nela se sugerir soluções para o litígio, mas apenas buscar o restabelecimento do diálogo e da comunicação entre as partes para que elas cheguem a uma solução.

Segundo Rogério Neiva Pinheiro, "[...] a diferença entre conciliação e mediação é dada pelo critério relacionado ao nível de atuação do terceiro neutro que atua para buscar a autocomposição. Fazendo propostas, estamos diante de conciliação. Se não faz propostas e somente procura estimular o diálogo, trata-se de mediação."[191]

---

191. PINHEIRO, Rogério Neiva. A diferença entre conciliação e mediação no processo do trabalho. *Consultor Jurídico*, 1 maio 2016. Disponível em: https://bit.ly/3NjUi8D Acesso em: 02 jun. 2022.

Acreditamos que a distinção optada pelo Código de Processo Civil de 2015 merece críticas. Consideramos imprópria, já que não existe diretamente uma consequência para as situações em que, por exemplo, o mediador sugira soluções, ou o conciliador não o faça, apenas restabeleça o diálogo. Qualquer das duas situações poderá produzir acordos amplamente válidos.

Apesar disso, acreditamos que essa dificuldade se deve ao fato de ser extremamente árduo distinguir dos dois institutos. Por outro lado, a ausência de consequência real na utilização de um método em detrimento de outro, mostra que na prática o que importa é que se chegue a um acordo, sendo pouco relevante a nomenclatura que se entenda mais adequada.

Por isso, reconhecemos a importância da distinção apresentada pelo Código de Processo Civil de 2015, que muito prestigiou a autocomposição, especialmente em comparação ao diploma anterior, trazendo a oportunidade de sua adoção de forma mais ampla, tratando a conciliação e a mediação sempre de forma imbricada.

2.2 OS PRINCÍPIOS DA MEDIAÇÃO

A Lei 13.140, de 26 de junho de 2015, conhecida como Lei da Mediação, "Dispõe sobre a mediação entre particulares como meio de solução de controvérsias e sobre a autocomposição de conflitos no âmbito da administração pública [...]",[192] trouxe um rol de princípios, exemplificativos, na nossa opinião, a serem observados durante o processo de Mediação:

> Art. 2º. A mediação será orientada pelos seguintes princípios:
>
> I - imparcialidade do mediador;
>
> II - isonomia entre as partes;

192. BRASIL. *Lei 13.140, de 26 de junho de 2015*. Dispõe sobre a mediação entre particulares como meio de solução de controvérsias e sobre a autocomposição de conflitos no âmbito da administração pública; altera a Lei nº 9.469, de 10 de julho de 1997, e o Decreto nº 70.235, de 6 de março de 1972; e revoga o § 2º do art. 6º da Lei nº 9.469, de 10 de julho de 1997. Disponível em: https://bit.ly/3PS0syr. Acesso em: 31 maio 2022.

III - oralidade;

IV - informalidade;

V - autonomia da vontade das partes;

VI - busca do consenso;

VII - confidencialidade;

VIII - boa-fé.

Podemos chamar esses princípios de Princípios da Mediação, conforme orientado pela Lei especial, ou mesmo de Princípios Norteadores da Conduta do Mediador,[193] como assim denominou o Manual de Mediação Judicial do Conselho Nacional de Justiça.

Como o processo de mediação ocorre sob a condução do próprio mediador, sempre em comum acordo com as partes, estabelecendo previamente os procedimentos e etapas, é justificável que os princípios que norteiam o processo de mediação se confundam com os princípios da mediação, em razão dessa flexibilidade procedimental.

Todavia, em razão da terminologia legal, adotada pela Lei 13.140, de 26 de junho de 2015, a qual expressamente coloca que "A mediação será orientada pelos seguintes princípios [...]",[194] ou seja, referiu-se aos princípios orientadores da mediação, e não do mediador em si, para os fins deste trabalho, trataremos como Princípios da Mediação.

Com relação aos princípios em si, é importante ressaltar que a Lei não tratou de todos os princípios existentes na doutrina, nem há consenso sobre os princípios nela elencados.

193. AZEVEDO, André Gomma de. *Manual de Mediação Judicial*. 6. ed. Brasília: Conselho Nacional de Justiça, 2016. Disponível em: https://bit.ly/3zcKvgn Acesso em: 31 maio 2022.

194. BRASIL. *Lei 13.140, de 26 de junho de 2015*. Dispõe sobre a mediação entre particulares como meio de solução de controvérsias e sobre a autocomposição de conflitos no âmbito da administração pública; altera a Lei nº 9.469, de 10 de julho de 1997, e o Decreto nº 70.235, de 6 de março de 1972; e revoga o § 2º do art. 6º da Lei nº 9.469, de 10 de julho de 1997. Disponível em: https://bit.ly/3PS0syr. Acesso em: 31 maio 2022.

Por isso acreditamos que o rol de princípios trazidos na Lei é meramente exemplificativo, não inviabilizando a consideração de outros, que doutrinariamente poderão ser ressaltados.

Didaticamente, seguiremos o rol de princípios trazidos pela Lei de Mediação, complementado por outros princípios, especialmente aqueles apresentados pelo Manual de Mediação Judicial do Conselho Nacional de Justiça, que tem sido utilizado para balizar a formação dos mediadores judiciais em todo o Poder Judiciário brasileiro, sob a diretriz da política pública de incentivo à adoção dos meios autocompositivos.

Logo, a Lei de Mediação traz os seguintes princípios: 1) imparcialidade do mediador; 2) isonomia entre as partes; 3) oralidade; 4) informalidade ou simplicidade; 5) autonomia da vontade das partes ou consensualismo processual; 6) busca do consenso; 7) confidencialidade; e 8) boa-fé.

Acrescentaremos aqueles princípios trazidos no Manual de Mediação Judicial, do Conselho Nacional de Justiça, que não encontram correspondência com o rol trazido pela Lei de Mediação, quais sejam: 9) Princípio da consciência relativa ao processo; 10) Princípio da decisão informada; 11) Princípio do empoderamento e 12) Princípio da validação.

Com vigência posterior à Lei de Mediação, o Código de Processo Civil de 2015, por sua vez, também trouxe um rol exemplificativo de princípios, estabelecendo o art. 166 que "[...] A conciliação e a mediação são informadas pelos princípios da independência, da imparcialidade, da autonomia da vontade, da confidencialidade, da oralidade, da informalidade e da decisão informada."[195]

Pela transcrição do referido artigo, vemos que todos os princípios nele elencados estão devidamente contemplados no espectro estabelecido anteriormente, não necessitando de maiores comentários.

---

195. BRASIL. *Lei nº 13.105, de 16 de março de 2015*. Código de Processo Civil. Disponível em: https://bit.ly/3GAXdal Acesso em: 31 maio 2022.

Ademais, nosso objetivo não é exaurir todos os princípios existentes e aplicáveis ao procedimento de mediação, mas abordar aqueles considerados mais relevantes e indispensáveis pela legislação e pela doutrina, possuindo relativo consenso acerca da sua aplicação.

2.2.1 Princípio da neutralidade e imparcialidade de intervenção

Pelo princípio da neutralidade e imparcialidade de intervenção, o mediador deve atuar com absoluta neutralidade, ou seja, sem vinculação com qualquer das partes. Tem também o dever de imparcialidade, não podendo tomar partido no curso da mediação.

Em relação ao tema e à peculiaridade existente entre neutralidade e imparcialidade do mediador, comenta Valéria Ferioli Lagrasta:

> [...] a imparcialidade envolve a proibição de qualquer conduta por parte do conciliador-mediador que importe em favoritismo, preferência ou preconceito em relação ao tratamento de uma das partes, sendo vedada a aceitação de qualquer espécie de favor ou presente. Já a neutralidade impõe proibição ao conciliador-mediador consistente no ato de orientar ou mesmo formular sugestões quanto a mérito da disputa, que de alguma forma interfira no resultado final da sessão, conferindo uma solução ao conflito segundo a sua própria escala de valores, ou seja, visa evitar que valores pessoais do conciliador-mediador interfiram no resultado.[196]

Essa é a posição de André Gomma de Azevedo, ao explicar que o "[...] princípio da neutralidade e imparcialidade de intervenção determina que, ao desenvolver seu ofício, o autocompositor proceda com neutralidade – isto é, isento de vinculações étnicas ou sociais com qualquer das partes – bem como se abstendo de tomar partido no curso da autocomposição".[197]

---

196. LAGRASTA, Valeria Ferioli. Código de Ética: princípios, regras de conduta, sanções, remuneração e supervisão. *In:* LAGRASTA, Valeria Ferioli; BACELLAR, Roberto (Orgs.). *Conciliação e mediação:* ensino em construção. São Paulo: IPM: ENFAM, 2016. p. 487.

197. AZEVEDO, André Gomma de. *Manual de Mediação Judicial.* 6. ed. Brasília:

Rubens Decoussau Tilkian, ao se reportar à Lei de Mediação, explica:

> [...] a imparcialidade pressupõe isenção, equidade. Embora o mediador não tenha poder decisório, nos termos do parágrafo único do art. 1º desta lei, é certo que se deve exigir dele o rigoroso cumprimento deste princípio, tal como se exige do juiz presidente da causa.[198]

David A. Hoffman, ao descrever a imparcialidade como um dos elementos fundamentais da mediação, afirma que exceto nos casos mais raros, o mediador não deve ter conexões pessoais, profissionais ou financeiras com as partes, seu advogado ou com o problema que precisa ser resolvido.[199]

Segundo Jennifer E. Beer e Caroline C. Packard, os mediadores têm pouca ou nenhuma participação no conflito ou nos termos de sua resolução. Em vez de advogar pelo benefício de uma das partes, eles ajudam as partes a trabalhar em direção a um resultado que melhor satisfaça a todos. Os participantes podem não conhecer o mediador, ou podem estar intimamente conectados. O importante é que o mediador seja alguém em quem todas as partes confiem o suficiente para permitir a intervenção e falar livremente sobre suas preocupações. Os mediadores são responsáveis pelo processo e fornecem dois ingredientes essenciais: a) uma estrutura de conversação para ajudar as pessoas a falar, ouvir e pensar; e b) cuidado e atenção imparcial às pessoas, processos e preocupações.[200]

Conselho Nacional de Justiça, 2016, p. 252-253. Disponível em: https://bit.ly/3zcKvgn Acesso em: 31 maio 2022.

198. TILKIAN, Rubens Decoussau. *Comentários à lei de mediação*. São Paulo: Migalhas, 2016. p. 67.

199. HOFFMAN, David A. *Mediation*: A Practice Guide for Mediators, Lawyers, and Other Professionals. Massachusetts: Massachusetts Continuing Legal Education, 2013. p. 1-8.
Do original: *"Impartiality - except in the rarest of cases, the mediator has no personal, professional, or financial connections with the parties, their counsel, or the issue that needs to be resolved."*

200. BEER, Jennifer E., PACKARD, Caroline C. *The Mediator's Handbook: Revised & Expanded fourth edition*. Philadelphia: New Society Publishers, 2012. p. 6.

A atuação neutra e imparcial se impõe na medida em que se refere não só à conduta do mediador, mas à percepção que as partes têm de sua postura, cabendo a ele – mediador – manter essa atmosfera.[201] Por outro lado, a desconsideração desse preceito tem o potencial de prejudicar a confiança das partes e, portanto, inviabilizar o prosseguimento e o sucesso da mediação.

Esse relevante princípio, que entendemos como elementar do processo de mediação, é também inserido no inciso I, do art. 2º, da Lei 13.140, de 26 de junho de 2015, chamada Lei de Mediação:

> Art. 2º. A mediação será orientada pelos seguintes princípios:
>
> I - imparcialidade do mediador;[202]

Essa diretriz também está presente no art. 166, *caput*, do Código de Processo Civil de 2015, ao estabelecer que "A conciliação e a mediação são informadas pelos princípios da **independência, da imparcialidade**, da autonomia da vontade, da confidencialidade, da oralidade, da informalidade e da decisão informada."[203]

Do original: "*Mediators have little or no stake in the conflict or the terms of its resolution, in the model we use. Rather than advocating for one party's benefit, they help the parties work towards an outcome that best satisfies everyone. Participants may not know the mediator at all, or they may be closely connected. What's important is that the mediator be someone all the parties trust enough to allow the intervention and to speak freely about their concerns.*
Mediators are in charge of the process, and provide two essential ingredients:

- ***A structure for conversation** to help people talk, listen, and think.*
- ***Caring, impartial attentiveness** to people, process, and concerns.*"

201. AZEVEDO, André Gomma de. *Manual de Mediação Judicial*. 6. ed. Brasília: Conselho Nacional de Justiça, 2016, p. 253. Disponível em: https://bit.ly/3zcKvgn Acesso em: 31 maio 2022.

202. BRASIL. *Lei 13.140, de 26 de junho de 2015*. Dispõe sobre a mediação entre particulares como meio de solução de controvérsias e sobre a autocomposição de conflitos no âmbito da administração pública; altera a Lei nº 9.469, de 10 de julho de 1997, e o Decreto nº 70.235, de 6 de março de 1972; e revoga o § 2º do art. 6º da Lei nº 9.469, de 10 de julho de 1997. Disponível em: https://bit.ly/3PS0syr. Acesso em: 31 maio 2022.

203. BRASIL. *Lei nº 13.105, de 16 de março de 2015*. Código de Processo Civil. Disponível em: https://bit.ly/3GAXdal Acesso em: 31 maio 2022.

Nesse aspecto, impende registrar a correlação existente entre a imparcialidade e a independência do mediador, sendo a última pressuposto essencial à garantia da primeira.

Esse paralelo também é ressaltado por Cappelletti ao defender que a independência do magistrado é garantia de sua imparcialidade, de modo a assegurar que sua atuação judicial reflita valores mais substanciais e menos instrumentais.[204]

Assim como o magistrado deve ser independente na formação de sua convicção, de forma a não se sujeitar a pressões indevidas, há de ser assegurar ao mediador a independência necessária à adequada condução imparcial do diálogo entre as partes.

Especificamente em relação ao mediador, nas palavras de Ana Carolina Squadri Santanna, Cristiana Vianna Veras e Giselle Picorelli Marques:

> A independência encontra relação direta com a imparcialidade, servindo como base para esta última, uma vez que, diante de influência externa, não será possível manter uma conduta equidistante e não tendenciosa. [...] É o elemento que tende a sinalizar o grau de confiança das partes no mediador e no procedimento, uma vez que, identificada uma conduta parcial ou tendenciosa, certamente a confiança no terceiro e naquela mediação estarão comprometidas.[205]

Ainda sob essa perspectiva, André Gomma de Azevedo aponta:

> [...] o mediador deve procurar ver o conflito pela perspectiva das partes e se perguntar se existe alguma possibilidade de uma

---

204. CAPPELLETTI, Mauro. *Juízes irresponsáveis?* Tradução de Carlos Alberto Álvaro de Oliveira. Porto Alegre: Fabris, 1989. p. 10.

205. SANTANNA, Ana Carolina Squadri; VERAS, Cristiana Vianna; MARQUES, Giselle Picorelle Yacoub. *Independência e Imparcialidade*: Princípios Fundamentais da Mediação. *In*: ALMEIDA, Diogo Assumpção Rezende de; PANTOJA, Fernanda Medina; PELAJO, Samantha (Coords.). *A Mediação no Novo Código de Processo Civil*. 2. ed. Rio de Janeiro: Forense, 2016. p. 122-137. p. 133.

> delas achar que sua atuação está favorecendo ou desfavorecendo um dos lados na mediação.[206]

Segundo a nova ordem processual brasileira, o mediador será inscrito em cadastros organizados pelos tribunais e de âmbito nacional (art. 167, *caput*), podendo a mediação ainda ser conduzida por servidor efetivo, integrante de quadro próprio do Judiciário (art. 167, §6º). De outro lado, a mediação poderá ser realizada como trabalho voluntário (art. 169, §1º), conferindo-se às partes, ainda, a possibilidade de escolha, de comum acordo, do mediador ou da câmara privada (art. 168).

O certo é que, em qualquer caso, há de se garantir independência ao mediador como forma de assegurar sua imparcialidade na condução da mediação. A esse respeito, Fernando Gama de Miranda Netto e Delton Meirelles, mesmo antes do advento do atual Código de Processo Civil, já defendiam:

> [...] No contexto da mediação, independência significa equidistância das partes durante o processo. Para tanto, basta a ausência de ligação anterior com as partes. Do contrário, cabe ao mediador esclarecer qualquer dúvida quanto a um eventual contato anterior com uma ou ambas as partes, consultando-as sobre a conveniência de tê-lo como agente da mediação.[207]

Ressalte-se que o distanciamento exigido em relação às partes é aquele capaz de afastar as causas de impedimento e suspeição ou indevida atuação do mediador, cuja inobservância é, aliás, passível de penalidade, na forma do art. 173 do CPC:

> Art. 173. Será excluído do cadastro de conciliadores e mediadores aquele que:

---

206. AZEVEDO, André Gomma de. *Manual de Mediação Judicial*. 6. ed. Brasília: Conselho Nacional de Justiça, 2016, p. 216. Disponível em: https://bit.ly/3zcKvgn Acesso em: 31 maio 2022.

207. MEIRELLES, Delton Ricardo Soares; MIRANDA NETTO, Fernando Gama de. Mediação judicial no projeto do Novo Código de Processo Civil. *Revista de Arbitragem e Mediação*, São Paulo, RT, n. 33, p. 219, abr./jun. 2012.

> I - agir com dolo ou culpa na condução da conciliação ou da mediação sob sua responsabilidade ou violar qualquer dos deveres decorrentes do art. 166, §§ 1º e 2º;
>
> II - **atuar em procedimento de mediação ou conciliação, apesar de impedido ou suspeito.**
>
> § 1º. Os casos previstos neste artigo serão apurados em processo administrativo.
>
> § 2º. O juiz do processo ou o juiz coordenador do centro de conciliação e mediação, se houver, verificando atuação inadequada do mediador ou conciliador, poderá afastá-lo de suas atividades por até 180 (cento e oitenta) dias, por decisão fundamentada, informando o fato imediatamente ao tribunal para instauração do respectivo processo administrativo.[208]

Nesse sentido, Ana Carolina Squadri Santanna, Cristiana Vianna Veras e Giselle Picorelli Marques esclarecem:

> Considerando a necessidade de um exercício responsável da mediação, o mediador estará submetido a impedimentos previstos no NCPC, como exercer a advocacia nos respectivos juízos (artigo 167, § 5º), como também poderá sofrer sanções disciplinares, previstas no artigo 173, caso pratique condutas que violem a imparcialidade da mediação. Ademais, vale ressaltar que o art. 5º da Lei 13.140, de 26.06.2015, determina que 'aplicam-se ao mediador as mesmas hipóteses legais de impedimento e suspeição do juiz', restrições estas elencadas nos arts. 144 e 145 do NCPC (arts. 134 e 135 do CPC/1973). [209]

Sob outro aspecto, Fabiana Spengler e Theobaldo Spengler Netto há muito ressaltavam a importância da independência na condução de audiência de autocomposição das partes, entendendo por essencial "garantir autonomia e liberdade ao conciliador/mediador para que realize a sessão conforme

---

208. BRASIL. *Lei nº 13.105, de 16 de março de 2015*. Código de Processo Civil. Disponível em: https://bit.ly/3GAXdalAcesso em: 31 maio 2022.

209. SANTANNA, Ana Carolina Squadri; VERAS, Cristiana Vianna; MARQUES, Giselle Picorelle Yacoub. *Independência e Imparcialidade:* Princípios Fundamentais da Mediação. *In*: ALMEIDA, Diogo Assumpção Rezende de; PANTOJA, Fernanda Medina; PELAJO, Samantha (Coords.). *A Mediação no Novo Código de Processo Civil*. 2. ed. Rio de Janeiro: Forense, 2016. p. 122-137. p. 133.

seus conhecimentos e práticas, livre de pressão interna e/ou externa, seja quanto aos resultados, seja quanto à condução do procedimento".[210]

Atenta a essa perspectiva, a nova ordem processual, em consonância com o princípio da independência, admite, para além da utilização de técnicas negociais, a opção por outras regras procedimentais pelos interessados, que também podem ser adotadas na condução da mediação, segundo o que dispõem os §§ 3º e 4º do art. 166 do CPC:

> Art. 166. [...]
>
> [...]
>
> § 3º. Admite-se a aplicação de técnicas negociais, com o objetivo de proporcionar ambiente favorável à autocomposição.
>
> § 4º. A **mediação e a conciliação** serão regidas conforme a livre autonomia dos interessados, inclusive no que diz respeito à definição das regras procedimentais.[211]

É claro que, em se tratando de mediação, haverá de prevalecer, sempre, a posição neutra e imparcial do terceiro que conduz a autocomposição das partes.

Há de se ressaltar, contudo, que a atuação a qual privilegia a imparcialidade e a equidade não impede que o mediador venha a sugerir, ao longo do procedimento, a produção de perícia ou outra prova técnica, com a finalidade de melhor auxiliar as partes na solução da controvérsia, proporcionando a elas elementos e parâmetros para a elaboração de acordo.

Para Rubens Decoussau Tilkian, essa atuação "[...] Estará, na medida do necessário, contribuindo para que haja

---

210. SPENGLER, Fabiana Marion; SPENGLER NETTO, Theobaldo. A mediação e conciliação propostas pelo Projeto 8.046/2010 (Novo Código de Processo Civil Brasileiro – CPC) como mecanismos eficazes de tratamento de conflitos. *In*: SPENGLER, Fabiana; PINHO, Humberto Dalla B (Orgs.). *Acesso à justiça, jurisdição (in)eficaz e mediação*. Curitiba: Multideia, 2013. p. 92.

211. BRASIL. *Lei nº 13.105, de 16 de março de 2015*. Código de Processo Civil. Disponível em: https://bit.ly/3GAXdal Acesso em: 31 maio 2022.

um equilíbrio de forças entre as partes, promovendo justiça [...]".[212]

Por fim, podemos afirmar que a atuação imparcial do mediador garante a credibilidade do próprio processo de mediação, já que sua observância traduz-se num processo justo, equânime e orientado a satisfazer os interesses das partes.

2.2.2 Princípio da isonomia entre as partes

O princípio da isonomia ou da igualdade é um corolário do Estado Democrático de Direito e está previsto no artigo 5º, *caput*, da Constituição Federal de 1988, ao estabelecer que "Todos são iguais perante a lei, sem distinção de qualquer natureza [...]".[213]

No que tange à aplicação do princípio da igualdade ao processo judicial, Nelson Nery Junior explicita:

> Compete ao juiz, como diretor do processo, assegurar às partes tratamento isonômico (art. 5º, *caput*). A igualdade de que fala o texto constitucional é real, substancial, significando que o juiz deve tratar igualmente os iguais e desigualmente os desiguais na exata medida de suas desigualdades.[214]

A mesma percepção tem Rubens Decoussau Tilkian, ao abordar a conduta do mediador, afirmando que esta deve se adequar à

> [...] medida do necessário, contribuindo para que haja um equilíbrio de forças entre as partes, promovendo justiça e dando cumprimento à máxima de que a isonomia não se constitui em regra única e absoluta, havendo necessidade, em certos

---

212. TILKIAN, Rubens Decoussau. *Comentários à lei de mediação*. São Paulo: Migalhas, 2016. p. 68.

213. BRASIL. *Constituição da República Federativa do Brasil de 1988*. Disponível em: https://bit.ly/3GObRuX Acesso em: 12 set. 2019.

214. NERY JUNIOR, Nelson. *Código de Processo Civil comentado*. 10. ed. São Paulo: RT, 2007. p. 384.

> momentos, de tratar desigualmente os desiguais, na medida de suas desigualdades.[215]

De fato, quando aplicado à mediação, o princípio da isonomia pressupõe que as partes litigantes ingressem na mediação em igualdade de condições e a elas deve ser também conferido tratamento igualitário. Esse princípio se comunica com o anterior, na medida em que a conduta de imparcialidade do mediador tende a privilegiar o tratamento isonômico entre as partes.

Ainda segundo Rubens Decoussau Tilkian, se uma das partes se comportar de modo a querer anular a outra, é dever do mediador neutralizar tal atitude e garantir que ambas as partes sempre estejam em pé de igualdade. Isso não significa que o mediador esteja sendo parcial, mas, ao contrário, está garantindo um procedimento justo e equilibrado, no qual ambas as partes tenham o seu espaço e a oportunidade de se manifestar livremente, sem receio ou limitações.[216]

Portanto, a observância do princípio da isonomia pressupõe não só o tratamento isonômico das partes e a imparcialidade do mediador, mas a adoção de medidas que venham a equilibrar eventuais distorções surgidas no decorrer do procedimento, garantindo igualdade e paridade entre as partes até o desfecho da mediação.

2.2.3 Princípio da oralidade

O princípio da oralidade garante ao mesmo tempo eficiência, celeridade processual e simplicidade ao procedimento de mediação, já que permite a realização de atos de forma verbal, sem a necessidade de serem minuciosamente documentados para que sejam legitimados.

---

215. TILKIAN, Rubens Decoussau. *Comentários à lei de mediação*. São Paulo: Migalhas, 2016. p. 68.

216. Idem, p. 69.

O referido princípio, enquanto norteador do procedimento, também tem sua relevância reconhecida expressamente no inciso III, do art. 2º, da Lei 13.140, de 26 de junho de 2015, chamada Lei de Mediação:

> Art. 2º A mediação será orientada pelos seguintes princípios:
>
> [...]
>
> III - oralidade;[217]

Esse princípio também está presente no art. 166, do Código de Processo Civil de 2015, ao estabelecer que "A conciliação e a mediação são informadas pelos princípios da independência, da imparcialidade, da autonomia da vontade, da confidencialidade, **da oralidade**, da informalidade e da decisão informada".[218]

Segundo Fernando Gama de Miranda Netto e Irineu Carvalho de Oliveira Soares, a oralidade na mediação judicial possui tríplice objetivo:

a) Conferir celeridade ao processo;

b) Fortalecer a informalidade dos atos; e

c) Promover a confidencialidade, registrando-se por escrito o mínimo possível.[219]

---

217. BRASIL. *Lei 13.140, de 26 de junho de 2015*. Dispõe sobre a mediação entre particulares como meio de solução de controvérsias e sobre a autocomposição de conflitos no âmbito da administração pública; altera a Lei nº 9.469, de 10 de julho de 1997, e o Decreto nº 70.235, de 6 de março de 1972; e revoga o § 2º do art. 6º da Lei nº 9.469, de 10 de julho de 1997. Disponível em: https://bit.ly/3PS0syr. Acesso em: 31 maio 2022.

218. BRASIL. *Lei nº 13.105, de 16 de março de 2015*. Código de Processo Civil. Disponível em: https://bit.ly/3GAXdal Acesso em: 31 maio 2022.

219. MIRANDA NETTO, Fernando Gama de; SOARES, Irineu Carvalho de Oliveira. Princípios procedimentais da mediação no novo código de processo civil. *In*: ALMEIDA, Diogo Assumpção Rezende de; PANTOJA, Fernanda Medina; PELAJO, Samantha (Coords.). *A Mediação no Novo Código de Processo Civil*. 2. ed. Rio de Janeiro: Forense, 2016. p. 109-119. p. 113.

Rubens Decoussau Tilkian afirma que:

> [...] esse princípio exerce papel fundamental, na medida em que, ao lado da informalidade, pressupõe que os atos serão realizados verbalmente, sem necessidade de uma forma específica. Como protagonistas, as partes poderão exteriorizar seus anseios, sentimentos e emoções e terão a oportunidade de serem escutadas.[220]

A observância do princípio da oralidade, todavia, não significa o abandono a quaisquer formalidades documentais.

A esse respeito, torna-se pertinente a observação de Patrícia Mercedes Segarra Faggioni, ao reportar-se ao pensamento de Francisco Marin, na obra "Los Principios del Derecho del Trabajo", no sentido de que a preferência pela oralidade no procedimento de mediação não afasta a necessidade do registro escrito, ainda que sinteticamente, reduzindo as peças escritas ao estritamente indispensável.

> [...] este principio de oralidad "surge de un derecho positivo en el cual los actos procesales se realizan de viva voz, normalmente en audiencias, y reduciendo las piezas escritas a los estrictamente indispensable".[221]

Reportando-se à experiência espanhola, registrada pela autora citada, Fernando Gama de Miranda Netto e Irineu Carvalho de Oliveira Soares ressaltam que, também no Brasil, "há apenas uma necessidade de prevalência da forma oral sobre a escrita, sem, contudo, eliminar esta, já que, no final do procedimento, haverá a confecção do termo de mediação".[222]

---

220. TILKIAN, Rubens Decoussau. *Comentários à lei de mediação*. São Paulo: Migalhas, 2016. p. 69-70.

221. FAGGIONI, Patrícia Mercedes Segarra. *La mediación en las controversias individuales de trabajo em el cantón Loja, desde la implementación del sistema oral hasta el año 2008*. 2010. 75 f. Tesis (Maestría en Derecho Procesal) – Universidade Simón Bolívar, Equador, 2010. Disponível em: https://bit.ly/3MhCKJ5 Acesso em: 03 jun. 2022. p. 25-26.

222. MIRANDA NETTO, Fernando Gama de; SOARES, Irineu Carvalho de Oliveira. Princípios procedimentais da mediação no novo código de processo civil. *In*: ALMEIDA, Diogo Assumpção Rezende de; PANTOJA, Fernanda Medina; PELAJO,

Nessa perspectiva, os autores destacam os motivos norteadores do princípio da oralidade na mediação judicial brasileira:

> Por entender que é mais fácil para o mediador administrar um diálogo na forma oral e mais fácil para as partes se expressarem dessa forma, o legislador optou por positivar o princípio da oralidade, ignorado em diversas legislações e pouco mencionado pela doutrina alienígena. Além da predominância da palavra falada, a oralidade exige a intervenção pessoal sem representantes ou intermediários. Ao advogado reserva-se a função de assessor da parte, que muito contribuirá para esclarecer sobre a licitude de certos acordos e trabalhará para a melhor administração possível do conflito, evitando trazer argumentos que possam fomentar a disputa e potencializar a contenda.[223]

Ainda no intuito de afastar o caráter absoluto do princípio da oralidade na mediação judicial brasileira, Fernando Gama de Miranda Netto e Irineu Carvalho de Oliveira Soares expõem a problemática dos procedimentos envolvendo pessoas com deficiências auditivas e/ou de fala, a refutar eventual entendimento diverso no sentido de inviabilizar a adoção integrada do texto escrito ou de outras formas de comunicações não verbais, por exemplo, a Língua Brasileira de Sinais – Libras:[224]

> A prioridade na oralidade não pode, entretanto, afastar o processo do contexto em que é realizado, e não pode ignorar as necessidades das pessoas envolvidas nele, como é o caso dos indivíduos portadores de deficiência na audição e/ou na fala que precisam de intérpretes de Libras ou precisam se expressar por meio da escrita.
>
> Nesse caso, o Centro de Mediação responsável deve estar adaptado a essas pessoas, fornecendo a acessibilidade necessária a

Samantha (Coords.). *A Mediação no Novo Código de Processo Civil.* 2. ed. Rio de Janeiro: Forense, 2016. p. 109-119. p. 113.

223. MIRANDA NETTO, Fernando Gama de; SOARES, Irineu Carvalho de Oliveira. Princípios procedimentais da mediação no novo código de processo civil. *In*: ALMEIDA, Diogo Assumpção Rezende de; PANTOJA, Fernanda Medina; PELAJO, Samantha (Coords.). *A Mediação no Novo Código de Processo Civil.* 2. ed. Rio de Janeiro: Forense, 2016. p. 113.

224. Libras é a língua brasileira de sinais adotada no Brasil para a comunicação de pessoas com deficiência auditiva e/ou de fala por meio de gestos.

> sua interação no processo mediacional, ou seja, não pode vetar o uso de outros meios ou o seu uso integrado com a forma de comunicação oral. É imperativo, portanto, que existam mediadores que conheçam a Língua Brasileira de Sinais. Afinal, é a mediação que deve se adaptar às pessoas, e não o contrário.[225]

Com efeito, a previsão legal quanto à prevalência da forma verbal nas sessões de mediação não inviabiliza a possibilidade de utilização de outros meios de comunicação, quando necessários. Mesmo o uso de vias digitais, como videoconferências e outras ferramentas eletrônicas, não deve ser de imediato refutado. A depender da situação em concreto, tais meios podem viabilizar também a mediação, desde que não prejudiquem os demais princípios inerentes ao procedimento, a exemplo do princípio da confidencialidade.

O importante é ressaltar que, não obstante o princípio da oralidade, as partes assinam instrumentos no decorrer da mediação, ou seja, participam de atos formais, tais como: termo de anuência no início do procedimento, o acordo firmado no encerramento, entre outros que o mediador julgue relevantes, não se caracterizando a eliminação da forma escrita ou a possibilidade e utilização de outras formas de comunicação na mediação.

2.2.4 Princípio da informalidade ou simplicidade

Quando falamos do princípio da simplicidade, imediatamente nos vem a ideia de informalidade ou menor burocracia. O princípio é importante, pois a simplicidade ou informalidade torna o ambiente da mediação naturalmente menos intimidatório do que o ambiente judicial, contribuindo para a solução do litígio.

225. MIRANDA NETTO, Fernando Gama de; SOARES, Irineu Carvalho de Oliveira. Princípios procedimentais da mediação no novo código de processo civil. *In*: ALMEIDA, Diogo Assumpção Rezende de; PANTOJA, Fernanda Medina; PELAJO, Samantha (Coords.). *A Mediação no Novo Código de Processo Civil*. 2. ed. Rio de Janeiro: Forense, 2016. p. 109-119. p. 113.

O princípio teve sua importância reconhecida, mais precisamente, no inciso IV, do art. 2º, da Lei 13.140, de 26 de junho de 2015, a chamada Lei de Mediação:

> Art. 2º A mediação será orientada pelos seguintes princípios:
>
> [...]
>
> IV - informalidade;

Esse princípio também está presente no art. 166, do Código de Processo Civil de 2015, ao estabelecer que "A conciliação e a mediação são informadas pelos princípios da independência, da imparcialidade, da autonomia da vontade, da confidencialidade, da oralidade, **da informalidade** e da decisão informada."[226]

Para Ricardo Goretti Santos, "em se tratando de um processo autocompositivo, o excesso de formalismo fatalmente cercearia o mediador em sua liberdade de conduzir o conflito em observância aos interesses, às necessidades e às possibilidades do caso concreto." [227]

Fernando Gama de Miranda Netto e Irineu Carvalho de Oliveira Soares destacam que a informalidade atribuída ao procedimento alcança, inclusive, a linguagem utilizada nas audiências de mediação, a fim de facilitar a exposição das razões das partes e a autocomposição dos conflitos:

> [...] não tendo de se ater a formalidades que engessam a sua atuação, o mediador pode se apartar da linguagem formal utilizada pelos profissionais do Direito e aproximar o gerenciamento dos conflitos das pessoas interessadas. Com efeito, a linguagem informal, sem a necessidade de utilização de termos técnico-jurídicos rebuscados, facilita a participação do interessado no processo, o que culmina na sua influência nas etapas do processo mediacional. Assim, a informalidade transforma cada sessão de

---

226. BRASIL. *Lei nº 13.105, de 16 de março de 2015*. Código de Processo Civil. Disponível em: https://bit.ly/3GAXdalAcesso em: 31 maio 2022.

227. SANTOS, Ricardo Goretti. *Manual de mediação de conflitos*. Rio de Janeiro: Lumen Juris, 2012. p. 155.

mediação em um ato único, permitindo a humanização da resolução de disputas.[228]

Segundo André Gomma de Azevedo, a simplicidade traduz-se na desburocratização das formas, bem como aproveitamento dos atos que não comprometam o fim buscado (instrumentalidade das formas), buscando-se descomplicar ou simplificar o procedimento, tornando-o totalmente compreensivo às partes.[229]

Nos juizados especiais, já havia a busca pelo atendimento desse princípio. Prima-se, assim, pela eficiência na solução do litígio, em detrimento do formalismo, já que nos juizados "[...] o procedimento deve ser simples, natural, sem aparato, franco e espontâneo, a fim de deixar os interessados à vontade para exporem seus objetivos".[230]

Rubens Decoussau Tilkian defende que "[...] um dos pilares da mediação é a ausência de protocolos, de atos formais, prazos, escritos e rituais. Por esse motivo, não se pode afirmar que a mediação é processo, mas sim procedimento."[231]

Nesse sentido, a lei estabelece a desburocratização e prestigia a liberdade de forma, sendo desnecessária a adoção (ou criação) de ritos. Na mediação, os atos são informais, sendo desnecessária a ritualização, prestigiando-se a liberdade. Com isso, busca-se maior efetividade na resolução dos conflitos.

---

228. MIRANDA NETTO, Fernando Gama de; SOARES, Irineu Carvalho de Oliveira. Princípios procedimentais da mediação no novo Código de Processo Civil. *In*: ALMEIDA, Diogo Assumpção Rezende de; PANTOJA, Fernanda Medina; PELAJO, Samantha (Coords.). *A Mediação no Novo Código de Processo Civil*. 2. ed. Rio de Janeiro: Forense, 2016. p. 109-119. p. 114-115.

229. AZEVEDO, André Gomma de. *Manual de mediação judicial*. 6. ed. Brasília: Conselho Nacional de Justiça, 2016, p. 255. Disponível em: https://bit.ly/3zcKvgn Acesso em: 31 maio 2022.

230. TOURINHO NETO, Fernando da Costa; FIGUEIRA JUNIOR, Joel Dias. *Juizados Especiais Federais cíveis e criminais:* comentários à lei 10.259, de 10.07.2001. São Paulo: Revista dos Tribunais, 2002. p. 68.

231. TILKIAN, Rubens Decoussau. *Comentários à lei de mediação*. São Paulo: Migalhas, 2016. p. 69.

Porém, ainda que tratemos de informalidade e simplicidade, não significa que não existam regras e procedimentos. Esses devem ser estabelecidos pelo mediador e respeitados pelas partes e advogados, estes últimos quando presentes. Deve o mediador, também, manter a ordem dos procedimentos ou restabelecê-la com a finalidade de não prejudicar o resultado da mediação.

2.2.5 Princípio da autonomia da vontade ou do consensualismo processual

Pelo princípio da autonomia da vontade, também chamado de princípio do consensualismo processual, a mediação somente pode ocorrer mediante o consentimento das partes. Esse princípio aplica-se não só no início do procedimento, mas também no curso da mediação, já que ela pode ser encerrada a qualquer momento por uma das partes, sem que haja necessidade de motivação.

Segundo André Gomma de Azevedo, esse princípio estabelece que "[...] somente deve haver mediação se as partes consentirem espontaneamente com esse processo."[232]

Tal princípio é comum ao direito contratual, tido como um dos seus princípios básicos e, segundo Maria Helena Diniz, abrange "[...] o poder de estipular livremente, como melhor lhes convier, mediante acordo de vontade, a disciplina de seus interesses, suscitando efeitos tutelados pela ordem jurídica."[233]

Para David A. Hoffman, que denomina esse princípio como voluntarismo, a participação na maioria das mediações é voluntária e, mesmo nos casos em que um tribunal encaminhe as partes à mediação, elas têm o direito de sair, depois de fazer um esforço de boa-fé para resolver o conflito.[234]

---

232. AZEVEDO, André Gomma de. *Manual de Mediação Judicial.* 6. ed. Brasília: Conselho Nacional de Justiça, 2016, p. 253. Disponível em: https://bit.ly/3zcKvgn Acesso em: 31 maio 2022.

233. DINIZ, Maria Helena. *Curso de direito civil brasileiro:* teoria das obrigações contratuais e extracontratuais. 27. ed. São Paulo: Saraiva, 2011. p. 40-41.

234. HOFFMAN, David A. *Mediation:* A Practice Guide for Mediators, Lawyers, and Other Professionals. Massachusetts: Massachusetts Continuing Legal Education, 2013. p. 1-8.

O referido princípio é tão elementar aos processos autocompositivos, que se confunde com o próprio conceito de autocomposição. Não por outro motivo está expressamente insculpido no inciso V, do art. 2º, da Lei 13.140, de 26 de junho de 2015, chamada Lei de Mediação:

> Art. 2º. A mediação será orientada pelos seguintes princípios:
>
> [...]
>
> V - autonomia da vontade das partes;[235]

Esse princípio também está presente no art. 166, do Código de Processo Civil de 2015, ao estabelecer que "A conciliação e a mediação são informadas pelos princípios da independência, da imparcialidade, **da autonomia da vontade**, da confidencialidade, da oralidade, da informalidade e da decisão informada." [236]

Igualmente, no âmbito do direito internacional, a voluntariedade das partes na mediação é elemento de destaque, sendo considerado pressuposto caracterizador do procedimento.

Nesse sentido, Roberto A. Bianchi define a mediação como um procedimento informal, **voluntário** e sob condição de confidencialidade, conduzindo por um terceiro imparcial e aceito pelas partes em disputa, que facilita o diálogo entre elas mesmas, possibilitando que elas cheguem a um acordo elaborado por elas próprias.[237]

Do original: "*Voluntariness - participation in most mediations is voluntary, and, even in cases where a court refers the parties to mediation, they have the right to leave after making a good-faith effort to resolve their conflict.*".

235. BRASIL. *Lei 13.140, de 26 de junho de 2015*. Dispõe sobre a mediação entre particulares como meio de solução de controvérsias e sobre a autocomposição de conflitos no âmbito da administração pública; altera a Lei nº 9.469, de 10 de julho de 1997, e o Decreto nº 70.235, de 6 de março de 1972; e revoga o § 2º do art. 6º da Lei nº 9.469, de 10 de julho de 1997. Disponível em: https://bit.ly/3PS0syr Acesso em: 31 maio 2022.

236. BRASIL. *Lei nº 13.105, de 16 de março de 2015*. Código de Processo Civil. Disponível em: https://bit.ly/3GAXdal Acesso em: 31 maio 2022.

237. *La mediación es un procedimiento no formal, voluntario y bajo condiciones de confidencial, conducido por un tercero imparcial y aceptado por las partes de una disputa, que facilita el diálogo entre las mismas que haga posible un acuerdo*

Com efeito, na mediação, a autonomia da vontade é um princípio basilar, pois garante o respeito à real pretensão dos interessados, sem que se abra qualquer possibilidade de imposição de uma solução para o conflito, seja pela parte adversa, seja pelo mediador.

Em outras palavras, cada parte envolvida é protagonista da mediação. Cabe a elas aceitar, ou não, o início do procedimento, as eventuais soluções que forem negociadas e o seu encerramento, no momento em que acharem conveniente.

Fernando Gama de Miranda Netto e Irineu Carvalho de Oliveira Soares aprofundam essa questão, ao abordarem a importância da autonomia da vontade das partes nos procedimentos de mediação:

> Também conhecido como "autoridade dos mediados" ou princípio da autodeterminação, o princípio da autonomia da vontade consagra o poder concedido às partes de definir todos os pontos a serem tratados no processo, desde o seu início até o final. Esse princípio afasta qualquer tentativa arbitrária de o mediador forçar o desenvolvimento do processo e a tomada de decisão das partes em qualquer nível. Com ele, o legislador tenta evitar condutas inadequadas dos mediadores, como, por exemplo, a imposição de certas decisões e acordos por meio de ameaças, mesmo que escondidas atrás de conselhos. A autonomia da vontade das pessoas mediadas abrange desde a escolha ou aceitação do mediador até o caminho seguido em busca de uma possível solução para o conflito.[238]

É importante frisar que o princípio da autonomia da vontade não afasta a importância da figura do mediador, enquanto facilitador da solução da controvérsia, sendo responsável pela

---

convenido por aquéllas. BIANCHI, Roberto. *Mediación prejudicial y conciliación*. Buenos Aires: Zavalía, 1996. p. 65.

238. MIRANDA NETTO, Fernando Gama de; SOARES, Irineu Carvalho de Oliveira. Princípios procedimentais da mediação no novo código de processo civil. *In*: ALMEIDA, Diogo Assumpção Rezende de; PANTOJA, Fernanda Medina; PELAJO, Samantha (Coords.). *A Mediação no Novo Código de Processo Civil*. 2. ed. Rio de Janeiro: Forense, 2016. p. 109-119. p. 116.

condução do procedimento. Rubens Decoussau Tilkian bem detalha essa observação, ao afirmar que o referido princípio

> [...] não afasta, entretanto, a figura do mediador, que será o responsável por auxiliar as partes no objetivo proposto. Compete a ele estabelecer as fases da mediação, a necessidade de realização de alguma perícia, sugerindo às partes as melhores práticas etc. Cabe-lhe, também, a decisão de promover reuniões com cada uma das partes separadamente (técnica conhecida como Caucus), visando *(sic)* entender seus anseios e receios, num ambiente mais reservado e sem os olhos e os pré-julgamentos da outra parte. Enfim, não obstante a ampla autonomia das partes, o mediador tem como atribuição estabelecer as regras procedimentais, fixando deveres e responsabilidades.[239]

Impende ainda ressaltar que, a despeito da relevância e imponência desse princípio no cenário dos procedimentos autocompositivos, afinal, não há que se falar em autocomposição sem autonomia da vontade, é importante que ele não seja utilizado para inviabilizar as mediações, necessitando, portanto, da compreensão das partes e de seus respectivos advogados. Deve a mediação ser vista como uma oportunidade de se chegar à solução do litígio. Rubens Decoussau Tilkian afirma que "[...] os advogados terão papel de destaque na mediação, pois, se ao contrário do que se espera, optarem por eternizar os litígios, ao final todos sairão perdedores."[240]

Registre-se, ainda, que apesar de termos em alguns ordenamentos a obrigatoriedade da submissão ao processo autocompositivo, isso não significa que as partes são obrigadas a permanecer no processo até que se chegue a um acordo. Ou seja, as partes podem ser obrigadas a iniciarem a autocomposição, mas podem encerrá-la no momento em que entenderem conveniente.

---

239. TILKIAN, Rubens Decoussau. *Comentários à lei de mediação*. São Paulo: Migalhas, 2016. p. 71.

240. Idem, p. 71-72.

Essa obrigatoriedade muda de acordo com o modelo adotado em cada país e, segundo André Gomma de Azevedo,

> [...] a maior parte da doutrina especializada entende que a participação voluntária mostra-se necessária, em especial em países que ainda não desenvolveram uma cultura autocompositiva adequada, para a obtenção de resultados legítimos. Vale ressaltar que, no Brasil, a obrigatoriedade da conciliação em sede de Juizados Especiais consiste tão somente na presença das partes na sessão de conciliação – dessa forma, as partes não estão obrigadas a conciliar."[241]

Por fim, é relevante destacar que, no ordenamento jurídico brasileiro, a autonomia das partes também se concretiza pela independência na escolha das regras procedimentais a serem adotadas pelo mediador, conforme preceitua o art. 166, § 4º do CPC: "A **mediação e a conciliação** serão regidas conforme a livre autonomia dos interessados, inclusive no que diz respeito à definição das regras procedimentais."[242]

2.2.6 Princípio da busca do consenso

Apesar de ser colocada como princípio, a busca do consenso é o objetivo, a finalidade da mediação e de qualquer procedimento autocompositivo. Ora, o consenso, o acordo de vontades, a concordância são exatamente aquilo que se pretende atingir.

O referido princípio consiste na contínua busca por soluções, propostas e acertos que podem, por vezes, exigir das partes um árduo exercício acerca daquilo que podem ceder, bem como daquilo em que devem insistir. Alcançado um consenso, esse será formalizado por meio da celebração de um instrumento de acordo, a ser homologado.

---

241. AZEVEDO, André Gomma de. *Manual de Mediação Judicial*. 6. ed. Brasília: Conselho Nacional de Justiça, 2016, p. 253. Disponível em: https://bit.ly/3zcKvgn Acesso em: 31 maio 2022.

242. BRASIL. *Lei nº 13.105, de 16 de março de 2015*. Código de Processo Civil. Disponível em: https://bit.ly/3GAXdal Acesso em: 31 maio 2022.

Nesse sentido, José Maria Rossani Garcez define mediação como fórmula de solução de conflitos em que "um terceiro imparcial **auxilia as partes a chegarem, elas próprias, a um acordo entre si**, através de um processo estruturado." [243]

Rubens Decoussau Tilkian salienta que, nessa incessante busca do consenso, é comum verificar situações em que as partes estão

> [...] completamente tomadas por impulsos passionais, com o ego inflamado. Nessas situações, constata-se que elas perdem a oportunidade de solucionar o conflito simplesmente porque a posição egocêntrica e intransigente não lhes permite ceder, para não serem vistas como frágeis ou derrotadas."[244]

Nesse panorama, cabe ao mediador tentar debelar esses impulsos, promovendo um maior diálogo entre as partes, do ponto de vista qualitativo, podendo, inclusive, indicar profissionais mais capacitados para auxiliarem nesse propósito, por exemplo, psicólogos, ou mesmo advogados, caso as partes estejam desassistidas. Esse auxílio pretende melhorar a capacidade de diálogo das partes na trajetória de tomada de decisão, ou seja, na busca pelo consenso.

2.2.7 Princípio da confidencialidade

O princípio da confidencialidade, também conhecido como princípio do sigilo, estabelece que quaisquer informações resultantes da comunicação ou interação entre os envolvidos na mediação devem permanecer em caráter sigiloso, não podendo ser utilizadas fora da mediação nem como matéria probatória em eventual processo judicial.

A relevância do princípio da confidencialidade foi reconhecida pelo legislador. Não por outro motivo, está expressamente

---

243. GARCEZ, José Maria Rossani. *Negociação:* ADRS: Mediação: Conciliação e Arbitragem. 2. ed. Rio de Janeiro: Lumen Juris, 2003. p. 35.

244. TILKIAN, Rubens Decoussau. *Comentários à lei de mediação*. São Paulo: Migalhas, 2016. p. 72.

insculpido no inciso VII do art. 2º da Lei 13.140, de 26 de junho de 2015, chamada Lei de Mediação:

> Art. 2º A mediação será orientada pelos seguintes princípios:
>
> [...]
>
> VII - confidencialidade;[245]

Esse princípio também está presente no art. 166 do Código de Processo Civil de 2015, ao estabelecer que "A conciliação e a mediação são informadas pelos princípios da independência, da imparcialidade, da autonomia da vontade, **da confidencialidade**, da oralidade, da informalidade e da decisão informada."[246]

A vigente ordem processual também se ocupou de explicitar a abrangência do princípio da confidencialidade, conferindo a essa disciplina dois parágrafos do art. 166 do Código de Processo Civil de 2015:

> Art. 166. [...]
>
> [...]
>
> § 1º. A confidencialidade estende-se a todas as informações produzidas no curso do procedimento, cujo teor não poderá ser utilizado para fim diverso daquele previsto por expressa deliberação das partes.
>
> § 2º. Em razão do dever de sigilo, inerente às suas funções, o conciliador e o mediador, assim como os membros de suas equipes, não poderão divulgar ou depor acerca de fatos ou elementos oriundos da conciliação ou da mediação.[247]

245. BRASIL. *Lei 13.140, de 26 de junho de 2015.* Dispõe sobre a mediação entre particulares como meio de solução de controvérsias e sobre a autocomposição de conflitos no âmbito da administração pública; altera a Lei nº 9.469, de 10 de julho de 1997, e o Decreto nº 70.235, de 6 de março de 1972; e revoga o § 2º do art. 6º da Lei nº 9.469, de 10 de julho de 1997. Disponível em: https://bit.ly/3PS0syr. Acesso em: 31 maio 2022.

246. BRASIL. *Lei nº 13.105, de 16 de março de 2015.* Código de Processo Civil. Disponível em: https://bit.ly/3GAXdalAcesso em: 31 maio 2022.

247. BRASIL. *Lei nº 13.105, de 16 de março de 2015.* Código de Processo Civil. Disponível em: https://bit.ly/3GAXdal Acesso em: 31 maio 2022.

De acordo com o que estabelece a lei, a confidencialidade abrange, então, todas as informações produzidas no curso do procedimento de mediação, cujo conteúdo não poderá ser sequer cogitado para fim diverso daquele para o qual acordaram as partes.

Para André Gomma de Azevedo: "[...] as informações constantes nas comunicações realizadas na autocomposição não poderão ser ventiladas fora desse processo nem poderão ser apresentadas como provas no eventual julgamento do caso, nem em outros processos judiciais."[248]

Segundo Rubens Decoussau Tilkian, a confidencialidade "[...] é a essência do procedimento de mediação. Sem confidencialidade, as partes não estarão seguras para a apresentação real do problema, discussão comum daquilo que é objeto do conflito e, por consequência, não estarão abertas para eventuais soluções que posam ser consideradas."[249]

Acerca do tema, Fernando Gama de Miranda Netto e Irineu Carvalho de Oliveira Soares afirmam:

> Esse princípio ressalta a importância do sigilo para com os problemas tratados no procedimento. A preservação do sigilo é uma garantia para as pessoas que se submetem ao procedimento, pois, ao tratar de problemas envolvendo relações continuadas, acabam exteriorizando aspectos íntimos da relação para um terceiro, o mediador. Sem a garantia de sigilo, o tratamento do problema seria afetado, pois assuntos delicados poderiam ser explicitados e prejudicar ainda mais as relações. Com a garantia de sigilo, as pessoas têm a segurança necessária para tratar dos problemas na sua integralidade, sem omitir detalhes importantes para a sua administração.[250]

---

248. AZEVEDO, André Gomma de. *Manual de Mediação Judicial.* 6. ed. Brasília: Conselho Nacional de Justiça, 2016, p. 254. Disponível em: https://bit.ly/3zcKvgn Acesso em: 31 maio 2022.

249. TILKIAN, Rubens Decoussau. *Comentários à lei de mediação.* São Paulo: Migalhas, 2016. p. 73.

250. MIRANDA NETTO, Fernando Gama de; SOARES, Irineu Carvalho de Oliveira. Princípios procedimentais da mediação no novo código de processo civil. *In*: ALMEIDA, Diogo Assumpção Rezende de; PANTOJA, Fernanda Medina; PELAJO,

Sobre a confidencialidade, David A. Hoffman esclarece que com algumas exceções (como mediações de políticas públicas envolvendo agências governamentais), as discussões realizadas na mediação são protegidas contra divulgação por um privilégio estatutário e pelo termo de aceitação de mediação firmado pelas partes, que normalmente inclui uma disposição que proíbe as partes e o mediador de divulgar a substância de suas discussões.[251]

Segundo Jennifer E. Beer e Caroline C. Packard, o mediador deverá manter todas as informações confidenciais, incluindo todas as conversas, os termos do acordo e até mesmo o fato de que as partes compareceram a uma mediação. Tampouco o mediador poderá testemunhar ou fornecer documentos de mediação na hipótese de o caso ser litigado.[252]

Ora, o sucesso da mediação está relacionado com o grau de confiança que as partes têm na figura do mediador. A falta de confidencialidade dificultaria essa relação de confiança e, portanto, a própria mediação.

Justificando a importância desse princípio, André Gomma de Azevedo esclarece que a falta de poder coercitivo sobre as partes faz com que o mediador seja dependente da melhora da comunicação, ou mesmo da construção de uma relação de

---

Samantha (Coords.). *A Mediação no Novo Código de Processo Civil*. 2. ed. Rio de Janeiro: Forense, 2016. p. 109-119. p. 112.

251. HOFFMAN, David A. *Mediation:* A Practice Guide for Mediators, Lawyers, and Other Professionals. Massachusetts: Massachusetts Continuing Legal Education, 2013. p. 1-8.
Do original: *"Confidentiality - with a few exceptions (such as public policy mediations involving governmental agencies), the discussions that take place in mediation are protected from disclosure by a statutory privilege and the parties' contractual Agreement to Mediate, which typically includes a provision prohibiting the parties and the mediator from disclosing the substance of their discussions."*

252. BEER, Jennifer E.; PACKARD, Caroline C. *The Mediator's Handbook:* Revised & Expanded fourth edition. Philadelphia: New Society Publishers, 2012. p. 34.
Do original: *"You will keep all information confidential, including all conversations, the terms of agreement- even that they attended a mediation." [...] "Explain your policy of not testifying or providing mediation documents should the case be litigated. Ask them to sign any release or confidentiality forms that you use."*

confiança, entre os querelantes. Logo, a disposição de se comunicar com franqueza é essencial ao sucesso do processo. Para que isso ocorra, torna-se indispensável o sigilo profissional, atingindo-se uma comunicação com maior liberdade e evitando-se o uso dessas informações em um ulterior julgamento.[253]

David A. Hoffman esclarece que para muitas partes, a principal vantagem da mediação é a resolução privada da disputa. Esse será frequentemente o caso em que existem interesses relativos à reputação em jogo e também pode ser que as partes desejem limitar o acesso do público a documentos, exposições, articulações e testemunhos. Numa mediação, as partes determinam quanto do resultado, se houver, estará no registro público – por exemplo, em uma estipulação de demissão. Nos casos que não foram movidos em juízo, não há necessidade de um registro público de qualquer tipo.[254]

Essa também é a posição de Rubens Decoussau Tilkian, ao afirmar que a confidencialidade pressupõe sigilo e envolve todo o procedimento, abrangendo documentos apresentados, laudos realizados, propostas de acordos formuladas. A confidencialidade não está adstrita ao mediador, mas obriga todos aqueles que participam ou colaboram com o procedimento, tais como: observadores, comediadores, estagiários, advogados etc. Tampouco as partes em conflito podem utilizar documentos e informações divulgados na mediação em eventuais processos judiciais.[255]

---

253. AZEVEDO, André Gomma de. *Manual de Mediação Judicial.* 6. ed. Brasília: Conselho Nacional de Justiça, 2016, p. 254. Disponível em: https://bit.ly/3zcKvgn Acesso em: 31 maio 2022.

254. HOFFMAN, David A. *Mediation:* A Practice Guide for Mediators, Lawyers, and Other Professionals. Massachusetts: Massachusetts Continuing Legal Education, 2013. p. 1-19.
Do original: *"For many parties, the primary advantage of mediation is private resolution of the dispute. This will often be the case where there are reputational interests at stake, and it may also be true where the parties wish to limit public access to documents, exhibits, pleadings, and testimony." [...] "In a mediation, the parties determine how much of the outcome, if any, will be in the public record – for example, in a stipulation of dismissal or agreement for judgment. In cases that have not been filed in court, there is no need for a public record of any kind."*

255. TILKIAN, Rubens Decoussau. *Comentários à lei de mediação.* São Paulo: Migalhas, 2016. p. 73.

Em contraponto, Tania Almeida ressalta a circunstância de que compete às partes determinarem a extensão da confidencialidade na mediação, afastando-se o caráter absoluto desse princípio.[256]

Também sob essa perspectiva, Fernando Gama de Miranda Netto e Irineu Carvalho de Oliveira Soares registram que, além da possível renúncia das partes ao sigilo da mediação, há de se considerar a possibilidade de utilização dos dados obtidos no procedimento para fins acadêmicos, caso haja prévia anuência dos interessados:

> [...] Existe ainda a possibilidade de utilização do que foi tratado na mediação para estudos acadêmicos e desenvolvimento de técnicas de mediação, desde que com o prévio consentimento das partes envolvidas e da entidade que comanda o núcleo de mediação onde foi realizado o procedimento. Assim, nada impede que um pesquisador acompanhe o procedimento mediacional como observador e possa escrever sobre aquilo que presenciou, se tiver a anuência das partes. Isso poderá contribuir enormemente para o avanço dos estudos e aperfeiçoamento da mediação judicial.[257]

Os mesmos autores apontam como exceção ao princípio da confidencialidade a hipótese de "o mediador presenciar um crime de ação penal pública incondicionada (ex.: lesão corporal dolosa de natureza grave) no curso da mediação", salientando que, nesse caso, "deve ele suspender o procedimento e comunicar o fato à autoridade."[258]

---

256. ALMEIDA, Tania. Mediação e conciliação: dois paradigmas distintos, duas práticas diversas. *In*: CASELLA, Paulo Borba; SOUZA, Luciane Moessa (Orgs.). *Mediação de conflitos:* novo paradigma de acesso à justiça. Belo Horizonte: Fórum, 2009. p. 84-102. p. 99.

257. MIRANDA NETTO, Fernando Gama de; SOARES, Irineu Carvalho de Oliveira. Princípios procedimentais da mediação no novo código de processo civil. *In*: ALMEIDA, Diogo Assumpção Rezende de; PANTOJA, Fernanda Medina; PELAJO, Samantha (Coords.). *A Mediação no Novo Código de Processo Civil.* 2. ed. Rio de Janeiro: Forense, 2016. p. 109-119. p. 112.

258. MIRANDA NETTO, Fernando Gama de; SOARES, Irineu Carvalho de Oliveira. Princípios procedimentais da mediação no novo código de processo civil. *In*: ALMEIDA, Diogo Assumpção Rezende de; PANTOJA, Fernanda Medina; PELAJO,

Não há dúvida, entretanto, que, em situações normais, há de prevalecer o sigilo, segundo orientação da norma processual civil.

Ademais, merece destaque que a confidencialidade é tida como tão essencial à mediação, que mereceu um tratamento especial, com detalhamento nos arts. 30 e 31 da Lei de Mediação, que também tratam das suas exceções.

O *caput* do referido art. 30, expressamente esclarece que "Toda e qualquer informação relativa ao procedimento de mediação será confidencial em relação a terceiros, não podendo ser revelada sequer em processo arbitral ou judicial salvo se as partes expressamente decidirem de forma diversa ou quando sua divulgação for exigida por lei ou necessária para cumprimento de acordo obtido pela mediação."[259]

Cabe-nos registrar, ainda, que o princípio da confidencialidade, para além do reconhecimento de sua importância na Lei de Mediação, possui uma rede de proteção ampla no nosso ordenamento jurídico.

Nesse sentido, o art. 154 do Código Penal tipifica a violação de segredo profissional, apenando a conduta de revelar, sem justa causa, segredo, de que tem ciência em razão de função, ministério, ofício ou profissão e cuja revelação possa produzir dano a outrem.[260]

Samantha (Coords.). *A Mediação no Novo Código de Processo Civil*. 2. ed. Rio de Janeiro: Forense, 2016. p. 109-119. p. 112.

259. BRASIL. *Lei 13.140, de 26 de junho de 2015*. Dispõe sobre a mediação entre particulares como meio de solução de controvérsias e sobre a autocomposição de conflitos no âmbito da administração pública; altera a Lei nº 9.469, de 10 de julho de 1997, e o Decreto nº 70.235, de 6 de março de 1972; e revoga o § 2º do art. 6º da Lei nº 9.469, de 10 de julho de 1997. Disponível em: https://bit.ly/3PS0syr Acesso em: 31 maio 2022.

260. BRASIL. *Decreto-Lei nº 2.848, de 7 de dezembro de 1940*. Código Penal Brasileiro. Disponível em: https://bit.ly/3xeKBTw Acesso em: 02 jun. 2022.

2.2.8 Princípio da boa-fé

O princípio da boa-fé possui duas vertentes: uma objetiva e outra subjetiva. No campo subjetivo, corresponde a um valor pessoal e intrínseco do indivíduo e está atrelado à sinceridade, à lealdade e à verdade. Já no campo objetivo, a boa-fé ganha contornos jurídicos mais relevantes para o procedimento de mediação.

No campo objetivo, a boa-fé deve manifestar-se por ações concretas de lisura na mediação como um todo, com relação a todos os envolvidos no procedimento: parte contrária; terceiros e demais agentes envolvidos na tentativa de solução do litígio.

Essa é a posição de Rubens Decoussau Tilkian, quando esclarece o caráter abrangente da boa-fé àqueles envolvidos no procedimento de mediação, incluindo que essa deve ser observada de igual forma pelo mediador, como não poderia deixar de ser:

> [...] A boa-fé é ínsita ao procedimento, já que as partes ingressam na mediação de forma espontânea, o que indica que não possuem a intenção de fraudá-lo, por exemplo, escondendo patrimônio ou promovendo ações que visem *(sic)* obstaculizar a solução pacífica do conflito. Esta boa-fé também se aplica ao próprio mediador, que tem o dever de agir de forma imparcial e de comunicar às partes quaisquer hipóteses de impedimento ou suspeição, por força do art. 5º, par. único desta lei.[261]

Nas palavras de Juan Carlos Vezzulla, "[...] a boa-fé é requisito imprescindível para que as pessoas envolvidas no impasse tenham, de forma isonômica, o poder real da decisão."[262]

Diogo Rezende de Almeida e Fernanda Paiva também ressaltam a importância dos elementos caracterizadores da

---

261. TILKIAN, Rubens Decoussau. *Comentários à lei de mediação.* São Paulo: Migalhas, 2016, p. 74.

262. VEZZULLA, Juan Carlos. *Mediação:* teoria e prática e guia para utilizadores e profissionais. Lisboa: Ministério da Justiça de Portugal, 2005. p. 85.

boa-fé objetiva, na mediação, registrando que a aplicação desse princípio inclui

> [...] o respeito que deve haver entre os participantes – qualquer que seja o problema em que estejam envolvidos – a boa-fé demanda também cooperação, consideração e cuidado recíprocos. Isso se reflete tanto no tratamento entre eles como no tratamento dos interesses debatidos.[263]

De fato, a boa-fé que se concretiza por uma conduta sincera, leal, honesta, solidária, e na presença dos demais atributos de um estado de espírito isento de ânimo adverso, seja por parte dos interessados, seja pelo mediador, torna-se essencial à eficácia da mediação, a fim de que o procedimento seja justo e produtivo. Em outras palavras, sem a observância desse princípio, o comprometimento da audiência de mediação é certo.

2.2.9 Princípio da consciência relativa ao processo

Outro relevante mandamento é o princípio da consciência relativa ao processo. Por ele, as partes devem ter absoluta consciência das consequências de participar da mediação, bem como da liberdade que possuem de encerrá-la a qualquer momento que julguem pertinente.

Ou seja, as partes devem estar cientes da oportunidade que a participação da autocomposição representa, enquanto ato de vontade e de liberdade de escolha, bem como de suas vantagens em comparação ao processo judicial ou à heterocomposição.

Conforme esclarece Tania Almeida

> A mediação foi pensada de modo a devolver às partes o protagonismo sobre suas vidas no que concerne à solução de suas contendas. Distancia-se do modelo paternalista [...] e procura

---

263. ALMEIDA, Diogo A. Rezende de; PAIVA, Fernanda. Princípios da mediação de conflitos. *In*: ALMEIDA, Tania; PELAJO, Samantha; JONATHAN, Eva (Coords.). *Mediação de conflitos*. 2. ed. Salvador: JusPodivm, 2019. p. 101-110. p. 104.

> restaurar a capacidade de autoria das partes na solução de seus conflitos.[264]

Logo, deverão estar as partes inteiramente conscientes das implicações e possíveis resultados da mediação a que se submetem.

Nas palavras de André Gomma de Azevedo, "[...] as partes devem compreender as consequências de sua participação no processo autocompositivo, bem como a liberdade de encerrar a mediação a qualquer momento [...].[265]

Ainda, segundo esse autor,

> [...] recomenda-se que as partes sejam estimuladas a tratarem a autocomposição como uma efetiva oportunidade para se comunicarem de forma franca e direta, pois, considerando a confidencialidade do que é debatido em mediação, elas somente têm a ganhar com essa comunicação aberta. Cabe registrar que, em especial em autocomposições forenses, ante a aproximação com a estrutura estatal, muitas partes demonstram receio de que o mediador conte ao magistrado os pontos materiais debatidos na mediação e, devido a essa equivocada percepção, frequentemente se abstêm de os exprimirem com franqueza ou veracidade. Diante de uma situação como esta exemplificada, cabe ao(s) mediador(es) explicar adequadamente o funcionamento do processo de mediação e assegurar às partes a confidencialidade da autocomposição para que elas possam desenvolver adequada consciência quanto a esse processo autocompositivo.[266]

De fato, devem os participantes atuarem na condição de agentes ativos e serem os reais porta-vozes de suas próprias questões e sentimentos, assumindo a posição de responsáveis

---

264. ALMEIDA. Tania. Mediação e conciliação: dois paradigmas distintos, duas práticas diversas. *In:* CASELLA, Paulo Borba; SOUZA, Luciane Moessa de (Coords.). *Mediação de Conflitos:* Novo Paradigma de Acesso à Justiça. Belo Horizonte: Editora Fórum, 2009. p. 84-102. p. 96.

265. AZEVEDO, André Gomma de. *Manual de mediação judicial.* 6. ed. Brasília: Conselho Nacional de Justiça, 2016, p. 253. Disponível em: https://bit.ly/3zcKvgn Acesso em: 31 maio 2022.

266. Idem.

naturais pelos resultados da mediação e conscientes das implicações decorrentes da escolha por sua participação. Somente assim se poderá garantir um procedimento eficaz.

2.2.10 Princípio da decisão informada

Pelo princípio da decisão informada, a mediação somente poderá ser considerada válida e legítima se as partes tiverem plena consciência dos direitos que possuem, bem como das consequências advindas de eventual renúncia. Ou seja, é o princípio que, em sendo observado, garante que toda decisão tomada no processo autocompositivo é absolutamente consciente.

Esse princípio também está presente no art. 166 do Código de Processo Civil de 2015 ao estabelecer que "A conciliação e a mediação são informadas pelos princípios da independência, da imparcialidade, da autonomia da vontade, da confidencialidade, da oralidade, da informalidade e **da decisão informada.**"[267]

Na expressão de Petrônio Calmon, decisão informada

> [...] é o princípio que afirma o direito de as partes obterem informação sobre o processo de mediação e, quando resulta necessário, acerca de seus direitos legais, opções e recursos relevantes, antes de participar da mediação, consenti-la ou aprovar os termos do acordo ali alcançados.[268]

David A. Hoffman, por sua vez, descreve a importância do consentimento informado, estabelecendo que as partes têm o direito de obter todas as informações relevantes que eles precisam para tomar uma decisão informada sobre acordo.[269]

---

267. BRASIL. *Lei nº 13.105, de 16 de março de 2015*. Código de Processo Civil. Disponível em: https://bit.ly/3GAXdal Acesso em: 31 maio 2022.

268. CALMON, Petrônio. *Fundamentos da mediação e da conciliação*. 2. ed. Brasília: Gazeta Jurídica, 2013. p. 117.

269. HOFFMAN, David A. *Mediation:* A Practice Guide for Mediators, Lawyers, and Other Professionals. Massachusetts: Massachusetts Continuing Legal Education, 2013. p. 1-8.
Do original: "*Informed consent - the parties are entitled to have all relevant information that they need in order to make an informed decision about settlement.*"

Em acréscimo, André Gomma de Azevedo esclarece que esse princípio constitui "[...] corolário do princípio da autonomia de vontades ou consensualismo processual [...]" e "[...] estabelece como condição de legitimidade para a autocomposição a plena consciência das partes quanto aos seus direitos e a realidade fática na qual se encontram."[270]

Já na compreensão de Fernando Gama de Miranda Netto e Irineu Carvalho de Oliveira Soares, o mediador, sob a perspectiva do princípio da decisão informada, assume perante as partes o papel de guia, não podendo furtar-se a expor adequadamente os necessários esclarecimentos quanto aos caminhos a serem percorridos pelos participantes do procedimento:

> A mediação de conflitos é um processo que pode ser ilustrado como uma caminhada, em que as pessoas envolvidas no conflito são conduzidas por um guia, o mediador, em direção a uma compreensão completa do problema, que pode terminar com sua possível solução. Nessa caminhada, cada decisão representa um passo em direção a essa possível solução, e o mediador-guia não pode se furtar de explicar para as pessoas o caminho para qual ele está conduzindo o procedimento e, consequentemente, elas. [...] Na caminhada, qualquer pedra (dúvida) que apareça no meio do caminho pode e deve ser removida pelos envolvidos com a ajuda do mediador e, caso ele não domine o tema e possa ter dúvidas sobre a licitude do acordo, poderá ele recorrer à ajuda de um especialista oferecido pelo tribunal ou núcleo de mediação, e aceito pelas pessoas conflitantes.[271]

Complementam os mesmos autores que a aplicação desse princípio "procura evitar que as partes sejam surpreendidas", de modo que esse preceito "abomina qualquer omissão ou supressão de informações necessárias ao entendimento de

---

270. AZEVEDO, André Gomma de. *Manual de Mediação Judicial*. 6. ed. Brasília: Conselho Nacional de Justiça, 2016, p. 253. Disponível em: https://bit.ly/3zcKvgn Acesso em: 31 maio 2022.

271. MIRANDA NETTO, Fernando Gama de; SOARES, Irineu Carvalho de Oliveira. Princípios procedimentais da mediação no novo código de processo civil. *In*: ALMEIDA, Diogo Assumpção Rezende de; PANTOJA, Fernanda Medina; PELAJO, Samantha (Coords.). *A Mediação no Novo Código de Processo Civil*. 2. ed. Rio de Janeiro: Forense, 2016. p. 109-119. p. 115.

algum detalhe sobre o procedimento, o objeto mediato e as consequências de um possível acordo."[272]

Podemos dizer, por outras palavras, que somente será legítimo o acordo mediado se as partes tiverem plena consciência quanto à existência de eventual direito subjetivo que foi renunciado, bem como das consequências dessa renúncia.

2.2.11 Princípio do empoderamento

O princípio do empoderamento estabelece que a mediação deve ter um caráter pedagógico ou educacional para as partes envolvidas, possibilitando a capacitação ou empoderamento, para que essas possam, com o passar do tempo, desenvolver competências relacionadas à resolução de conflitos e, assim, não mais necessitem de auxílio de terceiros ou do próprio Poder Judiciário.

Segundo André Gomma de Azevedo, esse princípio decorre da reinclusão de novos processos autocompositivos nos modernos sistemas processuais, que passaram a incorporar novos objetivos, como a capacitação (ou empoderamento) das partes, que na mediação podem se traduzir em, por exemplo, técnicas de negociação e resolução de conflitos, para que as partes em disputa possam, cada vez mais, por si mesmas compor conflitos que possam vir a surgir.[273]

Diogo Rezende de Almeida e Fernanda Paiva também salientam a importância do princípio de empoderamento na eficácia da mediação, ressaltando que as técnicas de *empowerment* (empoderamento) e *recognition* (reconhecimento das

272. MIRANDA NETTO, Fernando Gama de; SOARES, Irineu Carvalho de Oliveira. Princípios procedimentais da mediação no novo código de processo civil. *In*: ALMEIDA, Diogo Assumpção Rezende de; PANTOJA, Fernanda Medina; PELAJO, Samantha (Coords.). *A Mediação no Novo Código de Processo Civil*. 2. ed. Rio de Janeiro: Forense, 2016.. p. 115.

273. AZEVEDO, André Gomma de. *Manual de mediação judicial*. 6. ed. Brasília: Conselho Nacional de Justiça, 2016, p. 254-255. Disponível em: https://bit.ly/3zcKvgn Acesso em: 31 maio 2022.

necessidades do outro) ajudam os participantes a refletirem sobre o protagonismo e coprotagonismo no procedimento.[274]

Logo, pelo princípio do empoderamento, é necessário haver um componente educativo ou pedagógico na mediação que possa ser utilizado pelas partes e auxiliá-las em eventuais litígios que venham a ocorrer.

O mediador busca o estabelecimento de uma comunicação mais eficiente entre as partes, dessa maneira, em razão do princípio do empoderamento, é esperado que após uma mediação conduzida de forma adequada, as partes tenham aprendido, ou ao menos aprimorado, sua capacidade de negociação e melhorado a sua forma de comunicar-se.

2.2.12 Princípio da validação

O princípio da validação traz um componente de humanização da mediação, enquanto método de solução de conflito. Pretende-se que durante a mediação seja estimulado o reconhecimento de interesses e sentimentos pelas partes em conflito. Isso gera uma aproximação ou reaproximação real entre as partes em litígio.

Para André Gomma de Azevedo, o princípio da validação é favorecido pela participação de um terceiro neutro ao conflito, o mediador. Esse, no decorrer do processo, direciona cada parte a se conscientizar dos seus interesses, sentimentos, necessidades, desejos e valores, para que cada envolvido venha a compreender como e por que algumas das soluções ventiladas satisfazem, ou não, as suas necessidades.[275]

---

274. ALMEIDA, Diogo A. Rezende de; PAIVA, Fernanda. Princípios da mediação de conflitos. *In*: ALMEIDA, Tania; PELAJO, Samantha; JONATHAN, Eva (Coords.). *Mediação de conflitos*. 2. ed. Salvador: JusPodivm, 2019. p. 101-110. p. 103.

275. AZEVEDO, André Gomma de. *Manual de mediação judicial*. 6. ed. Brasília: Conselho Nacional de Justiça, 2016, p. 255. Disponível em: https://bit.ly/3zcKvgn Acesso em: 31 maio 2022.

Ainda que saibamos a relevância da figura do mediador nesse princípio, especialmente nos estágios iniciais da mediação, deve-se buscar sempre atingir uma comunicação direta entre as partes.

Jennifer E. Beer e Caroline C. Packard afirmam que um dos objetivos da mediação é fazer com que as partes se ouçam, conversem umas com as outras cara a cara, em vez de usar o mediador como intermediário ou falar por meio de advogados.[276]

Em não sendo observado o princípio da validação, ou seja, ausentes a conscientização ou a compreensão desses valores, as partes estarão menos inclinadas a criar soluções ou a sugerir propostas para a solução do conflito. De outro lado, ao instruir os participantes sobre a melhor maneira de se comunicar e examinar as questões controvertidas, ou mesmo negociar, o mediador está de certa forma capacitando (ou empoderando) as partes, atendendo também ao princípio do empoderamento, habilitandoas a lidar também com futuros conflitos.

---

276. BEER, Jennifer E.; PACKARD, Caroline C. *The Mediator's Handbook:* Revised & Expanded fourth edition. Philadelphia: New Society Publishers, 2012. p. 10. Do original: *"The goal is to get the parties listening to each other, talking with each other face-to-face (rather than using the mediator as a go-between, or talking through their lawyers)".*

3

A COMPATIBILIDADE ENTRE OS PRINCÍPIOS DO DIREITO INDIVIDUAL E COLETIVO DO TRABALHO E OS PRINCÍPIOS DA MEDIAÇÃO

Neste capítulo, pretendemos examinar a compatibilidade entre os princípios do Direito do Trabalho, tanto do Direito Individual do Trabalho como do Direito Coletivo do Trabalho, com os princípios da mediação.

Esse confronto principiológico deve ser realizado com o objetivo de se verificar a possibilidade de aplicação da mediação, enquanto método de solução de conflito, nas demandas trabalhistas individuais e coletivas, sem que haja qualquer risco de se ferir direitos e garantias dos litigantes envolvidos.

Para realizarmos essa análise, vamos dividir o presente capítulo em dois eixos: a) A Compatibilidade entre os princípios do Direito Individual do Trabalho e os princípios da mediação e b) A Compatibilidade entre os princípios do Direito Coletivo do Trabalho e os princípios da mediação.

Na análise, pretendemos verificar, de acordo com as peculiaridades do Direito Individual e do Direito Coletivo do Trabalho, a necessidade de adoção de eventuais salvaguardas, mecanismos de mitigação ou práticas excepcionais, com o objetivo de compatibilizar o instituto da mediação com o Direito do Trabalho.

3.1 A COMPATIBILIDADE ENTRE OS PRINCÍPIOS DO DIREITO INDIVIDUAL DO TRABALHO E OS PRINCÍPIOS DA MEDIAÇÃO

Como tratado no primeiro capítulo deste estudo, o Direito Individual do Trabalho é regido por vários princípios, normas e regras, cujo núcleo basilar se firma no Princípio da Proteção do trabalhador, também conhecido pela denominação de **Princípio Tutelar** ou **Tuitivo** ou, ainda, **Princípio Protetivo** ou **Tutelar-Protetivo**.

Por esse princípio, como vimos, busca-se contrabalancear a condição de hipossuficiência do trabalhador frente ao poder econômico, ao menos no campo jurídico. Essa premissa estrutura-se em mecanismos destinados a atenuar o desequilíbrio de forças presente na relação de trabalho.

Trata-se de princípio fundamental e orientador do Direito do Trabalho, ligado à sua própria razão de ser. Ou seja, é o princípio da proteção, na nossa modesta opinião, que justifica a própria existência do Direito do Trabalho como um ramo autônomo do direito, separado do Direito Civil. Pelo mesmo raciocínio, por ele se firma a própria existência da Justiça do Trabalho.

Nesse sentido, enquanto no direito comum temos a preocupação de assegurar a igualdade jurídica entre as partes, no Direito do Trabalho, a preocupação desloca-se para a proteção de uma das partes em presumida desvantagem. Com isso, objetiva-se alcançar uma igualdade substancial, real e verdadeira entre elas, e não meramente a igualdade formal.

A respeito da diferenciação entre **igualdade meramente formal** e **igualdade material (ou substancial)**, ainda sob a perspectiva do Direito do Trabalho, são relevantes os apontamentos de Augusto César Leite de Carvalho:

> Tratar igualmente os iguais, na medida em que se igualam, é a função da lei associada à igualdade formal. Noutra perspectiva, promover condições existenciais que provejam igualdade onde historicamente se sedimentou assimetria, disparidade ou

> desequilíbrio social – não justificado por diferenças legítimas – é a função da lei associada à promoção da igualdade substancial.
>
> Sob o prisma da igualdade formal, o Direito prescreve o trato isonômico entre aqueles que reputam iguais, proscrevendo e sancionando a conduta destoante, individual ou coletiva; sob o espectro da igualdade substancial, o Direito interfere na ordem social para torná-la mais justa e paritária, contrapondo-se e impondo-se ao determinismo cultural.[277]

Podemos, então, considerar o Princípio Protetivo do Trabalhador como o cerne do Direito do Trabalho, pois centraliza, em si, toda a essência do ramo justrabalhista, destinado a estruturar mecanismos capazes de amenizar a hipossuficiência do empregado frente à opressão econômica que emana da figura do empregador.

Não é por outro motivo que, como já vimos, a doutrina clássica se firmou no sentido de que o Princípio da Proteção abrange, em si, três diferentes dimensões do direito material do trabalho, às quais também se atribuiu força de princípios justrabalhistas, quais sejam: **Princípio *in dubio pro operário***, **Princípio da norma mais favorável** e **Princípio da condição mais benéfica.**[278]

Em análise mais aprofundada, podemos concluir que o Princípio da Proteção afirma-se em todas aquelas regras e princípios de posição protetiva ao trabalhador frente à sua condição de hipossuficiência na relação de trabalho. Ou seja, todos os demais princípios justrabalhistas, de um modo ou de outro, espelham-se no princípio da proteção para encontrar a sua razão de ser, pois também criam, no âmbito de sua abrangência, uma proteção especial aos interesses contratuais obreiros, no intuito de retificar, juridicamente, uma diferença prática de poder e de influência econômica e social apreendida entre os sujeitos do contrato de emprego.

---

277. CARVALHO, Augusto César Leite de. *Princípios de direito do trabalho sob a perspectiva dos direitos humanos.* São Paulo: LTr, 2018. p. 47-48.

278. PLÁ RODRIGUEZ, Américo. *Princípios de direito do trabalho.* Tradução de Wagner D. Giglio. São Paulo: LTr, 1978. p. 42-43.

Nessa esteira, para a finalidade do nosso estudo acerca da aplicabilidade da mediação no Direito do Trabalho, destacamos dois princípios justrabalhistas que, igualmente, encontram suas raízes nas vertentes do Princípio da Proteção. São eles: a) o Princípio da Imperatividade das Normas Trabalhistas e b) o Princípio da Indisponibilidade dos Direitos Trabalhistas.

Trata-se o Princípio da Imperatividade das Normas Trabalhistas de uma preposição assecuratória eficaz de garantias fundamentais ao trabalhador, em face do desequilíbrio de poderes inerentes à relação de emprego. Por esse princípio, são as regras justrabalhistas essencialmente imperativas, não podendo ter sua regência afastada pela simples manifestação da vontade expressa em contrato de trabalho.

Por outras palavras, sob a perspectiva desse princípio, prevalece restrição à autonomia da vontade no contrato trabalhista. Trata-se de instrumento assecuratório eficaz de garantias fundamentais do trabalhador, em face do desequilíbrio de poderes inerente à relação de subordinação que emana do vínculo empregatício.

O Princípio da Indisponibilidade dos Direitos Trabalhistas, também chamado de Princípio da Irrenunciabilidade dos Direitos Trabalhistas, por sua vez, constitui projeção do princípio da imperatividade das regras trabalhistas, pois, em se tratando de normas de observância obrigatória, justamente em atenção à proteção devida ao trabalhador, em face da sujeição às condições impostas pelo empregador, não seria lógico admitir que o titular do direito pudesse dele despojar-se, ainda que por expressa manifestação de vontade, pois, também essa, poderia estar viciada.

Cuida esse princípio, em verdade, do contingenciamento da liberdade obreira na expressão de sua vontade, com o objetivo de assegurar a efetiva independência do exercício de direitos no contexto da relação empregatícia. É imperativo do dirigismo contratual, que reside na gênese do Direito do Trabalho, a par da condição de vulnerabilidade do trabalhador subordinado ante o poder econômico do empregador.

Outra razão para a existência desse princípio é inibir o vício implicitamente contido na manifestação de vontade expressada pelo empregado, seja em decorrência de sua sujeição pessoal ao empregador, seja pela ignorância da abrangência de seus direitos.

Note-se, por oportuno, que a proteção devida ao empregado, em face da respeitabilidade dos direitos garantidos pela "lei trabalhista", em sentido amplo, é resguardada, inclusive, ao chamado "empregado hipersuficiente", a que alude o parágrafo único do art. 444 da CLT, visto que as cláusulas contratuais firmadas diretamente pelo empregador com o empregado que preencham os requisitos legais cumulativos estabelecidos no mencionado dispositivo, conquanto prevaleçam sobre eventuais normas coletivas, ainda hão de respeitar, em princípio, a legislação pertinente.

> Art. 444. As relações contratuais de trabalho podem ser objeto de livre estipulação das partes interessadas em tudo quanto não contravenha às disposições de proteção ao trabalho, aos contratos coletivos que lhes sejam aplicáveis e às decisões das autoridades competentes.
>
> Parágrafo único. A livre estipulação a que se refere o *caput* deste artigo aplica-se às hipóteses previstas no art. 611-A desta Consolidação, com a mesma eficácia legal e preponderância sobre os instrumentos coletivos, no caso de empregado portador de diploma de nível superior e que perceba salário mensal igual ou superior a duas vezes o limite máximo dos benefícios do Regime Geral de Previdência Social. (Incluído pela Lei nº 13.467, de 2017).[279]

A grande maioria dos trabalhadores brasileiros, contudo, não se enquadram na situação descrita no referido preceito legal e, por vezes, nem sequer possuem condições de transacionarem direitos sobre os quais nem mesmo detêm conhecimento.

Impende admitirmos, então, que a hipossuficiência do trabalhador não se resume apenas àquela decorrente da submissão

---

279. BRASIL. *Decreto-Lei nº 5.452, de 1º de Maio de 1943*. Consolidação das Leis do Trabalho. Disponível em: https://bit.ly/3meUDO Acesso em: 03 jun. 2022.

à vontade do empregador, mas vai além, justificando a presunção de que, ao menos em alguns casos, considerada a dimensão continental do Brasil, o empregado não possui, a priori, a exata dimensão e consciência daquilo a que tem direito.

Logo, prevalece o entendimento de que sua manifestação de vontade, no sentido de renunciar a direitos, pode também estar eivada de vício, por mera ignorância da verdade dos fatos.

Por essas considerações, a eficácia da mediação no âmbito do Direito Individual do Trabalho fica condicionada a um ambiente que, verdadeiramente, leve em conta o Princípio da Proteção, sobretudo nessas duas vertentes, quais sejam, a imperatividade das normas trabalhistas e a indisponibilidade dos direitos trabalhistas.

Em última medida, no Brasil, impõe-se que a aplicabilidade dos princípios da mediação observe a necessária adaptação à realidade justrabalhista, sob pena de caracterizar ferramenta de supressão de direitos.

De outro lado, não se olvida que a mediação traz, em si, a possibilidade de as partes envolvidas transacionarem, e sua aplicação ao Direito Individual do Trabalho, até certa medida, não pode negar essa característica.

Desse modo, o desafio que emerge da ideia de aplicarmos a mediação na esfera do Direito Individual do Trabalho consiste tanto na observância das peculiaridades da relação entre empregado e empregador como na necessidade de se desmistificar a ideia de que não é admitida qualquer transação de direitos do trabalhador. Afinal, se isso fosse verdade, nem sequer existiria a possibilidade de conciliação no processo trabalhista.

Há, portanto, que se encontrar um meio termo, conforme, aliás, pondera Vera Lucia Fernandes de Almeida, ao discorrer sobre as características da mediação no campo do Direito Individual do Trabalho, como sendo aquela capaz

> [...] de pacificar os conflitos existentes; mediação que possa favorecer as duas partes, empregado e empregador, com base em um

> acordo comum e fundado no diálogo, princípios éticos e na busca pelo justo, culminando com o término desse conflito de forma verdadeiramente efetiva.[280]

É claro que sem abandonar a essência da Justiça do Trabalho, na busca da igualdade substancial que se reveste no dever de tratar os desiguais, na medida de sua desigualdade, em virtude da inegável condição de hipossuficiência do trabalhador, conforme complementa a autora:

> [...]
>
> É fato que, ante a diferença econômica existente entre esses atores sociais, o escopo maior da Justiça do Trabalho e do próprio "direito laboral" tem sido a proteção do trabalhador. De um lado temos a hipossuficiência do empregado, que apenas tem como sua a força de trabalho, e do outro o empregador, que é o detentor do poder econômico, assumindo assim o topo da pirâmide na escala do poder.
>
> Imperioso destacar, em que pese à desigualdade de classes, que a Justiça do Trabalho trata dos litígios a ela submetidos de forma a encontrar uma solução que possa ser a mais justa possível, buscando resguardar os direitos dos trabalhadores e também da empresa.[281]

Ressalte-se que assim como uma decisão justa perpassa pela garantia dos reais direitos defendidos pelas partes, frente aos princípios e regras que compõem o ordenamento jurídico, o resultado da mediação não pode estar alheio a tais parâmetros.

Ora, do ponto de vista do princípio justrabalhista da proteção e da realidade socioeconômica do Brasil, há de se admitir que o empregado brasileiro, em sua maioria, é hipossuficiente frente ao empregador, sendo presumidamente incapaz de manifestar sua vontade de forma autônoma e plena, seja por submissão, seja por ignorância.

---

280. ALMEIDA, Vera Lucia Fernandes. A mediação de conflitos na esfera trabalhista. *In*: NUNES, Ana (Coord.). *Mediação e Conciliação:* Teoria e Prática. São Paulo: Thomson Reuters: Revista dos Tribunais, 2018. p. 209-235. p. 209.

281. Idem.

De outro lado, para se alcançar um resultado justo e eficaz na mediação, torna-se imprescindível assegurar às partes independência, isonomia, consciência relativa ao processo, decisão informada e autonomia de vontade.

Assim, a mediação, no campo do Direito Individual do Trabalho, deve ser utilizada com absoluta cautela e, em sendo realizada em ambiente privado, afastado do Poder Judiciário, deve possuir maior grau de proteção real ao trabalhador, especialmente com a adoção de algumas medidas excepcionais, que tragam maior garantia ao Princípio da Proteção, que para os fins deste trabalho, chamaremos de salvaguardas.

3.1.1 A mediação realizada por magistrado

No caso da mediação realizada por magistrado, ou conduzida com a sua orientação, não vemos necessidade de qualquer adoção de salvaguardas ou procedimentos especiais que não sejam já utilizados na conciliação, respeitando-se sempre o Princípio da Proteção, em todas as suas vertentes.

Nesse ponto, todavia, é importante retornar às observações que fizemos quando conceituamos a mediação e a diferenciamos da conciliação no segundo capítulo. Discordamos, com todo respeito a quem pensa de forma diversa, da existência de um monopólio da conciliação, ou melhor, da autocomposição na figura do magistrado.

Após o advento da Lei de Mediação e do Código de Processo Civil de 2015, consolidou-se o espaço da mediação no Poder Judiciário, especialmente com a inclusão dos mediadores e conciliadores como auxiliares da justiça (arts. 165 a 175), a exemplo do perito e do tradutor.

Pelo critério adotado pelo Código de Processo Civil de 2015, ainda que seja centrado nas figuras do conciliador e do mediador, poderíamos dizer que a conciliação é o método de solução de conflito que será empregado preferencialmente nas situações em que não houver vínculo anterior entre as partes, podendo nela sugerirem-se soluções para o litígio.

Por outro lado, a mediação seria o método de solução de conflito que será empregado preferencialmente nas situações em que houver vínculo anterior entre as partes, não podendo nela se sugerir soluções para o litígio, mas apenas buscar o restabelecimento do diálogo e da comunicação entre as partes para que elas cheguem a uma solução.

Ou seja, de forma mais sintética, se temos a elaboração e sugestão de propostas, estamos diante de conciliação. Se temos somente um estímulo ao diálogo, trata-se de mediação.

Diante desse cenário, adotado pelo Código de Processo Civil de 2015, até mesmo os críticos à adoção da mediação na Justiça do Trabalho têm de reconhecer que, há muito, ela já ocorria. Afinal, todos os magistrados que apenas estimulavam o diálogo entre as partes, sem diretamente sugerir soluções, estavam mediando.

Todavia, apesar da aparente falta de controvérsia na mediação realizada por magistrado, é importante ressaltar alguns questionamentos relevantes sobre a sua adoção de forma massificada no Poder Judiciário.

A princípio, o magistrado é o servidor público mais bem remunerado do Poder Judiciário e o único com poder e capacidade técnica para decidir nessa estrutura organizacional. Então, exigir que o magistrado trabalhista realize todas as mediações, ou mesmo as conciliações, é absolutamente contraproducente e insustentável. É o mesmo que exigir que também realize as perícias técnicas, traduções etc. Em uma analogia, seria como admitir que, em um hospital, os médicos mais graduados tivessem que realizar todos os procedimentos, inclusive simples curativos, num claro desperdício de recursos e capacidade laborativa específica.

A evidente disparidade entre a atuação jurisdicional e a tarefa de mediar, na condução de obtenção de resultados pelas próprias partes, é destacada também por Marcos Scarcela Portela Scripilliti, a corroborar a conclusão quanto ao desperdício de se ocupar um magistrado com a atividade de mediação:

> Mediação é uma extensão do processo de negociação. As partes envolvidas numa disputa ou num conflito, quando não chegam a um acordo, utilizam uma terceira pessoa, neutra e imparcial, para auxiliá-las na busca de uma conclusão aceitável por ambas. Diferentemente de um juiz ou de um árbitro, que têm como função a aplicação de normas para produção de uma decisão vinculante, o mediador apenas ajuda as partes a chegar a um acordo explorando seus interesses. Uma das principais características da mediação é a obtenção do resultado pelas próprias partes.[282]

Potencializa essa conclusão a sobrecarga hoje enfrentada pelo Poder Judiciário, em todas as suas áreas e especialidades.

Ademais, a maior vocação do magistrado é sentenciar. É para isso que ele prestou concurso e é só ele quem tem a capacidade técnica e o poder para decidir os casos em que uma composição não foi possível. Por isso, com todo o respeito a quem pensa de forma diversa, acreditamos que não deve ser o magistrado pessoalmente a realizar a mediação ou mesmo a conciliação, já que a legislação admite, expressamente, a utilização da figura do mediador ou do conciliador, enquanto auxiliares da justiça, para tais finalidades.

Ainda considerando os princípios da mediação, percebemos que com a participação do magistrado como mediador, claramente o princípio da confidencialidade fica prejudicado.

É que a confidencialidade permite às partes revelar ao mediador aquilo que normalmente não revelariam no curso do processo. É essência do processo de mediação. Sem confidencialidade, as partes não estarão seguras para a discussão comum daquilo que é objeto do conflito e, por consequência, não estarão abertas para eventuais soluções que possam ser consideradas.

A participação do magistrado, enquanto autoridade pública com poder jurisdicional, como mediador, gera natural receio à parte, no sentido de que, em não havendo acordo, o

282. SCRIPILLITI, Marcos Scarcela Portela. Aspectos relevantes da mediação. *Revista de Arbitragem e Mediação*, São Paulo, Revista dos Tribunais, v. 1, 2004. p. 317.

que fora conversado na mediação possa reverberar no resultado do processo, ou seja, na sentença.

Essa mesma preocupação é compartilhada por Rogério Neiva Pinheiro, magistrado trabalhista, ao afirmar que "[...] a regra da confidencialidade é de aplicação duvidosa no Processo do Trabalho, considerando a frequente sistemática de que o juiz que concilia promove o julgamento [...]."[283]

Esse aspecto, por outro lado, acaba por ferir também o princípio da imparcialidade ou da neutralidade, enquanto circunstância que exige do mediador absoluta atuação neutra, ou seja, sem vinculação com qualquer das partes, e imparcial, não podendo tomar partido no curso da mediação.

Explico. Esse princípio é regido também sob a ótica da perspectiva das partes. Assim, se existe alguma possibilidade de um dos participantes entender que a atuação do mediador está favorecendo ou desfavorecendo um dos lados, o princípio resta prejudicado. Ora, as partes terão dificuldade de revelar ao magistrado, que eventualmente irá julgá-las, informações que entendam ser prejudiciais à sua tese processual. Acreditarão que a revelação será danosa para o resultado. Logo, já se encontram contaminadas as primícias da mediação.

Importante também ponderar a considerável prejudicialidade ao princípio da simplicidade, pelo qual imediatamente nos vem a ideia de informalidade ou menor burocracia. A característica dessa diretriz reside, justamente, em tornar o ambiente da mediação naturalmente menos intimidatório do que o ambiente judicial, contribuindo para a solução do litígio.

Entretanto, não há nada mais intimidatório ao cidadão no Poder Judiciário do que a figura de autoridade do próprio magistrado, ainda que a intimidação não seja intencional. Afinal, é possível que o magistrado tente conduzir a mediação de maneira tão informal quanto possível, mas a figura da autoridade é indissociável da sua posição e tem o potencial de prejudicar

283. PINHEIRO, Rogério Neiva. *Negociação trabalhista*. São Paulo: LTr, 2016. p. 117.

a abertura que as partes teriam em suas manifestações, caso o mediador fosse um terceiro alheio ao Poder Judiciário.

Pelas razões expostas, ainda que reconheçamos que o processo autocompositivo – conciliação e mediação – foi historicamente conduzido, na Justiça do Trabalho, por magistrados, acreditamos que, atualmente, deve ser considerado o abandono dessa prática, especialmente com a vigência da Lei de Mediação e do Código de Processo Civil de 2015.

O Código de Processo Civil de 2015, ao trazer os conciliadores e mediadores de forma expressa como auxiliares da justiça, colocam fim nessa discussão, mostrando que a melhor técnica exige a presença de um terceiro imparcial conduzindo a mediação, que não gere no seu curso um receio, desconforto ou desconfiança quanto a sua atuação.

3.1.2 A mediação realizada de forma privada

Em contraponto ao item anterior, temos a mediação realizada de forma privada. Nela, o mediador é um terceiro imparcial, sem vinculação com o Poder Judiciário ou mesmo com o eventual processo judicial já ajuizado.

Nessa condição, o mediador terá o dever de obedecer a todos os princípios da mediação de forma plena, inclusive a confidencialidade e a imparcialidade. Esse é o modelo ideal de mediação, no qual, em tese, não existem ressalvas à conduta do mediador.

Todavia, ao contrário do que ocorre com a mediação conduzida pelo magistrado trabalhista, que é um profundo conhecedor do Direito do Trabalho e de seus princípios, pode-se questionar a eficácia ou mesmo a legitimidade da mediação realizada por terceiro particular.

Em sendo assim, para que a mediação privada possa ser realizada por particular, fora das dependências do Poder Judiciário, é necessário pensar num sistema de salvaguardas que busque garantir o respeito aos princípios do Direito do Trabalho. Ou seja, é preciso assegurar um ambiente que leve em conta o Princípio da Proteção, em todas as suas dimensões, especialmente as vertentes que ditam a imperatividade das normas trabalhistas e a indisponibilidade dos direitos trabalhistas.

Sabe-se que, a par do Princípio da Proteção, o trabalhador é considerado hipossuficiente e, portanto, incapaz de manifestar sua vontade de forma autônoma e plena, com vistas a legitimar e validar transações no âmbito trabalhista, posto que, presumidamente, não possui sequer consciência integral da amplitude e da abrangência de seus direitos.

Logo, na esfera do Direito Individual do Trabalho, deve a mediação ser pensada de forma a minimizar essa desigualdade real entre as partes, com a aplicação de salvaguardas que reforçam os princípios da mediação e, ao mesmo tempo, sejam capazes de proteger a garantia dos direitos da hipossuficiente.

Nesse contexto, acreditamos que algumas medidas excepcionais podem reforçar os princípios da mediação de forma a compatibilizá-los com a realidade do Direito do Trabalho.

3.1.3 Salvaguardas necessárias à mediação privada

Longe de querermos exaurir as salvaguardas, em número e em conteúdo, proporemos, explicando a sua importância e necessidade, as seguintes: a) Presença obrigatória de advogado do reclamante; b) treinamento específico para os mediadores trabalhistas; c) cadastramento de mediadores habilitados a mediar em matéria trabalhista; e d) homologação do acordo mediado por juiz do trabalho.

Entendemos que a adoção dessas salvaguardas revela-se imprescindível à legitimidade de um acordo mediado em matéria trabalhista, que discuta direito individual do trabalho, de forma privada, fora do âmbito do Poder Judiciário. Ressalvamos, ainda, que outras salvaguardas podem ser adotadas, diante da necessidade e da realidade enfrentadas por cada Tribunal Regional do Trabalho.

3.1.3.1 Presença obrigatória de advogado do trabalhador

O advogado é profissional indispensável à administração da justiça, tendo no Brasil a sua importância elevada ao nível constitucional em trazer segurança e equilíbrio ao sistema de justiça. É o que diz a Constituição de 1988:

> Art. 133. O advogado é indispensável à administração da justiça, sendo inviolável por seus atos e manifestações no exercício da profissão, nos limites da lei.

A importância do advogado no processo heterocompositivo, especialmente na jurisdição, é inquestionável. É ele quem vai, de forma técnica e especializada, enquanto conhecedor do direito, apresentar ao Poder Judiciário, de um lado, a pretensão do seu cliente contra terceiro e, de outro, resistir à pretensão apresentada por terceiro contra o seu cliente.

Segundo Manoel Gonçalves Ferreira Filho,

> O legislador constituinte alçou à dignidade constitucional a atividade dos advogados. Como porta-voz da sociedade perante a Justiça, uma vez que é através do advogado que se pode postular em juízo, é louvável o prestígio que a Constituição lhe deferiu.
>
> A Lei Magna encara o advogado como "indispensável à administração da Justiça", conferindo-lhe inviolabilidade por "seus atos e manifestações no exercício da profissão" (art. 133).[284]

Em estudo sobre a participação de advogado em procedimento de mediação, Fernanda Koeler Galvão e Maurício Vasconcelos Galvão Filho enumeram as hipóteses expressamente estabelecidas em lei:

> Em primeiro lugar, o advogado poderá ser (1) parte (artigos 2º e 6º, do PLC 94/2002). Poderá figurar como (2) interessado *lato sensu* (artigo 8º). Admite-se a atuação do *munus* de (3) advogado (Lei 8.906/1994); em causa própria ou na defesa de interesse de

284. FERREIRA FILHO, Manoel Gonçalves. *Curso de direito constitucional.* São Paulo: Saraiva, 2012. p. 304.

terceiro como mandatário (Código Civil, artigos 653 a 692; CPC de 1973, arts 37 e 38). No ofício de (4) representante (Código Civil, artigos 115 a 120). E, por fim, o advogado poderá ser o (5) terceiro imparcial, denominado de mediador (Capítulo II, artigo 9º, a 16 do PLC 94/2002) [...].[285]

Com efeito, apesar da inquestionável importância do acompanhamento de um advogado no assessoramento judicial, pouco se fala da relevância de sua presença no processo autocompositivo – conciliação e mediação.

Contudo, não se pode olvidar que, também nesses casos, o advogado assume um papel fundamental de subsidiar seu cliente com aconselhamento legal, quando da atuação como mandatário.

Isso porque, assim como ocorre na via da heterocomposição, é o advogado o mais apto a instruir a parte envolvida nos procedimentos de autocomposição, a fim de que obtenha plena consciência: a) do processo em que está inserida e suas consequências; b) de como melhor proceder na defesa dos seus interesses; e c) das consequências de aceitar ou rejeitar determinadas soluções propostas para o acordo.

Acerca dessa temática, Fernanda Koeler Galvão e Maurício Vasconcelos Galvão Filho registram os meios da representatividade da parte pelo advogado, na condição de mandatário, em procedimento de mediação:

> [...] a participação do advogado, em juízo ou fora dele (mediação incidental ou prévia) ocorrerá nos limites dos poderes outorgados pela parte, devendo o mediador observar o documento de procuração ou certificar-se diretamente com a parte de que deseja, concorda e se responsabiliza pela atuação deste profissional, o que deverá restar consignado no Termo de Mediação, inclusive com a menção da inequívoca manifestação de vontade

285. GALVÃO, Fernanda Koeler; GALVÃO FILHO, Maurício Vasconcelos. Da mediação e da conciliação na definição do novo código de processo civil: artigo 165. *In:* ALMEIDA, Diogo Assumpção Rezende de; PANTOJA, Fernanda Medina; PELAJO, Samantha (Coords.). *A Mediação no Novo Código de Processo Civil.* 2. ed. Rio de Janeiro: Forense, 2016. p. 33-102. p. 95-96.

> da parte na celebração do contrato de mandato e concessão da procuração [...].
>
> Interessante questão deverá ser enfrentada na prática quanto à possibilidade ou não da outorga de mandato de mandato verbal na mediação, tendo em vista que o Termo de Mediação será documento escrito (redigido pelo mediador conforme orientação das partes), e o artigo 657 do Código Civil de 2002 prevê que "a outorga do mandato está sujeita à forma exigida por lei para o ato a se praticado. Não se admite mandato verbal quando o ato deva ser celebrado por escrito." [...][286]

A par das diretrizes que norteiam a mediação, pode-se dizer que a presença do advogado atende inicialmente ao princípio da autonomia da vontade, pelo qual se objetiva garantir o respeito à real pretensão dos interessados, sem que se abra qualquer possibilidade de imposição de uma solução para o conflito, seja pela parte adversa, seja pelo mediador.

Além disso, sabe-se que cada parte envolvida é protagonista da mediação. Cabe a elas aceitar, ou não, o início do procedimento, as eventuais soluções que forem negociadas e o seu encerramento, quando acharem conveniente.

E, sob esse prisma, a participação do advogado atende também ao princípio da consciência relativa ao processo, segundo o qual as partes devem ter absoluta consciência das consequências de participar da mediação, bem como da liberdade que possuem de encerrá-la a qualquer momento, se assim entenderem por pertinente. Por conseguinte, torna-se essencial o aconselhamento legal, a fim de garantir ao interessado segurança na formação de sua convicção.

Essa importância torna-se ainda mais evidente na mediação trabalhista, visto que a presença e o acompanhamento do advogado servem para que o trabalhador – parte hipossuficiente – possa ter imediato aconselhamento acerca das

---

286. GALVÃO, Fernanda Koeler; GALVÃO FILHO, Maurício Vasconcelos. Da mediação e da conciliação na definição do novo código de processo civil: artigo 165. *In:* ALMEIDA, Diogo Assumpção Rezende de; PANTOJA, Fernanda Medina; PELAJO, Samantha (Coords.). *A Mediação no Novo Código de Processo Civil.* 2. ed. Rio de Janeiro: Forense, 2016.. p. 98.

vantagens e/ou desvantagens da mediação, podendo o patrono, conforme o caso, sugerir o encerramento do procedimento, sempre que verificar que as consequências do acordo proposto tendem a ser danosas às pretensões do seu cliente.

Impende destacar a relevância da presença do advogado também como mecanismo de reforço ao princípio da decisão informada. Como vimos, por esse princípio, a mediação somente poderá ser considerada válida e legítima se as partes tiverem plena consciência dos direitos que possuem, bem como das consequências advindas de eventual renúncia. Ou seja, é o princípio que, em sendo observado, garante que toda decisão tomada no processo autocompositivo seja absolutamente consciente.

A respeito desse princípio, o papel do advogado é fundamental. Além de fornecer aconselhamento legal, está o advogado apto a informar seu cliente, de forma pormenorizada, sobre o alcance dos termos que estão sendo acordados e, sobretudo, dos efeitos de sua aceitação. De outro lado, caso haja renúncia de eventuais direitos em discussão, cabe ao advogado advertir seu cliente das suas consequências e fazer constar em termo esse ato.

Ora, vimos que somente será legítimo o acordo mediado se as partes tiverem plena consciência quanto à existência de eventual direito subjetivo que foi renunciado, bem como das consequências dessa renúncia. Nesse ponto, o advogado assume um papel fundamental de fazer conhecer o direito do cliente, bem como sua eventual renúncia, que sempre deverá ser expressa, jamais tácita.

Devemos entender o princípio da irrenunciabilidade de acordo com a contemporânea doutrina, não sendo um dogma absoluto, mas uma premissa que deve ser considerada. Entendemos a renúncia como possível, fazendo parte da transação, podendo ser uma forma de alcançar outros benefícios:

> Em sede de Direito do Trabalho, poderá haver restrição proporcional de direitos, para conquista de outro benefício, por meio de negociação coletiva. Entendemos que uma cláusula coletiva poderia reduzir algum direito previsto em lei, desde que em

> outra parte concedesse outro benefício, guardando correlação e proporcionalidade.[287]

Quanto aos demais princípios, o advogado tem também o papel de auxiliar o bom andamento da mediação, podendo informar seu cliente e até advertir o mediador quando verificar que não estão sendo adequadamente observados.

Veja-se que, ainda que se entenda que "Em processos estranhos ao âmbito do Judiciário, a participação do advogado não é, de regra, incontornável, mesmo que se mostre relevante à garantia do contraditório [...]",[288] acreditamos que na mediação trabalhista a sua participação revela-se indispensável, já que funciona também como mecanismo de reforço e garantia da respeitabilidade aos princípios da mediação, bem como representa forma de se conferir maior proteção ao trabalhador hipossuficiente.

Esquema 2 – Fundamentos da obrigatoriedade de participação do advogado do trabalhador na mediação trabalhista

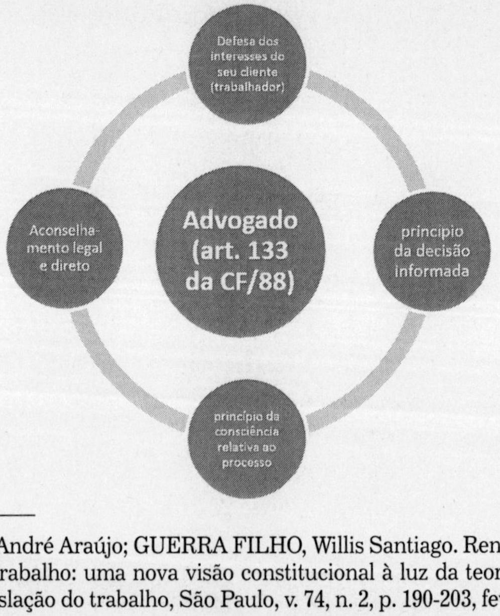

287. MOLINA, André Araújo; GUERRA FILHO, Willis Santiago. Renúncia e transação no Direito do Trabalho: uma nova visão constitucional à luz da teoria dos princípios. *Revista Ltr*: legislação do trabalho, São Paulo, v. 74, n. 2, p. 190-203, fev. 2010. p. 203.

288. MENDES, Gilmar Ferreira; BRANCO, Paulo Gustavo Gonet. *Curso de direito constitucional*. São Paulo: Saraiva, 2012. p. 1087.

3.1.3.2 Treinamento específico para mediadores trabalhistas

O treinamento de mediadores judiciais é prática corriqueira no Poder Judiciário, sendo capitaneado pelo Conselho Nacional de Justiça, que estabelece, inclusive, os parâmetros de conteúdo pedagógico mínimo para os cursos de mediação judicial.

O mediador judicial é aquele que realizou curso dentro dos parâmetros pedagógicos fixados pelo Conselho Nacional de Justiça e, portanto, está habilitado a realizar mediações enquanto auxiliar do Poder Judiciário. Nessa condição, pode ser indicado pelo magistrado ou escolhido pelas partes em cadastro de mediadores.

Quem não possui essa capacitação específica pode mediar de forma extrajudicial, sem ser apontado por juiz nem constar do cadastro de mediadores.

No caso da Justiça do Trabalho, entendemos que há especial preocupação com a finalidade de se garantir maior respeitabilidade aos princípios do Direito do Trabalho, além de se conferir proteção ao trabalhador, na condição de parte hipossuficiente, o que motiva exigir *expertise* técnica do mediador, segundo os parâmetros fixados pelo Conselho Nacional de Justiça.

Na esfera do Direito do Trabalho, parece-nos lógica, ainda, a exigência de uma capacitação adicional específica para mediação em matéria trabalhista, na qual o mediador é ensinado acerca dos princípios que norteiam esse ramo especializado de direito, com especial enfoque ao princípio da proteção. Os parâmetros pedagógicos dessa capacitação adicional poderiam ser firmados pelo Conselho Superior da Justiça do Trabalho, já que a capacitação geral é firmada pelo Conselho Nacional de Justiça.

Como o objetivo do nosso trabalho não é fixar diretrizes pedagógicas dessa capacitação específica dos mediadores trabalhistas, gostaríamos apenas de apontar, a título exclusivamente exemplificativo, os parâmetros que entendemos essenciais para que se possa melhor garantir o respeito ao princípio da proteção.

Assim, entendemos que o mediador trabalhista deve compreender a exata dimensão dos princípios do direito do trabalho, notadamente duas das expressões do princípio da proteção: a) o princípio da imperatividade das normas trabalhistas e b) o princípio da indisponibilidade dos direitos trabalhistas.

No intuito de atender ao princípio da imperatividade das normas trabalhistas, esse mediador deve ser capacitado nas normas de direito material do trabalho, bem como ter conhecimento de cálculos trabalhistas, de forma a poder auxiliar o advogado do trabalhador na conscientização dos direitos do seu cliente, podendo, inclusive, proceder à entrega de memória de cálculo no início do processo de mediação.

Esse proceder poderia provocar questionamentos acerca de possível contradição com o princípio da neutralidade e da imparcialidade de intervenção, já que o mediador deve atuar de forma neutra, ou seja, sem vinculação com qualquer das partes, e imparcial, não podendo tomar partido no curso da mediação.

Todavia, compreendemos que se trata de uma contrariedade apenas aparente, pois o auxílio ao advogado do trabalhador na conscientização acerca dos direitos de seu cliente, caracterizado, por exemplo, pela entrega de memória de cálculo dos eventuais créditos trabalhistas, no início do processo de mediação, apenas busca mitigar a hipossuficiência do empregado frente ao empregador, em atendimento, também, dos princípios da própria mediação.

Note-se que essa situação constitui reforço ao princípio da autonomia da vontade, pois somente quando integralmente consciente dos seus direitos, é que ficará o mediando resguardado de eventual sujeição à vontade da parte adversa.

Do mesmo modo, atende ao princípio da consciência relativa ao processo, pois também incumbe ao mediador assegurar, aos envolvidos no procedimento, absoluto conhecimento das consequências relativas à aceitação, ou não, da autocomposição que se forma.

Em última análise, concretiza a necessária cooperação entres os participantes do procedimento, indispensável na condução de uma legítima autocomposição, que pressupõe benefício mútuo. Nas palavras de Diogo Rezende de Almeida e Fernanda Paiva:

> A mediação pressupõe a cooperação entre os participantes, que devem desenvolver um trabalho em conjunto voltado para alcançar soluções mutuamente satisfatórias. [...]
>
> Dificilmente, os participantes iniciam o processo de mediação imbuídos desse espírito de cooperação e respeito mútuos. Essa atitude, porém precisa ser perseguida desde o início e durante todo o processo de mediação. [...][289]

Aliás, é justamente em prol de alcançar uma solução autocompositiva justa e eficaz que o mediador assume o papel de conduzir e estimular os envolvidos no procedimento de mediação a um diálogo capaz de abandonar a postura adversarial, previamente assumida pelas partes.

Nesse sentido, Vera Lucia Fernandes de Almeida ressalta o papel educacional da mediação como fomentadora da cultura da paz, a reforçar o entendimento de que

> [...] a partir do momento em que a mediação ouve o empregado, dando-lhe voz para que requeira seus direitos, aviva a conscientização e consequente compreensão, em um exercício de diálogo em que cada parte entende os direitos do outro. É nesse momento que reside o caráter educacional da mediação; no exato instante que acende o crescimento desse ser em dignidade com base em sua autonomia de vontade, mas reconhecendo os direitos do outro.
>
> A mediação vem trazer um processo educativo em que estejam expressos valores como responsabilidade, normas, escuta ativa, diálogo e, sobretudo limites de convivência e respeito.[290]

---

289. ALMEIDA, Diogo A. Rezende de; PAIVA, Fernanda. Princípios da mediação de conflitos. *In*: ALMEIDA, Tania; PELAJO, Samantha; JONATHAN, Eva (Coords.). *Mediação de conflitos*. 2. ed. Salvador: JusPodivm, 2019. p. 101-110. p. 102.

290. ALMEIDA, Vera Lucia Fernandes. A mediação de conflitos na esfera trabalhista. *In*: NUNES, Ana (Coord.). *Mediação e Conciliação:* Teoria e Prática. São Paulo: Thomson Reuters: Revista dos Tribunais, 2018. p. 209-235.p. 232.

Em vista desse propósito, Diogo Assumpção Rezende de Almeida, há muito já defendia que incumbe ao mediador "combater uma animosidade prévia das partes em relação ao método de solução de conflitos".[291]

Acreditamos que a verdade dos fatos é a melhor via para desvencilhar conflitos. Assim, a proposta de a mediação, no âmbito trabalhista, ser instruída com memória de cálculos dos eventuais créditos a serem debatidos no procedimento, parece tornar mais eficaz o diálogo e viabilizar a adoção de um acordo consciente por todos os envolvidos.

Para tanto, é preciso abandonar a ideia de que o acordo se constrói com mera "cessão" ou "renúncias" de direitos. Faz-se necessária a busca de soluções mais criativas, com a participação e cooperação de todas as partes envolvidas no procedimento de mediação, cuja condução fica a cargo do mediador. Nesse sentido, o posicionamento de Diogo Rezende de Almeida e Fernanda Paiva:

> Com efeito, as partes envolvidas devem ser conduzidas e estimuladas a encontrar novas e criativas soluções para antigas queixas e conflitos, deixando de lado – sempre que possível – as ideias de "cessão" e "renúncia", que provocam, em nossa cultura, uma reação negativa.
>
> Diferentemente da tradicional postura adversarial, característica do litígio, a mediação visa incluir o outro ao invés de excluí-lo, investindo esforços em atender seus interesses e necessidades, respeitar seu ponto de vista e co-operar (operar conjuntamente) para a solução do conflito.
>
> As pessoas envolvidas em um conflito tendem a acreditar que cooperando se distanciam da defesa do seu ponto de vista. Porém, a postura de incluir o interesse alheio não pressupõe abdicar dos seus próprios interesses. Pelo contrário, gera reciprocidade, contribuindo para uma solução de benefício mútuo.
>
> [...]

291. ALMEIDA, Diogo Assumpção Rezende de. Da mediação prévia. *In*: PINHO, Humberto Dalla Bernardina de (Coord.). *Teoria Geral da mediação à luz do projeto de lei e do direito comparado*. Rio de Janeiro: Lumen Juris, 2008. p. 159-182. p. 170.

> Note-se que tais avanços não implicam em *(sic)* concordância submissa com o pensamento ou o desejo da outra parte, mas sim, na promoção de uma mudança de postura que privilegia a articulação pelos participantes de uma solução que contemple as ideias de todos.[292]

Observe-se que, no âmbito da mediação trabalhista, à medida que o mediador auxilia na conscientização do trabalhador acerca dos seus direitos materiais, fica mais fácil aferir as vantagens e as desvantagens do modelo de autocomposição que se apresenta, a traduzir, então, real paridade entre os envolvidos.

Ou seja, estará o trabalhador apto a transigir, quando tiver consciência plena dos efeitos da autocomposição que lhe for proposta. De outro lado, somente poderá também ter segurança para requerer o encerramento da mediação, se puder aferir que as consequências do procedimento tendem a ser danosas às suas pretensões.

Ainda em reforço a essa atuação do mediador, temos a indispensável observância de outro princípio da mediação, o da decisão informada, pois, como já foi dito, apenas poderá a mediação ser considerada válida e legítima se os envolvidos tiverem plena consciência dos seus direitos e, por conseguinte, dos reais efeitos de eventual renúncia daqueles.

Ao nosso sentir, o mediador, ao fornecer subsídios ao trabalhador e a seu advogado, garante a correta informação acerca do alcance dos termos a serem acordados e suas reais consequências.

Logo, a exemplo do que ocorre com o advogado da parte, também cabe ao mediador trabalhista assumir a tarefa de informar o trabalhador sobre os seus direitos, naquilo que for essencial, em face do princípio da proteção, e seus corolários, que regem o Direito do Trabalho.

---

292. ALMEIDA, Diogo A. Rezende de; PAIVA, Fernanda. Princípios da mediação de conflitos. *In*: ALMEIDA, Tania; PELAJO, Samantha; JONATHAN, Eva (Coords.). *Mediação de conflitos*. 2. ed. Salvador: JusPodivm, 2019. p. 102.

Afinal, como já vimos, esse reforço ao princípio da decisão informada busca atender, também, aos princípios da imperatividade das normas trabalhistas e da indisponibilidade dos direitos pelos trabalhadores.

Cumpre registrar que as informações necessárias a instruir o trabalhador acerca dos reais direitos que detém, a exemplo da memória de cálculos trabalhistas, a fim de prepará-lo adequadamente para decidir acerca da pertinência, ou não, de eventual transação daqueles, em nada modifica o modelo de mediação passiva, adotado pelo Código de Processo Civil de 2015, pois ainda permanecerá o mediador na posição neutra e imparcial quanto ao resultado a ser alcançado.

A propósito dessa perspectiva, vale destacar os apontamentos de Fernanda Koeler Galvão e Maurício Vasconcelos Galvão Filho acerca das espécies de mediação, e o modelo adotado no Brasil:

> [...] no estudo científico da mediação, tem-se que a mediação é gênero que comporta duas espécies ou perspectivas de análise.
>
> As espécies ou diferenças de atuação são a mediação passiva e mediação ativa, decorrendo esta classificação do modelo de procedimento que se adote e, especialmente, quanto à participação do terceiro – mediador – na formação da vontade para a solução da controvérsia.
>
> Na mediação passiva a atuação do mediador não deve ir além da mediação das partes, não podendo fazer sugestões, não podendo propor alternativas, não podendo praticar conduta que retire integralmente das partes a responsabilidade pela construção do consenso.
>
> Na mediação ativa, de forma contrária, admite-se que o mediador tenha atuação positiva na construção da solução, na busca do consenso, podendo ele fazer sugestões, aconselhar, apresentar propostas, atuando nos limites da atribuição que lhe for outorgada elas pares para buscar a resolução da questão conflituosa.
>
> No Brasil, do mesmo modo que o antigo projeto de Lei de Mediação Civil parecia adotar tão somente a perspectiva da mediação passiva, adequando-se à linha adotada pela Escola de Direito de Harvard (Harvard Law School) e o PON (Program on Negotiation at Harvard Law School), e que também é adotada em outros

> centros de estudo, resta claro que o instrumento da mediação constante do Novo Código de Processo Civil observa o modelo passivo, sendo resguardada a atuação ativa do terceiro para o caso de conciliação.[293]

Essa ressalva torna-se indispensável, uma vez que, no âmbito do Direito do Trabalho, em face da condição de hipossuficiência do trabalhador, somente serão efetivamente atendidas às diretrizes que emanam dos princípios da mediação quando todas as cautelas forem adotadas a fim de se evitar inadvertida renúncia de direitos pela parte obreira.

Ressalte-se que não é razoável concluir que foi alguém obrigado a aceitar algo quando comprovadamente tenha sido ele advertido dos legítimos direitos que possui e das consequências da sua eventual renúncia; em contrapartida, poderá haver essa presunção em caso de falha nessa comunicação.

Por fim, ainda consideramos importante que o mediador seja capacitado para que possa especificamente reconhecer hipóteses em que se busque utilizar os acordos mediados como forma de fraude tributária ou previdenciária.

Nesse caso, entendemos que, deve o mediador se recusar a prosseguir com a mediação, já que esses acordos podem ser passíveis de nulidade pelo Poder Judiciário, bem como implicar a indicação do mediador como partícipe da fraude perpetrada.

293. GALVÃO, Fernanda Koeler; GALVÃO FILHO, Maurício Vasconcelos. Da mediação e da conciliação na definição do novo Código de Processo Civil: artigo 165. *In:* ALMEIDA, Diogo Assumpção Rezende de; PANTOJA, Fernanda Medina; PELAJO, Samantha (Coords.). *A Mediação no Novo Código de Processo Civil.* 2. ed. Rio de Janeiro: Forense, 2016. p. 33-102. p. 92-93.

Esquema 3: Da necessária especialização do mediador na seara trabalhista

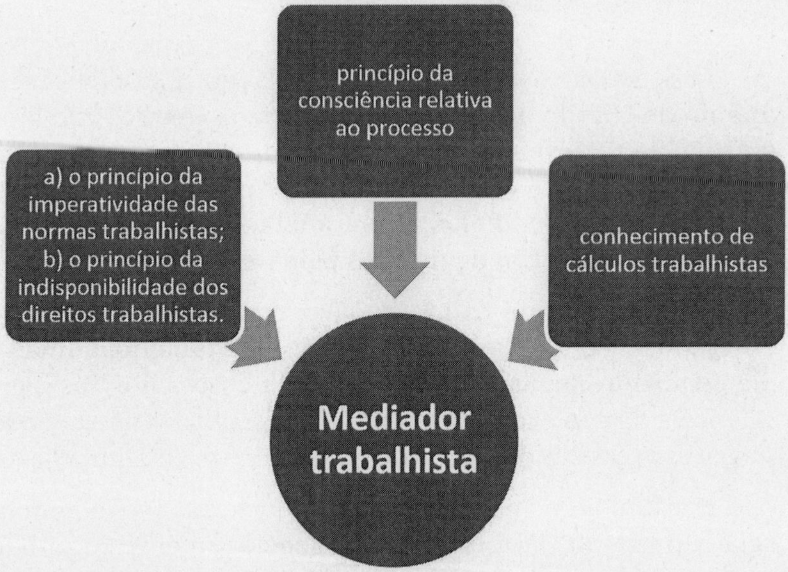

3.1.3.3 Cadastramento de mediadores habilitados a atuar na Justiça do Trabalho

O Código de Processo Civil de 2015 estabeleceu que os conciliadores e mediadores habilitados a atuar no Poder Judiciário deverão constar em cadastro nacional ou cadastro do próprio tribunal, nos seguintes termos:

> Art. 167. Os conciliadores, os mediadores e as câmaras privadas de conciliação e mediação serão inscritos em cadastro nacional e em cadastro de tribunal de justiça ou de tribunal regional federal, que manterá registro de profissionais habilitados, com indicação de sua área profissional.[294]

Aplicando-se o disposto à realidade da Justiça do Trabalho, poderíamos ter um cadastro nacional de mediadores

---

294. BRASIL. *Lei nº 13.105, de 16 de março de 2015*. Código de Processo Civil. Disponível em: https://bit.ly/3GAXdal Acesso em: 31 maio 2022.

instituído no âmbito do Conselho Superior da Justiça do Trabalho, bem como cadastros regionais em cada Tribunal Regional do Trabalho.

O mediador, uma vez constando nesses cadastros, pode ser escolhido pelas próprias partes, ou pelo juízo respectivo, nos termos do art. 168 do Código de Processo Civil de 2015:

> Art. 168. As partes podem escolher, de comum acordo, o conciliador, o mediador ou a câmara privada de conciliação e de mediação.
>
> § 1º. O conciliador ou mediador escolhido pelas partes poderá ou não estar cadastrado no tribunal.
>
> [...]

Entendemos que o parágrafo primeiro desse artigo não deve ser aplicado à Justiça do Trabalho, em virtude das peculiaridades que tratamos acerca da capacitação específica dos mediadores trabalhistas, resguardando-se àquela Justiça Especializada o controle rígido dos mediadores que estejam habilitados a nela atuarem.

Ora, o mediador é um auxiliar da justiça, logo deve gozar não só da confiança das partes, mas, sobretudo, do Poder Judiciário, especialmente em se tratando de matéria sujeita às peculiaridades que norteiam o Direito do Trabalho.

Dessa forma, tendo o controle dos mediadores habilitados a atuar nas lides trabalhistas, com capacitação específica e a exata compreensão daquilo que é mais relevante no campo principiológico e do direito material do trabalho, acreditamos que é viável o encaminhamento de lides trabalhistas para a submissão ao processo de mediação, sem que isso gere qualquer desconfiança ou constrangimento da autoridade judicial.

3.1.3.4 Homologação do acordo por autoridade judicial

Pela sistemática do procedimento estabelecido pelo Código de Processo Civil de 2015, a homologação judicial, pelo magistrado trabalhista, do acordo mediado funciona como um último filtro de verificação da sua legitimidade, já que tem o magistrado a possibilidade de não homologar o acordo, caso verifique que as salvaguardas anteriores não foram adequadamente aplicadas e, portanto, insuficientes para atender às exigências do Direito do Trabalho.

Ana Carolina Squadri Santanna, Cristiana Vianna Veras e Giselle Picorelli Marques também ressaltam a importância da homologação judicial como forma de validação da autocomposição obtida na mediação, com vistas a assegurar o indispensável respeito à legalidade do que foi acordado, ainda que signifique, nesse ponto, a relativização da independência e da autonomia da vontade das partes:

> É possível afirmar que o novo sistema processual, ao estabelecer, no artigo 334, § 11, do NCPC, que "a autocomposição obtida será reduzida a termo e homologada por sentença", permite uma relativização da independência da mediação, uma vez que os acordos obtidos deverão passar pelo crivo do juiz. Destaca-se que o acordo é uma construção das partes e que a independência do mediador não se relaciona com o resultado, mas com o método e a prática da mediação. Vale lembrar que o mediador não possui poder decisório como o juiz. A exigência de homologação subordinada à autonomia e à independência das partes à análise do juiz, mas não a independência do mediador em si.[295]

Com efeito, entendemos que a exigência da homologação judicial se faz especialmente necessária num primeiro momento, em que a adoção da mediação na Justiça Trabalhista está sendo implementada, não sendo conhecidos dos magistrados os mediadores nem os procedimentos por eles aplicados.

Na homologação judicial, o magistrado deve, como de praxe, verificar o respeito ao princípio da proteção nas suas

295. SANTANNA, Ana Carolina Squadri; VERAS, Cristiana Vianna; MARQUES, Giselle Picorelle Yacoub. Independência e Imparcialidade: Princípios Fundamentais da Mediação. *In*: ALMEIDA, Diogo Assumpção Rezende de; PANTOJA, Fernanda Medina; PELAJO, Samantha (Coords.). *A Mediação no Novo Código de Processo Civil*. 2. ed. Rio de Janeiro: Forense, 2016. p. 122-137. p. 129-130.

duas esferas: a) o princípio da imperatividade das normas trabalhistas e b) o princípio da indisponibilidade dos direitos trabalhistas.

Em sendo assim, aliado ao princípio da imperatividade das normas trabalhistas, o magistrado, na homologação de acordo mediado, deve verificar se o trabalhador recebeu adequada conscientização acerca dos seus direitos, bem como se houve entrega de memória de cálculo no início do processo de mediação, como forma de reforço aos princípios da autonomia da vontade e da consciência relativa ao processo, assegurando-se o respeito à real pretensão dos interessados, sem que se abra qualquer possibilidade de imposição de uma solução para o conflito, seja pela parte adversa, seja pelo mediador.

Em procedendo dessa forma, o magistrado também deve verificar se a atuação do mediador serviu como mecanismo de atendimento ao princípio da decisão informada, porquanto é indispensável à validade e à legitimidade da mediação a plena consciência das partes quanto aos direitos que possuem, bem como das consequências advindas de eventual renúncia. Ou seja, por esse princípio, garante-se que toda decisão tomada no processo autocompositivo é absolutamente consciente.

A nosso ver, caso o magistrado verifique que houve indevida renúncia de direitos trabalhistas, cabe a ele advertir o trabalhador, ainda que conste que o mediador o tenha feito, das consequências desse ato.

Afinal, repita-se, apenas será legítimo o acordo mediado se as partes tiverem plena consciência quanto à existência de eventual direito subjetivo que foi renunciado, bem como das consequências dessa renúncia, situação que se complica em caso de hipossuficiência de um dos interessados, como ocorre no Direito do Trabalho.

Por esse motivo é que a mediação realizada no âmbito da Justiça do Trabalho torna imprescindível que, também nesse momento final, que antecede a homologação judicial de acordo já firmado, deverá o magistrado reforçar o princípio da decisão informada, explicando ao trabalhador os seus direitos, bem como das consequências de sua eventual renúncia.

Por fim, a homologação judicial serve também como uma última verificação, agora por parte do magistrado, da ocorrência de ilicitude nos acordos mediados, como forma de praticar fraude tributária ou previdenciária.

A despeito de todo o exposto, entendemos que a homologação judicial é medida de absoluta cautela, mas que com o passar do tempo, com a estabilização do instituto da mediação no direito do trabalho, poderia ser dispensada, para conferir maior respeitabilidade aos acordos firmados na mediação, maior eficiência ao modelo e maior economicidade ao Poder Judiciário.

3.2 A COMPATIBILIDADE ENTRE OS PRINCÍPIOS DO DIREITO COLETIVO DO TRABALHO E OS PRINCÍPIOS DA MEDIAÇÃO

Como vimos no primeiro capítulo, o Direito Coletivo do Trabalho possui diversos princípios, sendo subdivididos em: a) princípios assecuratórios da existência do ser coletivo obreiro; b) princípios regentes das relações entre os seres coletivos trabalhistas e c) princípios regentes das relações entre normas coletivas negociadas e normas estatais.

Nessa classificação, como o presente livro trata da mediação enquanto método de solução dos conflitos trabalhistas, os princípios regentes das relações entre os seres coletivos trabalhistas ganham maior destaque neste trabalho, quando confrontados com os princípios da mediação.

E, dentre os princípios regentes das relações entre os seres coletivos trabalhistas, sobressai-se o princípio da equivalência entre os contratantes coletivos, o que torna o estudo da compatibilidade principiológica interessante, já que aparentemente teríamos uma aplicação da mediação, sem a necessidade de maior preocupação com salvaguardas.

3.2.1 O Dissídio Coletivo como solução de conflitos coletivos trabalhistas e a crítica doutrinária

Historicamente, quando as negociações entre sindicato obreiro e empresa ou sindicato patronal não logram êxito, é comum que se busque a solução via ajuizamento do dissídio coletivo de trabalho, cabendo ao Judiciário a solução final para o conflito de natureza coletiva.

A doutrina tem criticado a solução jurisdicional em detrimento da solução negociada. Isso porque as reivindicações do sindicato obreiro, via de regra, buscam promover a melhoria das condições dos seus representados, acima do mínimo legal, o que coloca o Judiciário na posição de ter que decidir fora de bases técnicas e legais, o que não é sua vocação primária.

Por esse motivo, os doutrinadores têm-se inclinado a recomendar que, em vez da interferência do Poder Judiciário, busque-se incentivar a continuidade das negociações, mesmo nas situações em que os mecanismos de pressão estejam sendo utilizados. As partes devem permanecer em contínuo esforço negocial até que o acordo seja por elas próprias firmado.

A intervenção do Judiciário deveria estar circunscrita apenas nos casos de greve nos serviços essenciais, quando houver legítimo interesse público sendo prejudicado, a fim de garantir seu funcionamento mínimo e não deixar a população desassistida. Ou, no caso de haver comum acordo para ajuizamento do dissídio coletivo, conforme previsto no art. 114, § 2º, da Constituição de 1988.

Corroborando esse raciocínio, Renato Rua de Almeida esclarece que

> [...] com princípio, à Justiça do Trabalho caberia apenas decidir se as necessidades inadiáveis da comunidade nas atividades essenciais estão sendo respeitadas em caso de greve, ficando o mérito das reivindicações para ser decidido após a convocação das partes – em respeito à autonomia privada coletiva –, quando

então as partes apresentariam suas propostas na fase conciliatória do processo de dissídio coletivo de trabalho.[296]

O autor entende também que as soluções autocompositivas tendem a ser as vias ideais para se solucionar os conflitos coletivos de trabalho, pois

> [...] o Núcleo Permanente de Métodos Consensuais de Solução do Conflito Coletivo do Tribunal Regional do Trabalho da 2ª Região, com excelente êxito estatístico de 65% dos dissídios coletivos de natureza econômica resolvidos pela conciliação e a mediação induzidas, na verdade está demonstrando às partes envolvidas nos conflitos coletivos de trabalho que são a conciliação e a mediação voluntárias as vias ideais para a solução desses conflitos [...].[297]

Joselita Nepomuceno Borba também defende a solução dos conflitos no campo do Direito Coletivo do Trabalho pelos próprios sujeitos, entendendo que o "grande óbice é de índole cultural, pois as pessoas ainda não creem suficientemente na solução do conflito senão pelo sujeito que materializa a figura do Estado-juiz", o que, entretanto, acredita ser "uma dificuldade a ser superada com o tempo".[298]

Nesse sentido, a utilização da mediação como instrumento de legitimação e facilitação das negociações coletivas pode contribuir para que as soluções sejam encontradas com a mínima intervenção estatal, contribuindo, assim, inclusive, para o amadurecimento das instituições sindicais, para que busquem, pelo seu esforço próprio e direto, a melhor solução para os seus representados.

296. ALMEIDA, Renato Rua de. *A mediação e a conciliação e o seu impacto nos dissídios coletivos*. São Paulo: LTr, ano 50, n. 47, 2014. Suplemento trabalhista. p. 221.

297. Idem, p. 222.

298. BORBA, Joselita Nepomuceno. *Direito coletivo do trabalho e mediação:* teoria e prática. São Paulo: LTr, 2002. p. 57.

3.2.2 Princípio da equivalência entre os contratantes coletivos

Como vimos anteriormente, pelo princípio da equivalência entre os contratantes coletivos, exige-se que as partes aptas a celebrar Convenções e Acordos Coletivos de Trabalho apresentem-se com idêntica natureza jurídica (seres coletivos) e que possuam instrumentos de pressão igualmente eficazes e equilibrados para a defesa de seus interesses antagônicos, como resultado de legítima negociação.

Pela equivalência, podemos dizer que os sujeitos do Direito Coletivo do Trabalho têm a mesma natureza, são todos seres coletivos.

De um lado, há o empregador que, isoladamente, é um ser coletivo, por sua própria natureza, mesmo que não agrupado ou representado por associação sindical.

No outro, no que tange aos trabalhadores, a face coletiva institucionalizada surge mediante seus entes associativos, os sindicatos. Essa natureza coletiva dos sindicatos deve ser real e não mera formalidade. Nessa medida, os sindicatos de trabalhadores têm de ostentar, solidez e consistência, com estrutura organizativa relevante, além de efetiva representatividade no que diz respeito à sua base profissional trabalhista.

Nesse contexto, deve-se entender que, atendidas essas peculiaridades, os seres coletivos obreiros e empresariais apresentam a mesma natureza, ou seja, são equivalentes.

Esse princípio, por sua vez, representa o inverso do princípio da proteção. Aqui não se presume hipossuficiência ou incapacidade. Ao contrário, entende-se que sindicato obreiro e empresa ou sindicato patronal são todos equivalentes, gozando da mesma capacidade, o que viabiliza o equilíbrio de forças necessário à autocomposição das partes.

Atenta às diferenças entre a aplicabilidade do instituto da mediação no campo do Direito Individual do Trabalho, frente ao ambiente mais propício na esfera do Direito Coletivo de Trabalho, Joselita Nepomuceno Borba destaca:

> Quanto ao Direito do Trabalho, de natureza tutelar, dotado de normas cogentes e de ordem pública, em que impera a desigualdade das partes, o instituto é visto com certa reserva no âmbito do direito individual; no coletivo, não existe qualquer dificuldade mesmo porque há expressa previsão constitucional (CF, art. 114, § 2º).
>
> Todavia, mesmo no campo do direito individual é possível a mediação, da mesma forma que no âmbito do direito de família, que, em essência, repousa no patamar da indisponibilidade.[299]

Ou seja, há plena compatibilidade entre os princípios do Direito Coletivo do Trabalho e os da mediação, revelando-se um campo propício para a autocomposição entre as partes, com destaque para o natural atendimento dos princípios: a) da neutralidade e imparcialidade de intervenção, pelo qual o mediador deve atuar de modo neutro e imparcial e b) da isonomia, pelo qual se pressupõe que as partes litigantes ingressem na mediação em igualdade de condições e a elas deve ser também conferido tratamento igualitário.

Nesse contexto, entendemos que as salvaguardas anteriormente exemplificadas para o direito individual do trabalho são desnecessárias. Ora, se podemos presumir a equivalência das partes, significa que os princípios da mediação são todos compatíveis, sem necessidade de maior reforço de determinados princípios, já que não há maior proteção a ser conferida a qualquer dos envolvidos.

Ressalvamos, contudo, que deve ser sempre encorajada a presença de advogado junto às entidades sindicais dos trabalhadores, podendo comportar inclusive advertência expressa por parte do mediador, podendo ele inclusive se recusar a prosseguir com a mediação, visto que os dirigentes dessas organizações, em sua maioria, não detêm conhecimento técnico

---

299. BORBA, Joselita Nepomuceno. *Direito coletivo do trabalho e mediação:* teoria e prática. São Paulo: LTr, 2002. p. 38.

necessário a salvaguardar os direitos da categoria. Por isso, devem os sindicatos ser juridicamente assistidos, a traduzir a indispensabilidade da participação do advogado, também no procedimento de mediação realizado no âmbito do Direito Coletivo do Trabalho.

Outra ressalva reside na circunstância de que, ao menos em um primeiro momento, mostra-se essencial que o Poder Judiciário busque incentivar a escolha de mediadores que tenham treinamento específico para mediar na área trabalhista, já que é indispensável que detenha conhecimento sobre o universo do direito material do trabalho, a fim de que se garanta o necessário respeito ao princípio da decisão informada, também na mediação dos entes coletivos.

Nesse sentido, Maurício Godinho Delgado destaca a *expertise* em matéria trabalhista como elemento facilitador do papel do mediador:

> Os mediadores coletivos trabalhistas não se resumem aos agentes especializados do Ministério do Trabalho, é evidente (auditores-fiscais, por exemplo). **Podem ser profissionais da vida civil, especializados nesse mister e dinâmica, escolhidos pelos sujeitos coletivos trabalhistas no quadro das discussões sobre negociação coletiva.**[300]

Embora inegável a necessidade de conhecimento específico do mediador na área trabalhista, com o que concordamos inteiramente, divergimos do entendimento no sentido de deter o Ministério Público do Trabalho "vocação natural" para essa atividade, ainda que os membros dessa instituição, como ressalta o autor, tenham "atuado, na qualidade de mediadores, nas mais distintas situações de conflitos coletivos do trabalho".[301]

A bem da verdade, sabemos que muitos autores defendem a atuação do Ministério Público do Trabalho como

300. DELGADO, Mauricio Godinho. *Direito coletivo do trabalho*. 7. ed. São Paulo: LTr, 2017. p. 329.

301. Idem.

mediador em caso de conflitos coletivos de trabalho, também é esse o entendimento de Joselita Nepomuceno Borba, ao entender se tratar de prática "bastante salutar", por se tratar de instituição "capaz de oferecer sugestões e caminhos para que se possa pôr termo ao embate como medida que atenda o *(sic)* interesse de ambos os litigantes."[302]

Contudo, ousamos discordar, com todo o respeito. Acreditamos que a atuação do Ministério Público do Trabalho na mediação somente se justifica num contexto histórico no qual, como já dito anteriormente, a mediação sequer era institucionalizada no Poder Judiciária, nem muito menos tinha respaldo legal. Nesse contexto, o Ministério Público do trabalho se arvorou dessa função, que acreditamos ser imprópria, como melhor exploraremos oportunamente.

Por fim, sobre a homologação judicial, ao contrário, entendemos como indesejável, já que, como visto no item anterior, coloca o Poder Judiciário para atuar naquilo que não é vocacionado, além de ser uma intervenção desnecessária e custosa ao erário. Não é razoável que o poder público se mobilize para realizar aquilo que os particulares podem fazê-lo por si próprios. É claro exemplo de alocação ineficiente de recursos.

3.2.3 Princípio da lealdade e transparência na negociação coletiva

O princípio da lealdade e transparência na negociação coletiva, também denominado de princípio da lealdade e boa-fé na negociação coletiva, objetiva conferir real efetividade à negociação entre os sujeitos coletivos, como resultado de legítima transação de direitos, caracterizada por concessões mútuas (ou duplo ganho), e não mera renúncia por parte dos trabalhadores.

302. BORBA, Joselita Nepomuceno. *Direito coletivo do trabalho e mediação:* teoria e prática. São Paulo: LTr, 2002. p. 57.

Como vimos, o respeito ao princípio da boa-fé e da lealdade, que devem prevalecer nas negociações coletivas, gera um dever formal de negociar, consubstanciado na obrigatoriedade do exame de propostas recíprocas e na formulação de contrapropostas.

Com efeito, pela premissa da lealdade, busca-se garantir a lisura da conduta negocial de ambos os sujeitos coletivos, que, em condições de equivalência, possuem igualdade de condições na negociação efetivada.

Por esse motivo, aliás, não se admite invocar o princípio tutelar ou princípio da proteção para negar validade a certo dispositivo ou diploma anteriormente celebrado na negociação coletiva, já que as partes são teoricamente equivalentes.

Conforme anteriormente ressaltado, também é exigida transparência, ou seja, clareza quanto às condições subjetivas e objetivas envolvidas na negociação. Afinal, trata-se de negócio jurídico coletivo, no exercício da chamada autonomia privada coletiva, voltada a produzir novo contexto normativo regente de importantes comunidades humanas. A transparência é maior do que a que cerca negócios jurídicos estritamente individuais.

Portanto, é indispensável à efetividade das cláusulas normativas pactuadas a demonstração de lealdade de ambos os sujeitos coletivos na transação de interesses antagônicos, a caracterizar duplo ganho, como resultado de eficaz negociação coletiva, cuja avaliação depende da indispensável transparência a ser conferida ao procedimento, com vistas a oferecer segurança à coletividade de trabalhadores.

Essa exigência pontuada pela doutrina de clareza, transparência, boa-fé e lealdade na negociação coletiva encaixa-se exatamente com os princípios da boa-fé que rege a mediação.

O princípio boa-fé é inerente ao processo de mediação, já que as partes ingressam nela de forma espontânea, o que indica que não possuem a intenção de fraudá-lo ou promover ações que visem a obstaculizar a solução pacífica do conflito. Essa boa-fé também se aplica ao próprio mediador, que deve agir com imparcialidade e comunicar as partes acerca de quaisquer hipóteses de impedimento ou suspeição.

Ou seja, aqui temos ponto de clara e evidente convergência principiológica a reforçar a adequação da mediação para a solução dos conflitos coletivos de trabalho.

3.2.4 Algumas considerações acerca da mediação no Direito Coletivo do Trabalho

Diante de tudo o que foi exposto anteriormente, acreditamos que a mediação privada para a solução de conflitos coletivos de trabalho deve ser entendida como o encaminhamento mais adequado. Afinal, como vimos, estamos diante de particulares, presumidamente equivalentes, com capacidade para arcar com os custos de uma solução extrajudicial, como a mediação.

Entendemos que a mediação realizada por magistrado trabalhista enfrenta questionamentos acerca da sua necessidade, já que se trata do servidor público mais bem remunerado do Poder Judiciário, detentor de poder jurisdicional, ou seja, vocacionado a proferir decisões de mérito para conflitos que lhe são apresentados. Além disso, questiona-se, como vimos, a sua imparcialidade e neutralidade, já que poderá ele ser o julgador do processo, caso o acordo não seja firmado.

Por sua vez, melhor sorte não tem o membro do Ministério Público do Trabalho. Esse, além de passível de questionamentos semelhantes ao da figura do magistrado, quanto à necessidade e sustentabilidade dessa atuação, também não é muitas vezes visto como imparcial, ao menos pelo empregador ou sindicato patronal, em razão da sua inerente função institucional.

Dentre todas as competências do Ministério Público do Trabalho, exemplificativamente, está previsto na Lei Complementar 75/93, mais precisamente no art. 84, inciso II, que o Ministério Público do Trabalho pode "[...] instaurar inquérito civil e outros procedimentos administrativos, sempre que cabíveis, para assegurar a observância dos direitos sociais dos trabalhadores".

Não há dúvida, portanto, que para os fins de funcionar como mediador de conflitos trabalhistas, a imparcialidade do membro do Ministério Público do Trabalho pode vir a ser questionada por uma das partes, o que tende a prejudicar sobremaneira o bom andamento e da mediação.

Importante deixar claro que não se está aqui a lançar dúvida acerca da idoneidade dos magistrados e membros do Ministério Público do Trabalho. Tampouco se quer sugerir que não atuariam, caso mediadores fossem, com imparcialidade e absoluta lisura. Apenas pretendemos fazer uma reflexão mais realista da percepção das partes quanto a esse fato. E entendemos que essa percepção pode gerar dificuldades no processo de mediação.

CONCLUSÃO

Como dissemos, buscamos no primeiro capítulo aprofundar o estudo dos princípios que emanam do texto da Constituição Federal de aplicabilidade ampla na ordem jurídica interna, a alcançar, inclusive, o Direito do Trabalho. Destacamos dentre esses, aqueles especialmente direcionados à proteção dos trabalhadores, a formarem o primeiro grupo, no enquadramento de Princípios Constitucionais do Trabalho.

O segundo grupo de princípios foi composto pelos princípios gerais do direito, que devem nortear todos os atos dos indivíduos e, por conseguinte, também abrangem as relações trabalhistas, denominados de princípios jurídicos gerais aplicáveis ao Direito do Trabalho.

Por último, no terceiro grupo de princípios, analisamos aqueles próprios do ramo *justrabalhista*, em seus segmentos, Individual e Coletivo, a que chamam de Princípios de Direito Individual e Coletivo do Trabalho.

Já no segundo capítulo, buscamos estudar o instituto da mediação, iniciando pelo seu conceito e sua diferenciação da conciliação, que historicamente predominou como método autocompositivo utilizado pela Justiça do trabalho.

Tratamos, também do cerne desse segundo capítulo, que são os princípios da mediação, o quais foram trazidos na Lei de Mediação, quais sejam: 1) imparcialidade do mediador; 2) isonomia entre as partes; 3) oralidade; 4) informalidade ou simplicidade; 5) autonomia da vontade das partes ou consensualismo processual; 6) busca do consenso; 7) confidencialidade; e 8) boa-fé.

Acrescentamos, ainda, os princípios trazidos no Manual de Mediação Judicial, do Conselho Nacional de Justiça, que não encontraram correspondência com o rol trazido pela Lei de Mediação, quais sejam: 9) Princípio da consciência relativa ao processo; 10) Princípio da decisão informada; 11) Princípio do empoderamento; e 12) Princípio da validação.

Já os princípios relacionados pelo Código de Processo Civil de 2015, no art. 166, entendemos que todos já estavam devidamente contemplados no espectro estabelecido anteriormente, não necessitando de maior aprofundamento.

O terceiro e último capítulo deste trabalho teve por objetivo realizar uma análise da compatibilidade entre os princípios do Direito do Trabalho e os princípios da mediação. Identificamos os princípios que podem gerar conflito, ainda que aparente, e procuramos sugerir soluções de mitigação.

Nesse sentido, pareceu-nos razoável uma subdivisão do capítulo entre a análise da compatibilidade: a) dos princípios do Direito Individual do Trabalho com os princípios da mediação e b) dos princípios do Direito Coletivo do Trabalho com os princípios da mediação.

Essa divisão deveu-se essencialmente ao aparente antagonismo principiológico existente entre os Princípios do Direito Individual e do Direito Coletivo do Trabalho, representado pelos princípios da proteção – no Direito Individual do Trabalho – e da equivalência entre os contratantes coletivos – no Direito Coletivo do Trabalho.

Como foi tratado no primeiro capítulo deste trabalho, o Direito Individual do Trabalho é regido por vários princípios, mas nenhum deles é mais relevante do que o princípio da proteção.

Por esse princípio, como vimos, busca-se contrabalancear a condição de hipossuficiência do trabalhador frente ao poder econômico, ao menos no campo jurídico. Essa premissa estrutura-se em mecanismos destinados a atenuar o desequilíbrio de forças presente na relação de trabalho. Ou seja, é o princípio da proteção, na nossa modesta opinião, que justifica a própria existência do Direito do Trabalho como ramo um autônomo do direito. É ele que, também, justifica a própria existência da Justiça do Trabalho.

Nessa linha, para a finalidade do nosso estudo acerca da aplicabilidade da mediação no direito do trabalho, destacamos dois princípios decorrentes do princípio da proteção: a) o princípio da imperatividade das normas trabalhistas e b) o princípio da indisponibilidade dos direitos trabalhistas.

O princípio da imperatividade das normas trabalhistas trata-se de uma proposição assecuratória eficaz de garantias fundamentais ao trabalhador, em face do desequilíbrio de poderes inerentes à relação de emprego. Por esse princípio, são as regras *justrabalhistas* essencialmente imperativas, não podendo ter sua regência afastada pela simples manifestação da vontade expressa em contrato de trabalho.

Por outras palavras, com relação a esse princípio, prevalece a restrição à autonomia da vontade no contrato trabalhista. Trata-se de instrumento assecuratório eficaz de garantias fundamentais do trabalhador, em face do desequilíbrio de poderes inerente ao contrato de emprego.

O princípio da indisponibilidade dos direitos trabalhistas, também chamado de princípio da irrenunciabilidade dos direitos trabalhistas, por sua vez, constitui projeção do princípio da imperatividade das regras trabalhistas, pois, em se tratando de normas de observância obrigatória, justamente em atenção à proteção devida ao trabalhador, em face da sujeição às condições impostas pelo empregador, não seria lógico admitir que o titular do direito pudesse dele despojar-se, ainda que por expressa manifestação de vontade, pois essa poderia estar viciada.

Por outras palavras, busca-se evitar o vício na manifestação de vontade do empregado, afinal presume-se a sua hipossuficiência. Se a hipossuficiência se presume, deve-se presumir que o trabalhador não possui, a priori, a exata dimensão e consciência daquilo a que tem direito.

Afirmar que para que a mediação tenha validade no Direito Individual do Trabalho, é preciso de um ambiente que tenha em conta o princípio da proteção nessas duas vertentes, quais sejam, a imperatividade das normas trabalhistas e a indisponibilidade dos direitos trabalhistas, devendo os princípios da mediação se adaptarem à essa realidade de forma a desmistificar a ideia de que não é admitida qualquer transação no Direito Individual do Trabalho.

No caso da mediação realizada por magistrado, ou conduzida com a sua orientação, não vimos necessidade de qualquer adoção de salvaguardas ou procedimentos especiais que não sejam já utilizados na conciliação, respeitando-se sempre o princípio da proteção, em todas as suas vertentes.

Todavia, como vimos, a mediação realizada por magistrado gera uma ineficiência de alocação de recursos, além de prejuízo aos princípios da mediação da confidencialidade, da imparcialidade ou da neutralidade e da simplicidade ou informalidade.

Por esses motivos, ainda que reconheçamos que o processo autocompositivo – conciliação e mediação – na Justiça do Trabalho foi historicamente conduzido por magistrados, acreditamos que atualmente deve-se considerar abandono dessa prática, especialmente com a vigência da Lei de Mediação e do Código de Processo Civil de 2015.

Com relação à mediação realizada de forma privada, defendemos que nela temos o mediador como um terceiro imparcial, sem vinculação com o Poder Judiciário ou mesmo com o eventual processo judicial já ajuizado, conduzindo a mediação. O mediador terá o dever de obedecer a todos os princípios da mediação de forma plena, inclusive a confidencialidade e a imparcialidade.

Todavia, acreditamos que algumas medidas excepcionais ou salvaguardas podem reforçar os princípios da mediação de forma a compatibilizá-los com a realidade do Direito do Trabalho. São elas: a) presença obrigatória do advogado do reclamante; b) treinamento específico para mediadores trabalhistas; c) cadastramento de mediadores habilitados a atuar na Justiça do Trabalho; e d) homologação do acordo por autoridade judicial.

A homologação judicial pelo magistrado trabalhista do acordo mediado funcionaria como um último filtro de verificação da sua legitimidade, já que teria o juiz a possibilidade de não homologar o acordo, caso verifique que as demais salvaguardas não foram adequadamente aplicadas.

Entendemos que a exigência da homologação judicial se faz especialmente relevante num primeiro momento, em que a adoção da mediação privada no direito do trabalho está sendo implementada, não sendo conhecidos dos magistrados os mediadores nem os procedimentos por eles aplicados. Mas poderia, a necessidade de homologação judicial, em momento posterior, ser abandonada.

Com relação ao Direito Coletivo do Trabalho, como vimos, temos uma realidade completamente diferente do Direito Individual do Trabalho. Nele, a mediação não encontra maiores óbices, já que em vez do princípio da proteção, impera o princípio da equivalência entre os contratantes coletivos.

Inicialmente vimos que a doutrina tem criticado o ajuizamento dos conflitos coletivos e recomendado que, em vez da interferência do Poder Judiciário, se busque incentivar a continuidade das negociações. As partes devem permanecer em contínuo esforço negocial até que o acordo seja por elas próprias firmado.

Defendemos que a utilização da mediação como instrumento de legitimação e facilitação das negociações coletivas pode contribuir para que as soluções sejam encontradas com a mínima intervenção estatal, contribuindo, inclusive, para o amadurecimento das instituições sindicais, para que busquem, pelo seu esforço próprio e direto, a melhor solução para os seus representados.

Vimos que, pelo princípio da equivalência, os sujeitos do Direito Coletivo do Trabalho têm a mesma natureza, são todos seres coletivos. Há o empregador que, isoladamente, é um ser coletivo, por sua própria natureza, mesmo que não agrupado ou representado por associação sindical. No que tange aos trabalhadores, sua face coletiva institucionalizada surge mediante seus entes associativos, os sindicatos.

Nesse contexto, deve-se entender que os seres coletivos obreiros e empresariais apresentam a mesma natureza, são equivalentes. Ou seja, o princípio da equivalência representa o inverso do princípio da proteção. Aqui não se presume hipossuficiência ou incapacidade. Ao contrário, entende-se que sindicato obreiro e empresa ou sindicato patronal são todos equivalentes, gozando da mesma capacidade.

Diante disso, as salvaguardas recomendadas para a mediação privada para o conflito individual são desnecessárias para o conflito coletivo. Ou seja, temos uma compatibilidade plena no campo principiológico, até mesmo em razão dos princípios da neutralidade e imparcialidade de intervenção e da isonomia.

Ressaltamos a importância, num primeiro momento, apenas que deve ser encorajada a escolha de mediador com treinamento específico. Quanto às demais salvaguardas, por sua vez, entendemos não serem essenciais, dada a equivalência presumida das partes.

Por fim, a homologação judicial entendemo-la como indesejável, já que, com visto no item anterior, coloca o Poder Judiciário para atuar naquilo que não é vocacionado, além de ser uma intervenção desnecessária e custosa ao erário. Não é razoável que o poder público se mobilize para realizar aquilo que os particulares podem fazê-lo por si próprios. É claro exemplo de alocação ineficiente de recursos. Além do mais, retira a informalidade e a simplicidade do processo de mediação.

Destacamos, por fim, o princípio da lealdade e transparência na negociação coletiva, que se irmana com o princípio da mediação da boa-fé, mostrando uma total compatibilidade principiológica entre a mediação privada e o Direito Coletivo do trabalho.

A mediação, em conflitos coletivos de trabalho, realizada por membros do Ministério Público do Trabalho, entendemos como inadequada pelos mesmos motivos que sustentamos quanto à mediação realizada por magistrado. Mas verificamos ainda o agravante de que a própria função institucional o Ministério Público do Trabalho prejudica ainda mais a confidencialidade e a neutralidade e imparcialidade do mediador ou pelo menos a percepção das partes quanto ao respeito a esses princípios.

Feitas essas considerações, passamos às respostas às perguntas que este trabalho se propôs a responder, quais sejam: Os princípios do Direito do Trabalho são compatíveis com os princípios da mediação? Em sendo compatíveis, é necessária a adoção de medidas excepcionais ou salvaguardas para utilização da mediação no Direito individual e coletivo do Trabalho?

Quanto à primeira pergunta, por tudo que foi exposto, entendemos que a resposta é afirmativa. Os princípios da mediação parecem-nos amplamente compatíveis com os princípios do Direito do Trabalho.

Já quanto à segunda pergunta, entendemos que a adoção de salvaguardas é necessária apenas para os conflitos individuais de trabalho, no sentido de garantir ao máximo o respeito ao princípio da proteção. Essas salvaguardas, por sua vez, reforçam os próprios princípios da mediação, não sendo, portanto, com ela incompatíveis. Quanto aos conflitos coletivos, entendemos desnecessárias as salvaguardas, já que o princípio da equivalência, ao contrário, faz com que, nos conflitos coletivos, a mediação seja recomendável como principal método de solução de conflito.

Esperamos que, com essas considerações finais, que este trabalho, em razão do tema da mediação ser ainda bastante olvidado pela doutrina e pela Justiça do Trabalho, possa contribuir para desmistificar o entendimento de que o instituto é completamente incompatível com o Direito do Trabalho.

REFERÊNCIAS

ALMEIDA, Diogo A. Rezende de; PAIVA, Fernanda. Princípios da mediação de conflitos. *In*: ALMEIDA, Tania; PELAJO, Samantha; JONATHAN, Eva. (Coords.). *Mediação de conflitos*. 2. ed. Salvador: JusPodivm, 2019. p. 101-110.

ALMEIDA, Diogo Assumpção Rezende de. Da mediação prévia. *In*: PINHO, Humberto Dalla Bernardina de (Coord.). *Teoria geral da mediação à luz do projeto de lei e do direito comparado*. Rio de Janeiro: Lumen Juris, 2008. p. 159-182.

ALMEIDA, Renato Rua de. *A mediação e a conciliação e o seu impacto nos dissídios coletivos*. São Paulo: LTr, ano 50, n. 47, 2014. Suplemento trabalhista.

ALMEIDA, Tania. Mediação e conciliação: dois paradigmas distintos, duas práticas diversas. *In*: CASELLA, Paulo Borba; SOUZA, Luciane Moessa (Orgs.). *Mediação de conflitos:* novo paradigma de acesso à justiça. Belo Horizonte: Fórum, 2009. p. 84-102.

ALMEIDA, Vera Lucia Fernandes. A mediação de conflitos na esfera trabalhista. *In*: NUNES, Ana (Coord.). *Mediação e conciliação:* teoria e prática. São Paulo: Thomson Reuters: Revista dos Tribunais, 2018. p. 209-235.

AMORIM, Helder Santos. Os Princípios do Direito do Trabalho na Constituição de 1988. *In*: VIANA, Márcio Túlio; ROCHA, Cláudio Jannotti da (Coords.). *Como aplicar a CLT à luz da Constituição:* alternativas para os que militam no foro trabalhista. São Paulo: LTr, 2016. p. 104-122.

AZEVEDO, André Gomma de. *Manual de mediação judicial.* 6. ed. Brasília: Conselho Nacional de Justiça, 2016. Disponível em: https://bit.ly/3zcKvgn Acesso em: 31 maio 2022.

BARROS, Alice Monteiro de. *Curso de direito do trabalho.* 9. ed. São Paulo: LTr, 2013.

BARROSO, Luís Roberto. *Curso de direito constitucional contemporâneo:* os conceitos fundamentais e a construção de um novo modelo. São Paulo: Saraiva, 2009.

BEER, Jennifer E.; PACKARD, Caroline C. *The Mediator's Handbook:* Revised & Expanded fourth edition. Philadelphia: New Society Publishers, 2012.

BEZERRA LEITE, Carlos Henrique. *Curso de direito processual do trabalho.* 5. ed. São Paulo: LTr, 2007.

BIANCHI, Roberto. *Mediación prejudicial y conciliación.* Buenos Aires: Zavalía, 1996.

BONAVIDES, Paulo. *Curso de direito constitucional.* 20. ed. São Paulo: Malheiros, 2007.

BORBA, Joselita Nepomuceno. *Direito coletivo do trabalho e mediação:* teoria e prática. São Paulo: LTr, 2002.

BUENO, Cássio Scarpinella. *Novo Código de Processo Civil anotado.* São Paulo: Saraiva, 2015.

CALAMANDREI, Piero. *Eles, os juízes, visto por nós, os advogados.* 5. ed. Lisboa: Livraria Clássica, 1971.

CALMON, Petrônio. *Fundamentos da mediação e da conciliação.* 2. ed. Brasília: Gazeta Jurídica, 2013.

CAMINO, Carmen. *Direito individual do trabalho.* 4. ed. Porto Alegre: Editora Síntese, 2004.

CANOTILHO, José Joaquim Gomes. *A "principialização" da jurisprudência através da Constituição.* São Paulo: Revista dos Tribunais, 1998.

CAPPELLETTI, Mauro. *Juízes irresponsáveis?* Tradução de Carlos Alberto Álvaro de Oliveira. Porto Alegre: Fabris, 1989.

_____; GARTH, Bryant. *Acesso à justiça*. Tradução de Ellen Gracie Northfleet. Porto Alegre: Sérgio Antonio Fabris, 2002.

CARVALHO, Augusto César Leite de. *Princípios de direito do trabalho sob a perspectiva dos direitos humanos*. São Paulo: LTr, 2018.

CASTRO, Carlos Roberto Siqueira. *O devido processo legal e os princípios da razoabilidade e proporcionalidade*. 5. ed. Rio de Janeiro: Forense, 2010.

COVIELLO, Nicolas. *Doctrina general del derecho civil*. México: Uthea, 1938. Tradução Espanhola.

DA CUNHA JÚNIOR, Dirley. *Curso de direito constitucional*. 6. ed. Salvador: Editora JusPodivm, 2012.

DELGADO, Gabriela Neves. *Direito fundamental ao trabalho digno*. São Paulo: LTr, 2006.

DELGADO, Maurício Godinho. *Curso de direito do trabalho*. 17. ed. rev. atual. e ampl. São Paulo: LTr, 2018.

_____. *Direito coletivo do trabalho*. 7. ed. São Paulo: LTr, 2017.

_____. *Princípios constitucionais do trabalho e princípios de direito individual e coletivo do trabalho*. 5. ed. São Paulo: LTr, 2017.

_____; DELGADO, Gabriela Neves. *Tratado jurisprudencial de direito constitucional do trabalho*. São Paulo: Editora Revista dos Tribunais, 2013. v. 1.

DIDIER JÚNIOR, Fredie. *Curso de direito processual civil*. 16. ed. Salvador: JusPodivm, 2014. v. 1.

DINAMARCO, Cândido Rangel. *Instituições de direito processual civil*. São Paulo: Malheiros, 2001. v. 1.

DINIZ, Maria Helena. *Curso de direito civil brasileiro:* teoria das obrigações contratuais e extracontratuais. 27. ed. São Paulo: Saraiva, 2011.

DWORKIN, Ronald. *Levando os direitos a sério*. Tradução de Nélson Boeira. São Paulo: Martins Fontes, 2010.

FAGGIONI, Patrícia Mercedes Segarra. *La mediación en las controversias individuales de trabajo en el cantón Loja, desde la implementación del sistema oral hasta el año 2008*. 2010. 75 f. Tesis (Maestría en Derecho Procesal) – Universidade Simón Bolívar, Equador, 2010. Disponível em: https://bit.ly/3MhCKJ5 Acesso em: 03 jun. 2022.

FERREIRA FILHO, Manoel Gonçalves. *Curso de direito constitucional*. São Paulo: Saraiva, 2012.

GALVÃO, Fernanda Koeler; GALVÃO FILHO, Maurício Vasconcelos. Da mediação e da conciliação na definição do novo Código de Processo Civil: artigo 165. *In:* ALMEIDA, Diogo Assumpção Rezende de; PANTOJA, Fernanda Medina; PELAJO, Samantha (Coords.). *A mediação no novo código de processo civil*. 2. ed. Rio de Janeiro: Forense, 2016. p. 33-102.

GARCEZ, José Maria Rossani. *Negociação:* ADRS: Mediação: Conciliação e Arbitragem. 2. ed. Rio de Janeiro: Lumen Juris, 2003.

HÄBERLE, Peter. *El estado constitucional*. Tradução de Hector Fix-Fierro. México: Universidad Nacional Autónoma de México, 2003.

HABERMAS, J. *Teoria do agir comunicativo*: Racionalidade da ação e racionalização social. São Paulo, Martins Fontes, 2012. v. 1.

HOFFMAN, David A. *Mediation:* A Practice Guide for Mediators, Lawyers, and Other Professionals. Massachusetts: Massachusetts Continuing Legal Education, 2013.

LAGRASTA, Valeria Ferioli. Código de Ética: princípios, regras de conduta, sanções, remuneração e supervisão. *In:* LAGRASTA, Valeria Ferioli; BACELLAR, Roberto (Orgs.). *Conciliação e mediação:* ensino em construção. São Paulo: IPM: ENFAM, 2016.

MARTINEZ, Luciano. *Curso de direito do trabalho*: relações individuais, sindicais e coletivas do trabalho. 5. ed. São Paulo: Saraiva, 2014.

MEIRELLES, Delton Ricardo Soares; MIRANDA NETTO, Fernando Gama de. Mediação judicial no projeto do Novo Código de Processo Civil. *Revista de Arbitragem e Mediação*, São Paulo, RT, n. 33, p. 214-223, abr./jun. 2012.

MELLO, Celso Antônio Bandeira de. *Curso de direito administrativo*. 8. ed. São Paulo: Malheiros, 1997.

MENDES, Gilmar Ferreira. BRANCO, Paulo Gustavo Gonet. *Curso de direito constitucional*. São Paulo: Saraiva, 2012.

MIRANDA NETTO, Fernando Gama de; SOARES, Irineu Carvalho de Oliveira. Princípios procedimentais da mediação no novo Código de Processo Civil. *In*: ALMEIDA, Diogo Assumpção Rezende de; PANTOJA, Fernanda Medina; PELAJO, Samantha (Coords.). *A mediação no novo Código de Processo Civil*. 2. ed. Rio de Janeiro: Forense, 2016. p. 109-119.

MONTILLA MARTOS, José Antonio. *Manual de derecho constitucional*. Madrid Tecnos, 2007. v. 2.

NERY JUNIOR, Nelson. *Código de Processo Civil comentado*. 10. ed. São Paulo: RT, 2007.

_____. *Princípios de processo civil na Constituição Federal*. 8. ed. São Paulo: RT, 2004.

PEREIRA, Emmanoel. *Direitos sociais trabalhistas:* responsabilidade, flexibilização, sindicabilidade judicial e as relações negociadas. São Paulo: Saraiva Educação, 2018.

PINHEIRO, Rogério Neiva. A diferença entre conciliação e mediação no processo do trabalho. *Consultor Jurídico*, 1 maio 2016. Disponível em: https://bit.ly/3NjUi8D Acesso em: 02 jun. 2022.

PINHEIRO, Rogério Neiva. *Negociação Trabalhista*. São Paulo: LTr, 2016.

PLÁ RODRIGUEZ, Américo. *Princípios de direito do trabalho.* Tradução de Wagner D. Giglio. São Paulo: LTr, 1978.

RUPRECHT, Alfredo J. *Os princípios do direito do trabalho.* Tradução de Edilson Alkimin Cunha. São Paulo: LTr, 1995.

SANTANNA, Ana Carolina Squadri; VERAS, Cristiana Vianna; MARQUES, Giselle Picorelle Yacoub. Independência e imparcialidade: princípios fundamentais da mediação. *In*: ALMEIDA, Diogo Assumpção Rezende de; PANTOJA, Fernanda Medina; PELAJO, Samantha (Coords.). *A mediação no novo Código de Processo Civil.* 2. ed. Rio de Janeiro: Forense, 2016. p. 122-137.

SANTOS, Ricardo Goretti. *Manual de mediação de conflitos.* Rio de Janeiro: Lumen Juris, 2012.

SARMENTO, Daniel. *Direitos fundamentais e relações privadas.* 2. ed. Rio de Janeiro: Lumen Juris, 2006.

SCHIAVI, Mauro. *Manual de direito processual do trabalho.* 10. ed. de acordo com Novo CPC. São Paulo: LTr, 2016.

SCRIPILLITI, Marcos Scarcela Portela. Aspectos relevantes da mediação. *Revista de Arbitragem e Mediação*, São Paulo, Revista dos Tribunais, v. 1, 2004.

SILVA, José Afonso da. *Curso de direito constitucional positivo.* 13. ed. São Paulo: Malheiros, 1997.

SPENGLER, Fabiana Marion; SPENGLER NETTO, Theobaldo. A mediação e conciliação propostas pelo Projeto 8.046/2010 (Novo Código de Processo Civil Brasileiro – CPC) como mecanismos eficazes de tratamento de conflitos. *In*: SPENGLER, Fabiana; PINHO, Humberto Dalla B (Orgs.). *Acesso à justiça, jurisdição (in)eficaz e mediação.* Curitiba: Multideia, 2013. p. 88-97.

TILKIAN, Rubens Decoussau. *Comentários à lei de mediação.* São Paulo: Migalhas, 2016.

TOURINHO NETO, Fernando da Costa; FIGUEIRA JUNIOR, Joel Dias. *Juizados especiais federais cíveis e criminais:*

Comentários à Lei 10.259, de 10.07.2001. São Paulo: Revista dos Tribunais, 2002.

VEZZULLA, Juan Carlos. *Mediação:* teoria e prática e guia para utilizadores e profissionais. Lisboa: Ministério da Justiça de Portugal, 2005.

VILHENA, Paulo Emílio Ribeiro de. Princípios de direito: princípios jurídicos do direito do trabalho. *In:* BARROS, A. M. de (Org.). *Curso de direito do trabalho*: Estudos em homenagem a Célio Goyatá. São Paulo: LTr, 1993. p. 118-145. v. 1.

Impressão e acabamento
psi7 | book7
psi7.com.br book7.com.br